PROF. MICHAEL
SCHULTE-MARKWORT

Unter Mitarbeit von Constanze Kleis

FAMILIEN JAHRE

Wie unser Leben
mit Kindern gelingt

DROEMER

Besuchen Sie uns im Internet:
www.droemer.de

Covergestaltung: Isabella Materne
Coverabbildung: © Fleren, Shutterstock.com
Layout und Satz: Sandra Hacke
Druck und Bindung: GGP Media GmbH, Pößneck
Printed in Germany
ISBN 978-3-426-27771-3

2   4   5   3

Die verlässlichste Liebe ist die Kinderliebe.
Für diese Liebe.

INHALT

Warum dies
kein Erziehungsbuch ist

Mit Kindern sein Leben teilen heißt
sein Leben vervielfachen.

Familienjahre sind Jahre mit Kindern, Jahre intensiven Lebens, Jahre des Wachstums, der Freude, Jahre der Verantwortung – Jahre, die seit Jahrtausenden den Kern aller Gesellschaften ausmachen. Für diese entscheidenden Jahre im Leben von Kindern und ihren Eltern ist dies ein Begleitbuch.

Sie haben sich für Familienjahre entschieden und damit für den wunderbarsten Ausdruck von Verbundenheit, den es für ein Paar gibt: für ein Kind. Sie haben diese Entscheidung selbstverständlich nicht blind getroffen. Erstens waren Sie selbst ja mal Kind und haben eine zumindest vage Erinnerung daran, wie ein Familienalltag aussehen kann. Außerdem sind Sie vermutlich nicht die Einzigen im Freundeskreis mit Nachwuchs. Sie fühlen sich also leidlich vorbereitet und vor allem voller Vorfreude auf die kommenden Jahre. Auf dieses Wunder, das aus zwei Menschen Eltern und aus drei plus möglichen weiteren eine Familie macht. Es gibt kein größeres Glück. In Gedanken. In Wirklichkeit ist das natürlich auch so. Bloß nicht dauernd. Da addiert das wirkliche Familienleben nämlich ein paar Herausforderungen dazu, die Sie vermutlich so nicht auf dem Zettel hatten. Bestimmt hatten Sie als Kinderlose keine Vorstellung, wie müde man mit Kind sein kann. Aber auch nicht davon, wie entsetzlich grau die Theorien und wie grell manche Mythen sind, die das Elternsein und die Kindererziehung begleiten. Es scheint immer mehr davon zu geben, und oft wird so getan, als würden unsere Kinder mit kleinen Knöpfen und Hebeln angeliefert, die man nur finden und nach einem ausgeklügelten Plan drücken muss, damit quasi automatisch »gelungene« und dauerfrohe Menschen dabei herauskommen.

Deshalb gleich zu Beginn die schlechte Nachricht, welche die – wie ich finde – eigentlich gute ist: Sie finden in diesem Buch keinen einzigen Knopf, es ist gänzlich knopffrei. Ganz einfach, weil es Kinder auch sind. Sie haben keine Tasten, die man drücken könnte, damit es läuft. Die gibt es auch nicht für das Zusammenleben mit ihnen. Doch für den gemeinsamen Weg mit Ihren Kindern möchte ich für Sie Wegmarken aufzeigen, Bojen und Leuchtfeuer, und zwar für jede Phase des Familienlebens. Denn jede Familie braucht eine andere, eine neue Orientierung.

Jede der Wegmarken in diesem Buch begleitet einen Schritt. Nur einen Schritt? Ja, weil kindliche Entwicklung zum Glück nicht in einem Rutsch abläuft – das Tempo wäre viel zu hoch für uns langsame Eltern! –, sondern in angenehmen Etappen.

Viele Eltern glauben allerdings von sich, dass sie Hellseher sein müssen. Sie stellen sich oft die Frage, was einmal aus ihrem Kind werden soll – als wenn es kein Vertrauen mehr auf eine Entwicklung gäbe, auf die man setzen kann. Verabschieden Sie sich von dem Wunsch, hellsehen zu wollen, und vertrauen Sie sich und Ihren Kindern. Was nicht heißt, dass Sie nicht hellsichtig sein dürfen. Je genauer man schaut, desto mehr sieht man ja. Was für ein banaler Satz! Aber er stimmt natürlich. Bezogen auf Kinder, bedeutet er auch, dass man wissen muss, wann man etwas nicht zu wissen braucht, nicht wissen sollte und wann lediglich unser Zutrauen auf eine gute Entwicklung gefragt ist.

Mit diesem Buch möchte ich Sie und alle Eltern dazu ermutigen: Vertrauen Sie auf sich und auf Ihr Kind. Gleichzeitig möchte ich Ihnen helfen, sich von vermeintlichen Gewissheiten zu verabschieden und von diesem unglaublichen Druck, der heute auf Ihnen lastet, möglichst optimal zu »performen« und dafür aus all den widersprüchlichen Anleitungen, wie dieses Fernziel zu erreichen ist, das Richtige herauszufinden. Es ist ein sehr schmaler Grat zwischen Ver- und Erziehen, auf den Eltern heute geschickt werden. Ein paar Schritte begleite ich Sie auf diesem Grat. Aber ich will etwas anderes: Ihnen nämlich eine Landkarte aufzeigen, das ganze Panorama der Familienjahre von der Entstehung eines Kindes bis hin zu seinem Auszug. Eine Landschaft, in der es nicht den einen einzigen richtigen Weg gibt, sie zu durchstreifen – weil jedes Kind, jede Familie anders ist.

Und ich möchte Eltern dabei diese oft so übermäßige Angst vor dem Verwöhnen nehmen. Entscheidend ist immer wieder die elterliche Haltung. Deshalb ist dieses Buch kein Erziehungsbuch, sondern ein Buch über eine angemessene Beziehungsgestaltung. Beziehung statt Erziehung. Ich meine, Eltern dürfen und sollten sich trauen, an ihren Kindern dranzubleiben, ihnen und sich selbst zu vertrauen. Sie sollten so mutig sein, manchmal auch die eigenen Normen den Kindern anzupassen – und nicht nur umgekehrt. Wenn Eltern auf ihre Beziehung zu ihrem Kind setzen und ihnen einfach vor-leben, wie Leben geht, dann müssen sie das Kind nicht irgendwohin (er)ziehen.

Dann brauchen sie keine Sanktionen. Kein Geschrei, keinen Machtkampf (den sie ohnehin verlieren würden).

Kinder brauchen keine Härte, keine Strafen – kaum Pädagogik. Sie brauchen es, dass wir ihnen etwas vorleben. Sie brauchen einfach nur: uns. Das ist schwer und leicht zugleich.

Dann gilt außerdem: Kinder müssen nicht geschont werden! Geschützt: ja. Geliebt: ja. Umsorgt: ja. Aber keine Schonung, weil Schonung Entwertung ist und mangelndes Zutrauen beinhaltet. Um all dieses wird es in den folgenden Kapiteln gehen.

Ich möchte Eltern in die Lage versetzen, eigene Wege zu finden, manchmal auch jenseits der viel befahrenen pädagogischen Hauptstraßen. Und ich möchte sie zu ihrem eigenen Tempo ermutigen. Und dazu, zu verstehen, dass die Wegweiser auch deshalb manchmal rar gesät sein müssen, weil Kinder individuell sehr verschieden sind. Es gibt deshalb vor allem eine wichtige Regel: dass man keine für alle aufstellen kann. Natürlich gibt es übergreifende Prinzipien oder wiederkehrende seelische Strukturen, aber dennoch ist jedes Kind einzigartig. Wie die Eltern übrigens auch und wie die Familie, die in dem Moment geboren wird, in dem ein Kind auf die Welt kommt und in dem eine ganz neue Zeitrechnung beginnt: Familienjahre! Durch diese wunderbare, aufregende, beglückende, manchmal aber auch enervierende und immer intensive Zeit möchte ich Sie begleiten. Mit meinen Erfahrungen als Kinderpsychiater, aber auch als Vater.

»Familienjahre« orientiert sich an der Entwicklung unserer Kinder. Deshalb reichen die Kapitel von der Entstehung eines Kindes bis zur Ablösung. Alle Kapitel sind so geschrieben, dass man sie einzeln lesen kann oder auch in der Reihenfolge, die Ihnen am nächsten kommt. Wenn Sie manche Kapitel im wahrsten Sinn des Wortes schon erfolgreich hinter sich gebracht haben, können Sie diese natürlich überspringen – oder Sie lesen nachträglich, wie sich mein Panorama auffädelt. Bitte immer mit dem Gedanken: Es ist nie zu spät, etwas zu verändern. Denn wenn es Menschen gibt, die nachsichtig sind und superschnell verzeihen, dann sind es unsere Kinder. (Nur für den Fall, dass Sie beim Lesen für sich feststellen, dass Sie vielleicht das eine oder andere mit Ihrem Blick und mit den Anregungen von heute anders gemacht hätten.) An manche Kapitel schließt sich ein Brief an die Kinder in dem jeweiligen Entwicklungsstand an. Diese Briefe sind idealtypisch, das heißt, sie haben möglicherweise nicht so viel mit Ihrem Kind zu tun. Aber sie spiegeln meine Erfahrungen und meine Haltung wider.

Ich möchte Sie mit meinen Briefen anregen, dass auch Sie Ihre Gedanken einmal selbst zu Papier bringen, vielleicht sogar auch in Form eines Briefes an Ihr Kind. Es ist eine gute Möglichkeit, sich in Ruhe und mit Konzentration auf den inneren Dialog mit dem Kind zu fokussieren, und auch eine Momentaufnahme von Wichtigem, das sonst vielleicht im Vergessen untergeht. In Ihren Familienjahren passiert so viel Wunderbares, Erstaunliches, Einmaliges, das es lohnt, festgehalten zu werden, und ich hoffe, meine »Familienjahre« tragen dazu bei, dass es auch in Ihrem Leben überwiegend – ewig gibt es ja in keinem Leben – um Glück, Freude und Erfüllung geht. Kommen Sie also mit auf eine Reise in ein Land, das uns immer schon so vertraut vorkommt, um dann doch wieder Überraschungen für uns bereitzuhalten. Ein Land, in dem es viel zu entdecken gibt, viel zu lachen, viel zu bewältigen, in dem

Ernst kein Gegner der Freude sein muss. »Familienjahre«
sind für mutige Eltern, von denen es zum Glück ungebrochen viele gibt. Danke, dass Sie dabei sind. Danke fürs
Lesen und Zuhören.

Herzlich willkommen.

KAPITEL 1

Ein Kind entsteht

Herzlichen Glückwunsch! Sie haben gerade eine Familie gegründet. Denn obwohl Ihr Kind noch nicht geboren ist, sind Sie doch ab jetzt nicht mehr allein zu zweit. Schon der positive Schwangerschaftstest verändert alles: die Beziehung, Ihren gemeinsamen Blick auf die Zukunft ebenso wie den auf Ihre Ernährungsgewohnheiten, die Ecken, Kanten, Treppen und Steckdosen in Ihrer Wohnung. Sie sind bestimmt schon ein wenig bange, ob und wie Sie diesen ganz neuen Lebensabschnitt meistern werden. Aber Sie freuen sich auch darauf. Schließlich ist so ein Kind die Krönung einer Liebe. Was deutlich romantischer klingt als das, was die Evolutionsbiologen als Urheber für Ihren stetig wachsenden Bauch betrachten: den biologischen Instinkt zur Fortpflanzung und Erhaltung der Art, wie ihn auch Giraffe und Meerschweinchen haben. Als Kinderpsychiater sieht man den Kinderwunsch allerdings ein wenig differenzierter. Nämlich als Ausdruck für das Bedürfnis, eine Beziehung auf ewig fortzusetzen und im wahrsten Sinne des Wortes unendlich weiterleben zu lassen. Ja, das klingt ein wenig größenwahnsinnig, egoman und selbstverliebt. Und das ist es auch. Aber in einem guten, natürlichen Sinn. Schließlich steckt in einem Kinderwunsch auch die Bereitschaft, für ein anderes Wesen da zu sein, es ein Leben lang zu begleiten, zu versorgen, zu bekümmern und bedingungslos zu lieben. Es ist das sicher größte, ambitionierteste, wundervollste, erfüllendste und strapaziöseste Projekt, das man sich vorstellen kann. Eine Mischung aus Ultratriathlon, Marsexpedition und absoluter Glückseligkeit: anstrengend, abenteuerlich, berauschend. Eine Achterbahn der Gefühle. Und damit meine ich nicht die manchmal verwirrenden Gelüste nach Chips und Schokolade oder Avocado und Erdnussbutter – gleichzeitig. Oder die Herausforderung für einen Vater im Werden, nachts um zwei noch irgendwo in der Stadt ein Speiseeis mit der Geschmacksrichtung Gurke aufzutreiben. Gemeint sind all die Ängste, die bei dem, was die moderne Medizin an Sicherheiten bietet, nicht ausbleiben: Ob das Kind auch gesund sein wird. Ob man sich richtig ernährt. Ob man sein altes Leben komplett wird verabschieden müssen oder wenigstens die Theaterbesuche und den jährlichen Städtetrip mit der Freundin behalten darf. Aber es gibt gleichzeitig unendlich viel zu genießen: zum Beispiel diese großartige Gewissheit, in einer Beziehung angekommen zu sein – und diese hinreißenden Vorstellungen von einem idealen Familienidyll. Man sieht sich schon – Vater, Mutter, Kind – gemeinsam an einem großen Tisch sitzen und lachen, im Garten herumalbern oder unter dem Weihnachtsbaum die strahlenden Kinderaugen, spürt die Rührung bei sich und den Großeltern. Man denkt an all die Liebe und daran, was man meistens denkt, wenn so große und schöne Gefühle im Spiel sind: dass sich in der neu gegründeten Familie schon alles von ganz allein zum Guten wenden werden wird. Dabei gibt es sehr gute Gründe, sich gerade mit dem zu beschäftigen, was man eigentlich sowieso für einen Selbstläufer gehalten hat: als Familie zusammenzuwachsen. Und zwar noch in der Schwangerschaft.

Sollte diese Phase Ihrer Familiengründung schon eine Weile zurückliegen, kann es auch und gerade im Nachhinein sehr hilfreich sein, sich ein paar wichtige Gedanken über die Grundsteinlegung Ihrer Beziehung und Familie zu machen und über ihre AGBs – also die »Allgemeinen Geschäftsbedingungen«.

Von der Liebesbeziehung zur Elternschaft

Wissen Sie noch, was Sie in der ersten Stunde Ihrer Beziehung an Ihrem Partner, Ihrer Partnerin so angezogen hat? Was sind die wichtigen Stützpfeiler Ihrer Beziehung? Was ist es, das Sie beide ausmacht? Was finden Sie beglückend aneinander? Aus welchen Aspekten Ihrer Partnerschaft schöpfen Sie Kraft? Was sagen andere über Sie beide? In welchen Situationen fühlen Sie sich ganz intensiv geborgen? Was waren die schönsten Momente zwischen Ihnen? Wie bewerten Sie Ihr Krisen-Management? Vermissen Sie an diesem Punkt und überhaupt etwas in Ihrer Zweisamkeit?

Nehmen Sie sich Zeit für diese und viele andere Fragen, die helfen können, sich auf ein Kind vorzubereiten. Der Sinn dieser Selbstvergewisserung als Paar: Ein Kind reagiert ganz unmittelbar auf die Beziehung seiner Eltern. Falls Sie jetzt erschrecken und innerlich rekapitulieren, was da besser noch vor der Geburt ganz schnell eliminiert gehört – zum Beispiel eine gewisse Lässigkeit im Umgang mit Terminen und Fristen –, möchte ich Entwarnung geben: Es geht gar nicht darum, sich zu verändern oder zu perfekten Menschen zu werden. Solch eine Selbstbefragung hilft, zu verstehen und zu durchdringen, auf welche elterliche Kuchenform der kindliche Seelenteig trifft. Und es geht darum, gemeinsam eine Idee von sich als Paar, als Eltern und damit als Familie zu entwickeln. Wenigstens in groben Zügen zu skizzieren, wie Sie sich diese gemeinsame Zukunft vorstellen.

Machen Sie es sich also gemeinsam auf dem Sofa gemütlich, und überlegen Sie mit Ihrem Partner: Was wünschen Sie sich vom anderen für die Familiengründung? Welche Mutter, welchen Vater sehen Sie vor sich? Welche Lebensgeschichte könnten Sie schon jetzt Ihrem Kind von sich erzählen? Sich seiner Biografien bewusst zu sein, ist wichtig, weil Lebensgeschichten in Kindern eine besondere Form der Fortsetzung finden. Das klingt für Sie sehr abstrakt? Hier ein paar Erfahrungen aus meiner Praxis, die zeigen, wie sich unsere Vergangenheit immer auch auf Gegenwart und Zukunft des Eltern-Seins auswirken:

Ein Vater fällt in den Familiengesprächen immer wieder dadurch auf, dass er sich seinem neunjährigen Jungen gegenüber ausgesprochen streng verhält. Und das, obwohl er durch die Behandlung weiß, dass das ungebärdige und impulsive Verhalten seines Kindes krankheitsbedingt ist und nicht absichtlich entsteht. Im Einzelgespräch darauf angesprochen, beschreibt er, dass er mit einem sehr strengen und vor allem beständig abwertenden und aggressiven Vater aufgewachsen ist.

»Ich hatte mir immer vorgenommen, auf keinen Fall so zu werden wie mein Vater!«, sagt er etwas ratlos. »Aber ich kann es einfach nicht leiden, wenn Leon so ungezogen ist. Er ist wie ein Spiegel für mich – schrecklich!«

Ein anderes Beispiel. Frau A fällt dadurch auf, dass sie in der Behandlung ihres Sohnes kaum Fortschritte sehen mag, obwohl sie beständig von außen darauf hingewiesen wird, wie toll sich Anton entwickelt. Schnell ist sie den

Tränen nahe, und ihre Verzweiflung, die am Anfang der Behandlung nachvollziehbar war, wirkt inzwischen übertrieben und auch: undankbar (natürlich erwarten Therapeuten keine Dankbarkeit … und sind dann manchmal auch nur Menschen, die es allerdings merken und reflektieren sollten, wenn solche Gefühle wirksam werden). Nach ihrer Familiengeschichte gefragt, erzählt Frau A von ihrem jüngeren Bruder. Mit seinem lange nicht diagnostizierten ADHS war er das schwarze Schaf der Familie, auf das Frau A und die gesamte Familie ständig Rücksicht nehmen mussten. Als besonders schwerwiegend empfand Frau A das Gefühl, dass sie keine normale Familie waren und sie sich oft für ihren Bruder schämte. Ein Gefühl, das sie im Umgang mit ihrem Sohn nun wieder spürt. Für sie ist es, als ob sich ihre Geschichte wiederholt und sie wieder vom Schicksal bestraft wird. Aufgrund der eigenen Biografie ist es ihr nicht möglich, zu erkennen, dass Anton sich positiv verändert. Zu mächtig ist ihre innere emotionale Spurrinne, in der sich Frau A wie gefangen fühlt, also die Überzeugung, durch jemand anderes an der eigenen Zufriedenheit gehindert zu werden. Zuerst von ihrem Bruder und jetzt dramatischerweise vom eigenen Kind.

Jeder von uns steht unter dem Einfluss seiner Geschichte. Und sei es nur, dass er eine bestimmte Vorstellung von Mutter- und Vatersein mitbringt. Ein Vater, der in einer Familie aufwuchs, in der die Mutter Hausfrau war und den größten Teil der Kinderbetreuung allein stemmte, wird vielleicht nicht damit rechnen, nachts auch einmal aufstehen zu müssen, um Sohn oder Tochter zu beruhigen oder das Fläschchen zu wärmen oder mitten in einem

Essen mit Freunden die Windeln zu wechseln. Während umgekehrt die werdende Mutter vielleicht stillschweigend davon ausgeht, dass das Elternsein Teamwork ist, weil sie es so von ihrem Zuhause kennt. Ist das Kind erst einmal da, wird es schwierig, solche Erwartungen quasi mitten im Sperrfeuer der neuen Herausforderungen zu thematisieren. Dann sind sie bereits wirksam und können einiges an Sprengkraft entwickeln.

Ja, man kann sich vorbereiten. Dennoch gehört das Elternsein zu den Erfahrungen im Leben, die man erleben muss, weil man sie nicht wirklich im Vorwege erfühlen kann. Wie oft höre ich den Satz: »Das hat einem ja keiner vorher gesagt …« Und egal, wie viele Schwangerschaftsbücher man liest – und im Gegenteil, gerade wenn man sich gründlich einliest –, dämmert einem, dass irgendwie doch immer eine große Lücke klafft zwischen Theorie und Praxis. Einerseits soll das neue Leben mit Kind ja ganz wunderbar und himmlisch sein. Andererseits erlebt man an anderen frischgebackenen Eltern, dass sie eben nicht vor lauter Glück dauernd Purzelbäume schlagen. Schon weil sie dafür viel zu erschöpft, übermüdet, gestresst sind. Auch die Idee, dass ein Kind ein Paar nur noch enger zusammenschweißt und die Liebe ins Unermessliche vergrößert, scheint sich im Praxistest nicht zu bewahrheiten. Eher wirken junge Eltern oft so, als wären beide Teilnehmer eines perfiden Survivaltrainings à la Hunger Games, das man zwar nur im Team überleben kann – für das man sich aber nicht zwingend auch nur mögen muss. Ehrlich: Das ist ein Eindruck, der nicht trügt. Tatsächlich – Sie ahnen es ja ohnehin – ist so eine Elternschaft immer auch beides: paradiesisch schön und höllisch anstrengend. Manchmal gleichzeitig, manchmal abwechselnd. Auch deshalb ist es gut, wenn man sich vorab schon mal eine Art Emotionsproviant anlegt.

Aber gehen wir zurück zu der Grundsteinlegung der Familie: dem Akt der Zeugung. Ein Wunder, das uns zum Glück immer wieder geschenkt wird. Aus einem intensiven körperlichen Liebesakt zweier Menschen entsteht ein Kind! Dieser intime Moment ist durchaus mit der Geburt vergleichbar. Auch wenn man ihn nicht spürt, vielleicht auch, weil das Paar es gar nicht darauf angelegt hat: Der Kern einer Beziehung ist durch die Zeugung eines Kindes auf immer neue und einmalige Weise freigelegt und spürbar. Deshalb: Wenn es geht, tauchen Sie ein in dieses Wunder. Das geht auch nachträglich: Welche Erinnerungen daran haben Sie? Welche Nacht Ihrer Beziehung möchten Sie der Kinderentstehung zuschreiben? Das sind Fragen, die sich mit dem Kern Ihrer Familie beschäftigen, dem Wesen Ihrer Familie.

Nehmen Sie ruhig ein Blatt Papier zur Hand und schreiben Ihre Gedanken und Gefühle auf. Diese Beschäftigung ist wichtig, weil Sie sich damit schon vor der Geburt auf das so neue Beziehungsgeflecht vorbereiten und ihm ein stabiles Fundament verleihen. Eines, das später auch wie ein Dämmstoff Konflikte abfedert und hilft, sie besser einordnen zu können. Diese Auseinandersetzung mit dem Wesen Ihrer Familie ist wie ein emotionaler Haltegriff, nach dem Sie später greifen können und den Sie zunächst einmal gemeinsam entwickeln. Denn hier ist eines gefragt: Haltung. Gemeint sind innere Überzeugungen, Annahmen, Werte, die auf Ihre Familie wirken. Weil so vieles dabei unbewusst ist, hilft es, sich Gedanken darüber zu machen. Deshalb soll es jetzt einen Moment um Ihre Haltung gehen.

Eine Haltung entwickeln

Es ist ein Highlight meiner täglichen Arbeit: der Moment, in dem ich mit Eltern über ihre Haltung nachdenke und an ihrer Haltung arbeite. Warum? Weil Haltung oft viel mehr bewirkt als das gesprochene Wort. Wie oft berichten mir Eltern, dass sie ihrem Kind etwas Bestimmtes »natürlich nie« sagen würden. Oder Eltern wundern sich, wenn bestimmte Ansagen bei ihren Kindern nicht ankommen. Bei genauerem Hinsehen wird deutlich, dass die Haltung hinter der Ansage gar nicht stimmt, Eltern das eine sagen und das andere signalisieren. Wenn sie etwa von ihrem Kind eine Konsequenz erwarten – beim Hausaufgabenmachen, beim Aufräumen –, die sie selbst nicht aufbringen. Oder Ehrlichkeit einfordern und im nächsten Atemzug und in Hörweite des Kindes am Telefon eine Ausrede erfinden, um Tante Hedwigs Kaffeekränzchen zum achzigsten Geburtstag schwänzen zu können. Oder sich das Herumschreien verbitten, aber selbst bei Auseinandersetzungen in der Beziehung laut werden. Das ist so, als wenn man jemandem einen Rettungsring zuwirft, um ihn doch vorschnell wieder einzuziehen. Ich halte die Ausstattungsliste für das Kinderzimmer für mindestens so wichtig wie eine Haltungs-Liste. Nein, eigentlich ist die Haltungs-Liste viel wichtiger.

Welche Werte zählen denn für Sie? Was für eine Beziehung möchten Sie vorleben? Was finden Sie kritisch oder schwierig an sich und Ihrem Partner? Fühlen Sie sich wohl, wie Sie sind? Oder denken Sie, sie müssten anders werden für ein Kind? Können Sie alle Werte und Normen, für die Sie stehen, auch auf sich selbst anwenden? Leben Sie sie vor? Können Sie sich zur Disposition stellen, darf ein Kind Sie infrage stellen? Könnten Sie sich auch bei Ihrem Kind entschuldigen?

Fühlen Sie sich aufgefordert, ruhig noch die eine oder andere eigene Frage anzufügen. Haben Sie keine Angst, durch solche Fragen könnte der Zauber der Elternschaft, die Magie der Liebe zu einem Kind zerredet werden. Obwohl ich zur sprechenden Medizin gehöre, bin ich nicht der Meinung, dass man über alles reden muss. Aber vieles lohnt eben doch: die Gedanken, auch die Selbstvergewisserung, und dazu gehört unbedingt Ihre Haltung. Sie liefert Ihnen ein wichtiges Koordinatensystem, einen Kompass für Ihre Elternschaft und damit auch eine Art Leitstrahl für das Kind, das sie bald in Ihren Armen halten werden. Und seien Sie wahrhaftig. Sie müssen – wie gesagt – auf keinen Fall einen perfekten Menschen »performen« oder gar vorspielen. Im Gegenteil. Denn das würde ja bedeuten, dass Sie sich verstellen. Sie sollten aber authentisch sein. Und sich nach Möglichkeit Ihrer Mankos und Widersprüche bewusst sein. Sie müssen ja davon ausgehen, dass das Kind auch und gerade das aufschnappt, was unbewusst von Eltern zu Kind und zurückschwingt.

Deshalb: Verstellen Sie sich nicht, und machen Sie Ihrem Kind nicht etwas vor, hinter dem Sie gar nicht oder nur teilweise stehen. Es spürt sowieso die Unstimmigkeit zwischen dem, was Sie sagen, und dem, was Sie wirklich fühlen und/oder denken. Sollten Sie bei etwas unsicher oder ambivalent sein, dann vermitteln Sie das auch. Kinder sind entgegen anderslautenden Vermutungen vieler Eltern keinesfalls damit überfordert, wenn Erwachsene einmal nicht alles oder nicht weiterwissen. Es lohnt sich, wenn Sie sich in der Familie immer mal wieder Zeit nehmen, um Ihre Haltung zu reflektieren. Ihre Kinder werden es Ihnen danken.

Wenn (vorerst) kein Kind entsteht

Es war so ein dringender und nachvollziehbarer Wunsch, und dennoch entsteht kein Kind. Kinderlosigkeit ist ein unter Umständen schwer zu ertragendes Schicksal. Der Gang zur Fertilitätssprechstunde ist ebenso nachvollziehbar wie der Adoptionsantrag und nicht etwa etwas, das man als überzogen oder gar krankhaft betrachten sollte. Ein Kind haben zu wollen, ist ein überaus legitimer Wunsch. Wunderbar, wenn es dann doch noch klappt. Manchmal erst nach vielen Versuchen, Verzweiflung und Enttäuschungen. Emotionale Investitionen, die den finanziellen in nichts nachstehen. Nachvollziehbar, dass die Schwangerschaft dann von großen Ängsten, manchmal regelrechter Panik begleitet wird, das so mühsam Errungene wieder zu verlieren. Manchmal sind Eltern nach Fertilitätsbehandlungen mit nachfolgender Schwangerschaft oder erfolgten Adoptionen deshalb in der Gefahr, das kommende oder angekommene Kind zu überhöhen. Dieses so mühsam auf die Welt gebrachte Kind darf nun keine Enttäuschung sein und wird entsprechend erwartungs-, aber auch sorgenvoll beäugt.

Das kann selbstverständlich auch bei »natürlichen« Schwangerschaften geschehen und ist auch dann nicht gut für das Kind. Auch und gerade hier gilt es, gleich von Anfang an und zusammen das Bewusstsein für Ihre gemeinsame Haltung dem Kind gegenüber zu schärfen. Mir ist wichtig, dass Eltern, die einen deutlich steinigeren Weg zum Kind hatten, sich selbst nicht als »unnatürliche« Eltern begreifen. Als Eltern zweiter Klasse und somit als solche, die unter einem besonders großen Druck stehen, perfekte Eltern zu sein. Eltern sind Eltern. Es gibt keinen Grund, zu glauben, dass solche Familien auf jeden Fall mehr Schwierigkeiten ausgesetzt sind. Das gilt auch für Adoptiveltern. Die haben nämlich keinesfalls weniger Einfühlungsvermögen in ihre Kinder oder weniger erzieherische Begabung. Dieses Gerücht wird allein dadurch ad absurdum geführt, dass dies ja bedeuten würde, alle Erzieher und Lehrer – und auch Kinderpsychiater – seien von Natur aus ungeeignet.

Einfühlung ist zu einem großen Teil angeboren, aber sie ist auch erlernbar. Während die Chirurgen während der Ausbildung nähen lernen, müssen die Ärztinnen in meiner Klinik deshalb Einfühlung und Verständnis üben. Dabei gibt es ohne Frage Naturtalente, aber kaum Unverbesserliche. Lassen Sie sich also als Adoptiveltern nicht verunsichern. Es ist kein Makel, eine Adoptivmutter zu sein, im Gegenteil. Bei der Adoption ging es ja nicht nur um Ihren Wunsch, unbedingt Eltern werden zu wollen, sondern auch darum, einem Kind ohne Eltern ein gutes Zuhause zu ermöglichen. Verabschieden Sie sich also am besten sofort von dieser ohnehin sehr fragwürdigen Idee, es mache einen zu Eltern zweiter Klasse, wenn der Kinderwunsch durch Adoption oder auch In-vitro-Fertilisation erfüllt wird. Zum Wohle Ihres Kindes.

Ungewollt schwanger

Wenn ich zu Beginn dieses Kapitels vielleicht eine sehr ideale Idee einer geplanten und bewussten Schwangerschaft geschildert habe, dann geschah das in dem vollen Bewusstsein, dass trotz Aufklärung und Verhütungsmöglichkeiten immer wieder ungewollte Schwangerschaften entstehen. Sicherlich muss man differenzieren zwischen ungewollt und ungeplant. Ein ungeplantes Kind kann ein sehr gewünschtes sein oder werden. Eines, das eben einfach eine etwas eigenwillige Vorstellung von dem Begriff »termingerecht« hat und sich schon deshalb zum genau richtigen Zeitpunkt ankündigt, weil es den absolut perfekten Moment gar nicht gibt. Man kann den Anfang des Lebens nun mal nicht wirklich planen. Jedenfalls nicht in der Lebensspanne, die die Biologie beim Menschen für die Fortpflanzung vorsieht.

Ein Kind dagegen, das nicht gewollt wurde und sich trotzdem auf den Weg macht, stellt eine enorme Herausforderung dar. Es kann sinnvoll sein, sich dabei professionell unterstützen zu lassen, diese Elternschaft zu meistern. Vor allem dann, wenn die Partnerschaft nicht dazu geeignet ist, dass man sich zu zweit nun um- und einstellt auf das Kind oder sich gemeinsam dagegen entscheidet. Der Druck, der entstehen kann, wenn zum Zeitpunkt der Entdeckung die Fristenregelung annähernd greift oder überhaupt der Druck für eine Frau, am Ende allein mit sich selbst ausmachen zu müssen, ob es zu einer Abtreibung kommen soll, ist enorm und erfordert größten Respekt. Genauso wie die Entscheidung für ein Kind, trotz vielleicht belastender Umstände.

Andere Umstände

Man kann sich als Vater noch so sehr engagieren – es ist die Frau, in der das Kind heranwächst und der man die »anderen Umstände« bald schon von Weitem ansieht. Mit Folgen. Wie jeder von uns ein garantiert wirksames Hausmittel gegen Schnupfen weiß, hält praktisch jeder auch einen exzellenten Rat für eine Schwangere bereit. Am liebsten ungefragt. Wildfremde Menschen fassen den Müttern an den Bauch und wollen wissen, was »es« denn wird, um im nächsten Atemzug das Geschlecht des Kindes zu verkünden: »Eindeutig ein Junge! Sehe ich an der Bauchform!!« Sie haben sich in der Kantine mit einem Teller Salat zu den Kollegen gesetzt? Ganz bestimmt hören Sie sofort Kommentare, von »Jaja – wohl gerade keine sauren Gurken da« bis: »Bist du sicher, dass das auch kein Büffelmozzarella ist?«.

Die Schwangerschaft wird buchstäblich zu Ihrem hervorragenden Merkmal, von dem alles, was Sie tun, nun abgeleitet wird, und bei dem jeder glaubt, sich einmischen zu dürfen. Es ist wie bei den Schwangerschaften von prominenten Frauen – irgendwie scheint die ganze Welt nur auf ihren Bauch zu schauen –, nichts bleibt unbeobachtet, nichts unkommentiert. Jeder Appetit auf ein besonderes Essen lockt den Kommentar hervor: schwanger. Jede Unmutsäußerung: schwanger. Jeder Kaufrausch: schwanger. Schalten Sie am besten auf Durchzug, und sehen Sie das Phänomen als das, was es ist: eine Mischung aus Überresten von Schamanismus und Neid.

Es ist immer wieder erstaunlich, wie intensiv an diesem menschlichen Wunder der Natur alte irrationale Vorstellungen deutlich werden. Am besten, Sie lassen sich davon nicht irritieren und nutzen die »Narrenfreiheit«, die man Ihnen ungefragt ohnehin einräumt. Genießen Sie diese herrliche Gelegenheit, sich einfach mal zwischendurch aufs Sofa legen zu können. Oder einen ganzen Teller Spaghetti zu essen, ohne an die Kalorien denken zu müssen. Oder bei »E-m@il für Dich« haltlos zu heulen. Und Sie widerstehen hoffentlich der Versuchung, unbedingt nicht schwanger wirken zu wollen. Bringen Sie sich nicht um all diese herrlichen Gelegenheiten, einmal ganz auf die eigenen Bedürfnisse und die des werdenden Kindes zu hören – und reißen Ihrem Mann also keinesfalls die schwere Tasche aus den Händen, weil Sie ja »bloß schwanger und nicht behindert« sind. Denn ehrlich: Sie befinden sich ja tatsächlich in einem absoluten Ausnahmezustand, und den gilt es zu würdigen. In Ihnen wächst ein Kind heran, es wird durch Sie durch die Welt getragen, und Sie ernähren es, schaffen in sich Bedingungen, unter denen es gut gedeihen kann. Ist das nicht ein Wunder? Wie viele Bereiche unseres Lebens sind artifiziell und technisch geworden – doch eine gute Schwangerschaft gelingt nur dann, wenn den natürlichen Prozessen Raum gelassen wird. Eine Schwangerschaft ist wie ein letztes Bollwerk gegen jede Digitalisierung. Das Gegenteil von Robotik – zum Glück.

Normalerweise sage ich bei dem Stichwort »natürlich« immer, dass ich in Bezug auf unser menschliches Leben schon lange nicht mehr weiß, was das ist. Bei der Schwangerschaft weiß ich es und habe keine Zweifel. Schwangerschaft ist nämlich keine Krankheit, auch wenn sie von Ärzten begleitet wird und Kinder im Krankenhaus zur Welt kommen. Horchen Sie also in sich hinein und gönnen Sie Ihrer Schwangerschaft auch seelisch und emotional den ihr gebührenden Raum. Körperliches und Emotionales ist selten so unauflösbar verbunden wie jetzt.

Geschwister – ein Beitrag aus der Gerüchteküche

Seit Jahren steigt die Geburtenrate in Deutschland wieder an. Und nicht selten haben junge Eltern durchaus auch einmal wieder drei oder mehr Kinder. Eine sehr erfreuliche Nachricht. Aber keine, von der sich Eltern mit »nur« einem Kind unter Druck setzen lassen sollten. Natürlich kenne ich die Bedenken, die da etwa lauten, dass Einzelkindern der Spielpartner fehlt. Dass sie auf bedeutsame Lebensmenschen aus einer ähnlichen Altersgruppe verzichten müssen, viel zu viel Zeit mit Erwachsenen verbringen und möglicherweise zu sehr verwöhnt, aber auch zu stark kontrolliert werden. Weil sich alle Aufmerksamkeit nur auf sie richtet. Und dass sie das am Ende zu teamunfähigen Einzelkämpfern macht. Das ist falsch. Tatsächlich sind Eltern beim zweiten Kind schon etwas entspannter. Aber das muss nicht bedeuten, dass Einzelkinder zu verhätschelten Egomanen heranwachsen. Im Gegenteil: Für sie besteht das ganze Leben aus Premieren, weil niemand vor ihnen schon einmal eingeschult wurde oder Liebeskummer hatte oder bei den Eltern längere Ausgehzeiten durchgeboxt hat. Das können durchaus wichtige Puzzleteile auf dem Weg zu einem starken Selbstvertrauen sein. Dann sind Einzelkinder mangels Geschwisterkindern im Zweifel sogar kontaktfreudiger, pflegen Freundschaften besonders engagiert, weil sie eben nicht automatisch einen Spielpartner frei Haus geliefert bekommen haben. Umgekehrt ist die so gern beschworene Geschwisteridylle bei näherem Hinsehen oft gar nicht die Selbstverständlichkeit, als die sie gern ausgegeben wird. Das ist vielleicht auch bloß eine Wunschvorstellung von uns Eltern. Viele Eltern betonen ja sehr gern, wie intensiv ihre Geschwisterkinder sich lieben. Auch aus Angst, es könnte anders sein, werden die Gefühle verleugnet, die in Kindern ausgelöst werden, wenn da plötzlich noch jemand den Eltern wichtig ist.

Sicher kommt es vor, dass Geschwister einander zugetan sind, von Anfang an quasi Hand in Hand durch das Leben gehen und wie Hänsel und Gretel die Hexe besiegen. Es gibt auf der anderen Seite aber auch sehr große Geschwisterrivalitäten – besonders zwischen gleichgeschlechtlichen Kindern und solchen mit geringem Altersabstand. Da erlebt man manchmal heftigste Streitigkeiten, weil der eine immer in das Zimmer des anderen kommt, ohne zu fragen, der andere Sachen nimmt, die ihm nicht gehören, oder einfach nur »so blöd« guckt – das sind die Klassiker. Ich mache durchaus häufig Geschwistertherapien, in denen ich mit den Kindern Friedensgespräche führe und sie auch auffordere, einmal darüber nachzudenken, was eigentlich das Liebenswerte am anderen ist. Was es ist, das man teilen kann. Dann wird es – wenigstens für eine Weile – etwas besser. Ich starte allerdings oft mit dem roten Tuch, mit dem man vor der Nase des anderen wedeln muss, damit er oder sie explodiert. Das wissen alle Geschwister und erzählen es noch lieber. Dann können wir gemeinsam über die vielen roten Tücher lachen. Wenn wir unser rotes Tuch kennen, können wir auch das grüne schwenken. Das verstehen Kinder dann. Ich meine, Eltern sollten endlich aufhören, die Geschwisterbeziehungen zu idealisieren.

Ob es einen optimalen Abstand zwischen Geschwister-kindern gibt, werde ich häufig gefragt. Durch Studien ist relativ zuverlässig belegt, dass mindestens 18 Monate zwischen zwei Kindern liegen sollten. Auch und vor allem, weil ein kürzerer Abstand eine zu große emotionale Herausforderung für das erstgeborene Kind darstellt. Außerdem ist die Bindung des ersten Kindes zur Mutter noch sehr eng, und sie muss nun eine weitere sehr enge Bindung managen.

Ein weiterer Mythos rund um das Thema »Geschwister« lautet, dass die Position in der Geschwisterfolge bestimmte Eigenschaften zur Folge hat, die dann jeweils typisch sein sollen. Demnach sind die Ältesten immer die Verantwortungsvollen, Ehrgeizigen und Erfolgreichen – und die Jüngsten sollen die Freigeister sein, die Kreativen, die den größten Entwicklungsfreiraum genießen, weil die Eltern bei ihnen angeblich schon etwas erziehungsmüde wären und der Erwartungsdruck demnach kleiner auf den Nachkömmlingen laste. Aber dafür gibt es keinerlei gesicherten Belege. Ein weiteres Beispiel aus der Mythenkiste.

Einzig für die Sandwich-Kinder kann man eine Aussage treffen: Sie haben es nämlich schwerer als ihre Geschwister. Statistisch gesehen bekommen mittlere Kinder weniger Aufmerksamkeit als die Ältesten und auch weniger als die Jüngsten. Selbst wenn Eltern sich sehr um die gerechte Verteilung bemühen, wird es rein rechnerisch für das Sandwichkind etwas knapper. Professor Ralph Hertwig vom Max-Planck-Institut für Bildungsforschung hat das einmal anhand der Verteilung von elterlichen »Ressourcen«, damit sind etwa Zeit und Zuwendung gemeint, nachgewiesen. Demnach bekommen die Erstgeborenen in ihren ersten Lebensjahren 100 Prozent. Die Zweitgeborenen dagegen 50 Prozent. Beim dritten Kind genießt jedes Kind nun ein Drittel der elterlichen Aufmerksamkeit. Allerdings bekommen die zuletzt Geborenen dann wieder 100 Prozent, wenn die älteren Geschwister ausgezogen sind. Gerade Eltern, die versuchen, alle Kinder »gleich« zu behandeln, sorgen also indirekt für die Fortsetzung der Ungleichheit. Denn eigentlich müssten im Sinne der Fairness gerade die mittleren Kinder mehr Aufmerksamkeit erhalten als das erste und das jüngste – was natürlich nur auf dem Reißbrett funktioniert.

Eltern betonen überhaupt gerne, alle ihre Kinder gleich zu lieben. Aber natürlich sind Beziehungen immer unterschiedlich, weil Kinder eben auch in ihrer Persönlichkeit verschieden sind. Manchmal fühlt man sich einem Kind besonders nahe, weil es einem ähnlich ist, und manchmal bewundert man es dafür, dass es ganz anders ist. Und bisweilen ist es eine Mischung aus beidem. Unterschiedliche Gefühle sind kein Verbrechen. Und wenn es ganz schlimm kommt: Man kann sich jedes Kind zurechtlieben. Das gehört zu meinen grundlegenden Erkenntnissen nach 30 Jahren kinderpsychiatrischer Arbeit.

Quälen Sie sich also nicht mit einem uneinlösbaren Gerechtigkeitsanspruch. Es sagt nichts über die Qualität und die Quantität Ihrer Liebe, wenn Sie sich einem Kind näher fühlen als dem anderen. Es besagt nur, dass Sie jedem Kind auf eine andere Weise zugetan sind. So ist das Leben, das Familienleben, und das ist gut so.

Brüderchen und Schwesterchen – wie sage ich's meinem Kind?!

Oft erlebe ich Eltern, die sich scheuen, offen mit ihrem Kind über die Schwangerschaft der Mutter zu sprechen. Aus Unsicherheit. Alle wissen heute, wie wichtig und weitverbreitet Geschwisterrivalität ist. Und gerade war doch die Beziehung zum Erstgeborenen noch so innig und exklusiv. Wird er oder sie es verkraften, plötzlich nicht mehr alleiniger Mittelpunkt zu sein? Die Aufmerksamkeit teilen zu müssen? Scheuen Sie sich trotzdem nicht, über den Neuankömmling zu sprechen, sobald eine Schwangerschaft stabil ist. Kinder spüren ohnehin, dass da etwas vor sich geht und offenbar größere Veränderungen anstehen. So zu tun, als trüge sie ihre Wahrnehmung, würde sie nur irritieren. Das Erste, das Sie innerlich für sich klären sollten, ist deshalb, dass Sie es Ihrem Kind zutrauen, mit der Nachricht fertigzuwerden. Wenn Ihr Kind nämlich spürt, dass Sie hadern oder Angst haben, ihm zu viel zuzumuten, dann denkt es wirklich, dass das neue Geschwisterkind etwas Bedrohliches und Schlimmes ist. Wenn Sie dagegen freudig und souverän berichten, was da demnächst passieren wird, kann eigentlich nichts schiefgehen. Vorausgesetzt, Sie sind nicht ausschließlich auf Ihre Schwangerschaft konzentriert und schüren damit die kindliche Befürchtung, dass es in Sachen Zeit und Liebe knapp werden könnte, weil jetzt schon so ein großer Teil davon in den immer dicker werdenden Bauch investiert wird. Beteiligen Sie also Ihr Kind an der Vorfreude, nehmen Sie es mit auf die Reise zu einer neuen Familienkonstellation. Erzählen Sie von der Zeit, als Ihr Erstling in Ihrem Bauch war, wie groß die Freude gewesen ist, als er endlich auf der Welt war. Wenn das Erstgeborene mitbekommt, dass es selbst schon so früh im Fokus der Aufmerksamkeit stand, kann es das neue Kind besser akzeptieren. Versprechen Sie ihm aber nicht zu viel – in dem sicher verständlichen Wunsch – dem Erstgeborenen das Zweitgeborene möglichst schmackhaft zu machen. Sagen Sie also nicht: Dann hast du endlich jemanden, der mit dir Fußball spielt. Das könnte zu großen Enttäuschungen führen. Am Ende wird es vielleicht eine Balletttänzerin.

Ihr Drehbuch für eine gelungene Vermittlung könnte in etwa so aussehen: »Im Bauch von Mama wächst ein neues Kind heran. Ein Geschwisterchen für dich. Noch ist es ganz klitzeklein. Aber du wirst an Mamas Bauch sehen, wie das Baby immer mehr Platz braucht und der Bauch deshalb immer dicker wird. Leg mal deine Hand auf den Bauch, vielleicht kannst du spüren, wie sich dein Geschwisterchen schon bewegt.« Ihr Erstgeborenes wird vielleicht fragen, wie das Baby da rauskommt, ob der Bauch auch wirklich genug Platz hat, wann man weiß, dass es groß genug ist, um herauszukommen. Beantworten Sie ruhig alle Fragen. Aber vermeiden Sie es, von Schmerzen bei der Geburt zu sprechen. Die Botschaft, die da ankommt, lautet sonst: Das neue Kind tut Mama weh. Mag sein, dass sich Ihr Kind aber auch gar nicht so sehr dafür interessiert, was da gerade passiert. Seien Sie dann nicht verletzt. Jeder hat seinen Umgang mit den Themen Rivalität, Eifersucht und Neid.

Für immer und ewig

Ein neues Leben wächst in Ihnen heran, und natürlich fragen Sie sich: Wie wird dieses Kind sein? Welches Kind wünsche ich mir? Wem wird es ähnlich sehen? Welche Eigenschaften bringt es mit? Am Ende denken Sie vermutlich immer: Hauptsache, gesund! Aber was, wenn das nicht eintritt? Viele Fragen, die Sie durch noch mehr persönliche Fragen bereichern sollten. Sie sind ab jetzt und wenn Sie so wollen: für immer nicht mehr allein. Das hat wunderbare Aspekte und vielleicht auch ängstigende. Wunderbar ist: Man braucht keine Kontaktanzeige, kein t(k)inder, Ihre engste und sicher auch beglückendste Beziehung wird Ihnen frei Haus geliefert. Sie werden geliebt werden. Auf jeden Fall. Ohne Wenn und Aber.

Doch gerade das kann beängstigend sein. Wo so viel Liebe ist, ist auch immer viel Angst vor dem Verlust. Davor, etwas falsch zu machen. Dazu die Vorstellung: nie mehr allein zu sein – immer zuständig zu bleiben für dieses Wesen, das gerade in Ihnen heranwächst. Für sein Werden, sein Leben, sein Glück ebenso wie für seinen Unterhalt, seine Versorgung und dafür, dass es dreizehn Schuljahre pünktlich im Unterricht ist und später nicht ins Gefängnis muss. Was für eine Verantwortung und welch enges Korsett.

Womit wir bei einer sehr wichtigen elterlichen Leistung wären: Verzicht. Sie verzichten jetzt schon (hoffentlich) auf Alkohol und Nikotin. Und Sie werden bald auf noch mehr verzichten: auf ungestörten Schlaf, abends einfach eine Pizza beim Lieferservice bestellen zu können oder ins Restaurant zu gehen, wenn Sie keine Lust auf Einkauf haben. Darauf, in einem coolen Designer-Traum zu leben, für dessen Erhalt man am liebsten nicht nur Filzpantoffeln, sondern Handschuhe an Besucher verteilen würde. Auch darauf, wenigstens eine Stunde ungestört in der Wanne zu liegen, ohne dass draußen ein Säugling Versorgung verlangt oder der Kindsvater ruft, wo denn, bitte schön, die Spieluhr abgeblieben ist, mit der man das Kind bislang so erfolgreich zum Einschlafen bringen konnte. Oder der Schnuller schon wieder unauffindbar und unersetzbar ist. Und die Verzichtsliste wird immer länger werden: kein Theater, kein spontaner Kino-Besuch und natürlich der Abschied von dieser so beruhigenden Idee, dass sich auch nur die nächsten 24 Stunden planen lassen. Kann man alles vergessen. Jedenfalls für eine bestimmte Zeit.

Warum ich Ihnen, bevor das Kind überhaupt da ist, den Spaßverderber gebe? Ganz einfach: um einen Realitätsschock möglichst abzufedern und Ihnen eine sanfte Landung in Ihrem Alltag mit Kind zu ermöglichen. Klar gibt es Eltern, die sofort nach der Geburt mit ihrem Säugling zu einer zweijährigen Weltreise aufbrechen. Mit dem Fahrrad. Kommt vor, wie man gelegentlich aus Büchern oder Dokumentationen erfährt, die diese Eltern dann AUCH noch produziert haben. Aber das sollte nicht Ihre Bezugsgröße sein. Sie nehmen sich aller Wahrscheinlichkeit nach morgens im Bad auch nicht vor, eine zweite Katharine Hepburn zu werden oder Ihre berufliche Laufbahn auf die Vorstellung zu gründen, Sie wären ein zweiter Stephen Hawking. Machen Sie sich also gefasst darauf, dass Ihr Kind Ihr ganzes Leben auf den Kopf stellen wird – und eben nicht »einfach so mitläuft« – wie ein besonders pflegeleichtes Haustier, für das Sie eigentlich nichts weiter ändern müssen, als bei Amazon ein Futter-Abo in Auftrag zu geben.

Elternsein heißt verzichten. Es lohnt sich, die Zeit zu nutzen, um sich diesem Aspekt Ihrer nahen und ferneren Zukunft so früh wie möglich zu stellen. Das bedeutet in diesem Zusammenhang, dass der Verzicht weder verklärt (»Eine echte Löwenmutter gibt immer alles für ihre Kinder«) noch verleugnet werden sollte (»Meine Kinder haben mich noch nie abgehalten«). Die gesunde Mitte heißt: Ja, es ist manchmal schwer, und ich sehne mich nach meinen früheren Freiheiten zurück, aber ich bekomme auch wahnsinnig viel dafür!

Und die Liebe?

Mit dem Fortschreiten der Schwangerschaft taucht zuverlässig die Frage auf: Bis zu welchem Monat ist Sex sinnvoll? Muss man auf das Kind im Uterus Rücksicht nehmen? Wenn ja, wie? Hier gibt es keine medizinisch-biologischen Regeln. Es gilt einzig und allein Ihr Empfinden und Wollen. Erfahrungsgemäß haben Frauen in den ersten Schwangerschaftsmonaten mit Müdigkeit und Übelkeit zu kämpfen, auch mit der Furcht, ob der oft so heiß ersehnte Zustand auch erhalten bleibt. Alles Faktoren, die sich etwas dämpfend auf die Sex-Frequenz auswirken können. Andererseits kann es gerade für Paare, die für die Schwangerschaft Sex nach den Vorgaben des weiblichen Zyklus – also auf Termin – hatten, sehr lustvoll sein, einfach so ohne Termindruck miteinander zu schlafen. Ist das erste Schwangerschaftsdrittel vorbei, ist auch die Entspannung größer. Die werdenden Mütter haben sich an den Zustand gewöhnt, genießen ihn ebenso wie die weiblichen Rundungen, die er ihnen beschert und die die werdenden

Väter durchaus als erotischen Bonus empfinden. Macht sich allerdings das Kind das erste Mal bemerkbar, wird es bisweilen als »komisches Gefühl« beschrieben, noch Sex zu haben. Sozusagen den Bewohner im Bauch der Mutter ausgerechnet damit zu stören. Auch wenn es anatomisch unmöglich ist, dass der Penis auch nur in Sichtweite des Fötus kommt, bleiben die Bedenken, man könne damit irgendwelchen Schaden anrichten. Ebenso wie mit einem heftigen Orgasmus. Aus Mediziner-Sicht bringt der das Kind allerdings keinesfalls dazu, fluchtartig die Gebärmutter verlassen zu wollen, wie manche befürchten. Eigentlich braucht man allenfalls bei einer Neigung zu vorzeitigen Wehen und vorzeitiger Öffnung des Muttermundes wirklich auf Sex zu verzichten. Erlaubt ist also, was Spaß macht. Theoretisch. Praktisch sind werdende Mütter manchmal so mit dem beschäftigt, was sich in ihrem Körper tut, dass Sex in der Prioritätenliste erst mal eher weiter nach hinten rückt. Unter Umständen ist also nun in anderen Umständen der erste Verzicht des Mannes und werdenden Vaters gefragt. Wie leicht fällt ihm das? Wie solidarisch ist er? Wie bereit, seine Bedürfnisse zurückzustellen?

Nutzen Sie Ihre Schwangerschaft auch hier, um eine erste Probe Ihrer Beziehung gemeinsam gut zu überstehen. Das gelingt umso besser, je mehr Sie den werdenden Vater in Ihre Schwangerschaft mit einbeziehen. Lassen Sie ihn auch in einen Dialog mit seinem Kind eintreten. Feten antworten ja nicht selten durch die Bauchdecke. Lassen Sie ihn den Soundtrack zu Ihrer Schwangerschaft aussuchen – damit das Kind möglichst früh mit seinem exzellenten Musikgeschmack bekannt wird. Betrauen Sie ihn mit der Ausstattungsbeschaffung – unter Berücksichtigung der neuesten Testergebnisse von Stiftung Bestes-fürs-Kind. Selbstverständlich begleitet er Sie in den Geburtsvorbereitungskurs und weil er vermutlich kein sehr gesteigertes Interesse an all den Schwangerschaftsbüchern hat, die nun auf Ihrem Nachttisch liegen, haben Sie ihm eine Papa-App installiert. Diese informiert ihn Woche für Woche über jeden neuen Entwicklungsschritt »seines« Kindes und bringt ihm das Wunder, das da gerade geschieht, mit allen Mitteln des digitalen Zeitalters – also auf Männerart – nahe. Und wenn Sie merken, dass der große Cowboy unsicher wird, nehmen Sie ihn in den Arm und führen ihn so gesichert durch das für ihn so unbekannte Gelände. Im Terra Graviditate (Land der Schwangerschaft) sind Sie die Reiseleiterin.

Vielleicht tut es Ihrer Beziehung auch mal ganz gut, wenn sich die Verhältnisse umdrehen oder deutlich wird, dass Männer weniger handeln können – und sollten und gerade diese Fähigkeit besonders jetzt gefragt ist. Manchmal denken Männer nämlich, dass sie erst richtige Väter sein können, wenn Kinder auf der Welt sind, und auch dann manchmal erst, wenn Kinder sprechen können oder kurz vor dem Abitur stehen. Dieser Mythos ist in der Regel ein Selbstschutz und ein Fluchtversuch.

Nach wie vor stimmt das Geschlechterstereotyp noch zu oft: Männer haben Angst vor Gefühlen. Und was ist gefühlvoller als eine Schwangerschaft und Geburt? Dazu kommt noch für die Männer, dass sie nur danebenstehen können, »nur« helfen und assistieren dürfen. Eine schwere Prüfung. Aber, Männer, ihr begegnet den echten Herausforderungen heute nicht mehr in der Weite der Prärie! Sondern wenn schwangere Bäuche eingeölt werden müssen, wenn der Geburtsvorbereitungskurs noch freie Plätze hat oder wenn der Kreißsaal ruft. Echte Kerle aktivieren dann ihr Mama-Ich, und nein, sie stehen dann nicht neben dem Arzt und erklären ihm seine Arbeit oder wie genau das funktioniert mit der 3-D-Animation. Sie stehen ihrer Frau zart, stark, beschützend und fürsorglich zur Seite.

Die Zielgerade

Und dann irgendwann, nach neun langen – oder kurzen – Monaten, ist es so weit. Halten Sie noch einen kleinen Moment inne, und denken Sie zurück: Was war das für eine Zeit? Was nehmen Sie daraus mit in den neuen Lebensabschnitt? Schreiben Sie Ihre Gedanken und Gefühle ruhig auf – später freuen Sie sich, wenn Sie Ihre Fantasien, Wünsche, Hoffnungen mit dem wirklichen Kind abgleichen können. Schreiben Sie ähnlich, wie ich es im nächsten Kapitel mache, einen Brief an Ihr ungeborenes Kind. Das ist ein schönes Willkommensgeschenk, über das Ihr Kind sich später sehr freuen wird. Ja, sogar, wenn Sie den Text bei seiner Hochzeit vorlesen. Und wenn dann die Angst kommt: Ehrlich gesagt, sie gehört dazu. Ich möchte sie nicht kleinreden, aber auch nicht mit Wachstumshormonen füttern. Es ist ganz normal, Angst vor einer ungewohnten Situation zu haben, und sogar vor einer gewohnten – sollten Sie gerade Ihr zweites Kind erwarten. Teilen Sie, liebe Mutter, Ihre Angst mit dem Kindsvater, dann halbiert sie sich.

THINK!

→ Nehmen Sie sich die Zeit, um über die Grundlagen Ihrer Familie nachzudenken.

→ Schärfen Sie Ihr Bewusstsein gegenüber Ihrer gemeinsamen Haltung.

→ Genießen Sie das Wunder: Ein Kind entsteht.

→ Machen Sie sich Ihre Fantasien über Ihr werdendes Kind bewusst.

→ Schwangerschaft ist keine Krankheit.

→ Stellen Sie sich als Paar auf die Schwangerschaft ein.

→ Auch die Väter können sich nicht früh genug auf ihre neue Rolle einstellen.

Brief an ein ungeborenes Kind

Liebes Kind,

jetzt dauert es nicht mehr lange, und du wirst auf die Welt kommen. Aufregend ist das! Alle sind so gespannt auf dich. Auch, wenn wir schon viel über dich wissen. Wir wissen, wie groß und schwer du bist, wie gut dein Körper funktioniert, und wir haben schon Fotos von dir im Bauch gesehen. Sogar einen Film. Wir haben gesehen, wie du dich bewegt hast, wie du am Daumen genuckelt hast, wie einfach alles dran war an dir. Das ist so beglückend, das kannst du dir gar nicht vorstellen!

Für dich kommt bald ein erster Einschnitt in deinem kleinen Leben. Aus der Wärme und der glucksenden Dunkelheit musst du hinaus in das Licht und die Kälte. Das wird an-strengend, aber es geht nicht anders. Du kannst ja nicht in Mamas Bauch bleiben. Dann könntest du nicht mehr wachsen. Und wir wollen doch, dass du groß und stark wirst. Das geht eben nur draußen in dieser wundervollen Welt, die Mama und Papa für dich vorbereitet haben.

Am Ende ist es auch nicht so schlimm. Es wird eng für dich, und du wirst etwas gequetscht. Die allerallermeisten überstehen das gut. Also mach dir keine Sorgen. Es genügt ja, dass Mama aufgeregt ist und auch etwas Angst hat. Papa auch, aber der tut so, als wäre das alles kein Problem. Und wenn dann alle mitten unter der Geburt sehr aufgeregt sind und durcheinanderreden: Wenn alles überstanden ist, bist du das größte Glück auf Erden. Glaub mir. Du weißt noch gar nicht, wie dir geschieht in diesem grellen Licht, und schon sind alle aus dem Häuschen. Erste Fotos rasen um

*die Welt, Großeltern und Tanten trinken Sekt und freuen sich,
dass du da bist.*

*Ach ja: Herzlich willkommen, liebes Kind! Herzlich willkommen
auf dieser Welt, die so wunderbar viele Möglichkeiten bietet.
Möglichkeiten, groß zu werden, stark zu werden, auf jeden
Fall so zu werden, wie du es für dein Leben brauchst. Denn
das ist wichtig: Jetzt ist es dein Leben, dein eigenes. Das
kann und darf dir niemand nehmen.*

*Deine Eltern haben sich viele Gedanken gemacht für dich.
Sie haben einen wunderschönen Namen ausgesucht, sie
haben dein Zimmer eingerichtet, deine Strampler liegen
bereit, die Windeln, die Babycreme – einfach alles. Nun wirst
du alles mit deiner Persönlichkeit füllen. Alle sind wahnsinnig
gespannt. Was für ein Mensch bist du? Allein schon: Wie
siehst du aus? Wem siehst du ähnlich? Was ist mit deiner
Haarfarbe? Und die Augen erst! Alles an dir ist superwichtig,
und das ist richtig so. Du machst alle glücklich.*

*Und du selber darfst jetzt auch gespannt sein und vor allem
neugierig. Wie die Welt wohl ist? Wie sind Mama und Papa,
was wollen sie von mir? Du solltest von jetzt an darauf
achten, was du brauchst, um gut wachsen zu können. Da ist
nämlich jeder Mensch anders. Wahrscheinlich und besonders zu Anfang wirst du es nicht wissen – dann sind ja deine
Eltern dafür da –, aber mehr und mehr darfst du sagen,
was du brauchst. Und keine Angst: Du wirst schon genug
zurückgeben an deine Eltern. Weil du sie liebst, so einfach ist
das. Das ist vielleicht das Wichtigste: dass du deine Eltern
liebst und auf dich aufpasst, so weit und sobald du kannst.
Du bist ein Wunder, liebes Kind.*

*Es kann sein, dass es Phasen in deinem Leben geben wird,
da wirst du Sorgen haben oder Angst oder auch verzweifelt
sein. Dann musst du immer wissen: Das Wunder wird*

dadurch nicht kleiner. Deine Eltern, deine Familie und du, ihr habt euch. Und auch das kann euch niemand nehmen. Du musst nicht immer so tun, als seist du ein glückliches Wunder. Wichtig ist nur, dass du Bescheid sagst, wenn du nicht weiterweißt, wenn du unglücklich bist oder nicht genau weißt, wie es weitergehen soll. Das Leben ist nicht immer nur rosa, frag deine Eltern, die kennen sich damit gut aus. Rosa ist auch gar nicht für jeden so schön – besser, du streichst dein Leben in der Farbe, die zu dir am besten passt. Das dauert jetzt noch ein wenig. Macht nichts, du hast Zeit.

Deine werdenden Eltern, Eltern in spe sozusagen

KAPITEL 2

Eine Familie wird geboren

Es ist so weit. Jetzt hilft kein Nachdenken mehr, jetzt geht es um Bewältigung. Als Vater kann ich leicht darüber schreiben. Man steht ja »nur« daneben. Wehen ausgeliefert sein und dafür sorgen, dass ein Kind seinen möglichst unbeeinträchtigten Weg ins Leben findet, ist dagegen eine der größten Herausforderungen überhaupt. Eine Herausforderung, auf die man sich trotz aller Vorbereitungskurse und Ratgeberbücher doch letztlich nur begrenzt einstellen kann, weil sie natürlich auch durch psychische und biologische Rahmenbedingungen eingegrenzt wird. Wenn man es aus der väterlichen Sicht erlebt, wundert man sich, dass wir Menschen noch nicht ausgestorben sind. Wegen des so engen Geburtskanals und auch wegen der unglaublichen Anstrengungen, die es Mutter und Kind kostet, diese Hürde ins neue Leben zu überwinden. Und noch ein unglaubliches Phänomen: Auch, wenn Frauen berichten, dass ihre Geburt extrem schwierig und schmerzhaft war, hält das keine einzige Frau ab, ein Kind zu bekommen, und manchmal sogar noch ein zweites, drittes oder gar viertes bis neuntes.

Wie schön, dass unser Wunsch nach Kindern nachhaltig stärker ist als der Respekt vor den Strapazen der Geburt und den damit verbundenen Schmerzen. Während wir in vielen Bereichen der Medizin in den letzten Jahrzehnten einen Paradigmenwechsel dahin gehend erlebt haben, dass Ärzte nach der Devise arbeiten: Kein Mensch muss Schmerzen ertragen, gilt das für die Geburt nicht. Hier regiert nach wie vor die Maxime: so natürlich wie möglich. Ganz im alttestamentarischen Sinne. Im ersten Buch Moses sagt Gott zu Eva: »Und zur Frau sprach er: Ich will die Mühen deiner Schwangerschaft sehr groß machen; mit Schmerzen sollst du Kinder gebären …« Im Bibeltext wird die Frau für die Entdeckung der Sexualität mit den Geburtsschmerzen bestraft. Natürlich handelt es sich um einen frühen menschlichen Interpretationsversuch, sich in damaliger Zeit die oft unendlichen Qualen und Gefahren des Gebärens zu erklären. Ein universelles menschliches Phänomen. Auch Kinder gehen oft davon aus, dass ihre Schmerzen die Folgen unerlaubten Handelns sind. Aber warum hält dies in Bezug auf die Geburt bis heute an und wird mit dem Gebot der Natürlichkeit belegt? Längst gibt es die Möglichkeit der PDA (dabei wird zwischen dem Wirbelkörper und der Dura mater, der »harten Haut« des Rückenmarks, ein Lokalanästhetikum eingebracht, das den Unterleib betäubt) und Kaiserschnitte. Bei beiden Methoden geraten die betroffenen Frauen aber schnell in den Verdacht, sich ihrer weiblichen Rolle als werdende Mutter nicht wirklich stellen zu wollen, das »natürliche« Geburtserlebnis zu verfälschen. Immer noch kursieren Legenden, die Frauen unter Druck setzen. Etwa die, dass man nach einem Kaiserschnitt oder einer PDA später Probleme haben wird, sein Kind »richtig« anzunehmen. Tatsache ist: Die Geburt ist aus physiologischen und anatomischen Gründen ein kompliziertes Geschehen, das für Mutter und Kind mit Risiken behaftet ist. Nicht umsonst waren eine Geburt und ihre Folgen in früheren Zeiten eine der häufigsten Todesursachen bei Frauen und Kindern. Die moderne Medizin hat es möglich gemacht, dass sowohl die Säuglings- als auch die Müttersterblichkeit dramatisch zurückgegangen ist. Ein großes Glück eigentlich. Dennoch ist das Schmerzmanagement nach wie vor mit dem Gebot der Natürlichkeit belegt. Fast ist es so, als wären wir kollektiv unbewusst davon überzeugt, dass Kinder von Beginn an nur mit einem großen Opfer zu haben sind. Und dass »natürlich« hier ein Synonym für Blut, Schweiß und Schmerzen ist. Wenigstens hierzulande. Dass darauf kein Absolutheitsanspruch besteht, wird klar, wenn wir etwa nach Frankreich schauen. Dort wird die PDA längst ganz selbstverständlich in Anspruch genommen. Man ist dort der Ansicht, dass der Schmerz an sich keine positive Funktion erfüllt. Und dass eine PDA es der Gebärenden ermöglicht, das Geschehen weniger erschöpft wahrzunehmen und konzentrierter mit der Hebamme zu kooperieren.

Dennoch: Geburten in Vollnarkose sind sicher keine Alternative. Allerdings kann ich als Mann wenig zu dem Thema beisteuern. Es sind die Frauen, die entscheiden müssen und dürfen, wie sie ihre Kinder zur Welt bringen möchten. Vielleicht ist diese Erfahrung des Gebärens eines der Geheimnisse, die Mütter und Kinder miteinander verbindet. Auf jeden Fall ist sie eine der wenigen und gleichzeitig elementaren Bereiche unseres Lebens, aus dem wir Männer ausgeschlossen sind. Egal, wie engagiert wir mithecheln oder wie theoriesicher wir das Geschehen kommentieren können. Es sind nun mal die Frauen, die die Kinder auf die Welt bringen.

Einen längeren Exkurs über den Gebärneid von uns Männern erspare ich Ihnen und mir. Meine Kompensation wird sein, ein Kapitel über die Geburt zu schreiben …

Glück – fast – pur

Wenn dann die Anstrengungen und die Aufregung kleiner geworden sind und die medizinische Versorgung beendet ist, liegt Ihr Kind endlich in Ihrem Arm, und es
kommt der Moment, der tatsächlich mit nichts vergleichbar ist. Ihr Kind ist da, ist gesund, auch angestrengt und
etwas zerknautscht, aber es atmet, schnauft leise und versucht, sich mit ersten kleinen Bewegungen in der Welt
zurechtzufinden. Halten Sie diesen Moment tief in Ihrer
Seele verankert. Dieses unvergleichliche Glück, das man
mit Menschen, die das nicht erlebt haben, nicht teilen,
geschweige denn es vermitteln kann. Natürlich spüren es
auch die Väter. Und auch sie werden sich ewig erinnern an
den Geruch des Säuglings, den ersten Hautkontakt, diese
tiefe Innigkeit zwischen Vater, Mutter und Kind. Genießen Sie das alles, und nehmen Sie sich Zeit dafür. Möglichst ungestört. Leider hat sich vielfach durchgesetzt, auch
diesen Moment sofort per Foto mit der ganzen Welt zu
teilen. So verständlich dieser – meistens männlich stolze –
Impuls auch ist: Diese Intimität gehört eigentlich nur dem
Paar und seinem Kind. Das Staunen über das Wunder, das
so klein und zart ist. Die Magie, die von diesem auf seine
Art schon so vollständigen Leben ausgeht. Wie es mit großen, weiten Augen in die Welt schaut. Eine kleine, große
Persönlichkeit, die es nun zu entdecken gilt.

Und schon kommt die nächste Herausforderung. Was
geschieht, wenn Ihre Erwartungen nicht übereinstimmen
mit dem kleinen Wunder vor Ihnen? Sie hatten keine Erwartungen? Auch gut, dann lassen Sie sich überraschen.
Obwohl, ehrlich gesagt, glaube ich das nicht ganz. Weil
wir alle Menschen sind, deren Fantasie auch ohne unser

aktives Zutun tätig ist. Eigentlich immer. Und manchmal eben unbewusst. Unbewusste Fantasien sind aber mindestens genauso mächtig wie bewusste. Das sollte man wissen. Auch für den Fall, dass Fantasie und Realität bei einem Kind manchmal nicht die erhoffte und erwartete Übereinstimmung zeigen. Sowenig man sich das vorher vorstellen kann, so sehr ist man nachher über sich selbst erschrocken, wenn man Enttäuschung spürt, wo doch eigentlich nur überschäumende Begeisterung und Freude sein sollten. Weil das Kind vielleicht anders aussieht, als wir es uns in unserer Fantasie gedacht haben, weil es sich – möglicherweise – noch so fremd anfühlt, weil es nicht zufrieden lächelnd zu seinen Eltern aufblickt, sondern vor allem schreit. Zumal so eine Enttäuschung nicht sein darf und man sich sofort in der Rabeneltern-Ecke stehen sieht. Statt dankbar zu sein, dass der neue Erdenbürger gesund das Licht der Welt erblickt hat, sind Sie unzufrieden. Das will man vermutlich nicht mal seiner besten Freundin anvertrauen.

Vielleicht hilft es Ihnen, wenn ich Ihnen sage, dass diese Fantasien ruhig sein dürfen und es grundsätzlich vollkommen in Ordnung ist, was Sie da empfinden. Schwierig wird es nur, wenn Sie Ihre Enttäuschung verleugnen oder glauben, das darf nicht gedacht und gefühlt werden. Aus psychotherapeutischer Sicht ist jede Verleugnung schlimmer in ihren Folgen als das Unbehagen, das Sie fühlen. Das ist nur dann zu bewältigen, wenn Sie es sich bewusst machen, dass Ihr Kind anders ist, als Sie es erwartet haben. Nur durch die Anerkennung dieser Diskrepanz entsteht ein Raum, über den das andere möglich wird. Dieses andere bedeutet: Du bist zwar nicht so wie erwartet, und ehrlich gesagt, war ich anfangs auch etwas enttäuscht oder verunsichert, aber jetzt bin neugierig darauf, wie du wirklich bist! Und ich freue mich so sehr darauf, dich kennenzulernen …

Vertrauensbildende Maßnahmen

Geborgenheit, Körperwärme, der Herzschlag der Mutter und Muttermilch – man spürt förmlich, wie diese ersten Zuwendungen eine kaum zerstörbare Grundlage für die Zukunft bilden. Stillen ist eine besondere und einmalige Form der Beziehung, eine enorme Intensität zwischen Mutter und Kind, die so viel Wunderbares miteinander verbindet: Versorgung, Hautkontakt, Intimität. Weil damit Antikörper von der Mutter auf das Kind übertragen werden, ist es zudem für die Immunkompetenz des kindlichen Körpers wichtig. Ich kenne natürlich die Sorgen von Müttern, durch das Stillen könne das Aussehen ihrer Brust leiden und damit auch die Anziehungskraft auf den Partner. Dazu sollte man vielleicht wissen, dass der Busen sich ohne den Hormoneinfluss durch die Schwangerschaft nach der Geburt ohnehin verändert. Bei Frauen, die ihrem Kind die Flasche geben, passiert dies eben früher als bei jenen, die stillen. In welchem Umfang, kann man nicht vorhersagen. Das ist individuell verschieden. Auf das Stillen zu verzichten, ist also kein Garant für eine Optik wie vor der Schwangerschaft. Ich möchte Müttern, die sich trotzdem gegen das Stillen entscheiden oder die nicht stillen können, aber kein schlechtes Gewissen machen. Es ist Ihr Körper, Ihre Entscheidung, und letztlich schadet es dem Kind weniger, nicht gestillt zu werden, als viele der Mythen um das Stillen glauben machen. Die gibt es übrigens in beide Richtungen. Die Idee nämlich, dass eine Frau gar nicht lange genug stillen kann und erst dann Schluss damit ist, wenn das Kind keine Lust mehr dazu hat. Es gibt durchaus Laufkinder, die auf dem Spielplatz mal eben schnell zur Mutter rübergehen, ihr den Pullover hochschieben und ein paar Schluck aus der Brust nehmen. Entgegen anderslautenden Gerüchten vertieft das aber nicht die Bindung, sondern nur die Abhängigkeit, und ich würde immer davon abraten. Kinder sind ab dem sechsten Lebensmonat grundsätzlich fähig, ihren Flüssigkeitshaushalt tagsüber zu decken. Und deshalb ist es angeraten, zwischen dem sechsten und dem maximal zwölften, aber in der Regel achten Monat langsam abzustillen. Dann haben die Kinder eine andere Mundmotorik, sind in der Lage, anders zu schlucken, und können erst breiige, dann auch stückige Kost zu sich nehmen. Entsprechend sollte das Thema innerhalb des ersten Lebensjahres abgeschlossen sein. Danach hat es keine Vorteile mehr. Ein übersichtlicher Zeitrahmen. Das sollten sich auch Väter klarmachen. Männer haben nämlich manchmal Probleme damit, zu erleben, dass die Brust ihrer Frau nicht mehr nur das Objekt ihrer Begierde ist und dass sie verzichten müssen. Waren Hochschwangere schon in besonderer Weise nach innen gekehrt, so macht die stillende Mutter durch ihr Dasein deutlich, dass sie nun eine neue Doppelrolle erfüllt und ihre Aufmerksamkeit, Liebe und auch ihr Körper dem Mann nun nicht mehr exklusiv zur Verfügung stehen. Sie ist fortan Mutter UND Ehefrau oder Partnerin. Oft unterschätzen beide, wie eifersüchtig Männer in dieser Phase werden können. Zumal sie es sich selbst oft nicht eingestehen. Schließlich handelt es sich um Gefühle, die ihr Selbstbild von einem fürsorgenden Vater trüben würden. Dazu gehört etwa der Frust über all den Verzicht, den Väter nun spüren: auf entspannte Fernsehabende, darauf, die ungeteilte Aufmerksamkeit ihrer Frau zu genießen, ungestörte Nächte und natürlich Sex. Das Paar ist gefordert, sich neu zusammenzufinden, neue Räume zu schaffen, in denen Intimität und Sexualität weiter lebbar sind. Manchen Paaren gelingt das, indem sie sich einen festen Abend in der Woche eine Auszeit nehmen. Das enthebt Männer aber nicht von der Aufgabe, sich auch bewusst darüber zu werden, dass Mütter schon durch die Schwangerschaft einen selbstverständlicheren Zugang zum Kind haben. Einen, den der Vater sich erst noch erarbeiten muss und kann. Viele tun das mittlerweile, indem sie in Elternzeit gehen und all die Möglichkeiten nutzen, Nähe aufzubauen: Kuschelstunden im Bett, Spaziergänge, Baden, Wickeln. Je mehr Zeit Väter mit ihrem Kind verbringen, umso mehr erleben sie, dass auch sie gebraucht werden, und umso weniger leiden sie unter Eifersuchtsgefühlen. Und umso mehr sind sie auch bereit, den Verzicht auf ein Leben zu akzeptieren, wie es vor der Schwangerschaft war. Und umso besser verstehen sie, dass die Beziehung zwischen Mutter und Kind gerade jetzt am Anfang eine andere, natürliche Exklusivität besitzt. Man nennt das Mutter-Kind-Dyade. Sie ist die psychische Grundlage dafür, dass Kinder sicher werden. Sicher in ihren eigenen Gefühlen, sicher in ihren Beziehungen, sicher in ihrer Wahrnehmung. Die exklusive Zweierbeziehung ist das, was der Säugling braucht – und auch das Einzige, was er emotional in dieser Lebensphase leisten kann.

Je mehr sich Eltern darüber im Klaren sind, wie wichtig dieser emotionale Resonanzraum ist und wie begrenzt,

desto besser. Vielleicht klingt das in Ihren Ohren übertrieben, psychologisierend?

Wenn man genau hinschaut, sieht man mehr. Man darf
sich immer entscheiden, nicht so genau hinschauen zu
wollen. Kinder- und Jugendpsychiatrie aber gelingt nur
durch aufmerksames Hinschauen. Nicht durch kontrollierendes Beobachten! Es gibt Phasen in der kindlichen
Entwicklung, da ist es besser, wenn man entspannt weg-
schaut, und ebenso gibt es Paarsituationen, in denen das
Nicht-Wissen um den anderen die Beziehung erhält. Diesen Balanceakt kennt wahrscheinlich jeder und löst ihn für
sich jeden Tag neu. In Bezug auf Kinder – und gerade jetzt
ganz zu Beginn des kleinen Lebens – ist es hilfreich, wenn
wir möglichst wenig übersehen und viel wissen. Damit Sie
verstehen, dass Ihr Kind gerade jetzt am Anfang seiner
Entwicklung gewisse »Voreinstellungen« mitbringt.

Sind Sie müde?

Falsche Frage. Natürlich sind Sie müde. Das Leben mit
einem Säugling ist wie eine Dauernachtwache mit dem
Unterschied, dass man auch tagsüber nicht zum Schlafen
kommt. Und kein Koffein weit und breit. Nur gesunde
grünliche Tees. Das Zauberwort, um das es nun geht, heißt
interaktionale Synchronisation. Übersetzt bedeutet es, ein
auf die Mutter-Kind-Beziehung bezogenes zeitliches und
emotionales Abgleichen von Vorgängen, sprich: ein gegenseitiges Eingrooven auf psychisch-biologische Rhythmen.
Wir haben längst verstanden, dass es keinen Sinn macht,
jeden Säugling nach demselben Schema zu stillen oder
zum Schlafen zu ermuntern. Im Prinzip sind zwar die

Bedürfnisse von allen, also von Mutter, Vater und Kind, gleichberechtigt. Doch es gibt einen großen Unterschied: Die Eltern können sich selbst regulieren. Können ihre Bedürfnisse zurückdrängen, auf später verschieben, überhören oder ihnen nachgeben – also zum Kühlschrank gehen oder sich aufs Sofa legen, wenn sie hungrig oder müde sind. Die des Säuglings aber sind nicht nur überwältigend, sondern werden auch so empfunden. Ein Säugling ist zudem vollkommen hilflos, kann nicht aus eigener Kraft seinen Hunger oder sein Kuschelbedürfnis stillen oder die vollen Windeln wechseln. Entsprechend sind die Eltern in der Pflicht, auf die Bedürfnisse des Babys einzugehen. Und zwar gleich und nicht erst, nachdem das Kind stundenlang danach geschrien hat. Denn Schreien kräftigt mitnichten die Lunge und hat auch keinerlei pädagogischen Nutzwert, wie manche Menschen offenbar immer noch denken. Es ist einfach Ausdruck von der Not des Kindes. Aber auch Ausdruck seiner Persönlichkeit. Schreien ist die erste menschliche Sprache. Das Wörterbuch dafür haben jeweils nur die Eltern.

Kinder, selbst die ganz kleinen, sind sehr verschieden. Das ist das Kernproblem aller Ratgeber: Denn für alle Kinder gleichermaßen gültige Empfehlungen auszusprechen, ist schwierig. Es gibt Kinder, die einfach durchschlafen. Andere, die nachts mehrmals aufwachen, Hunger haben oder Kuscheleinheiten brauchen und beruhigt werden wollen. Und dann gibt es noch jene, die mit sogenannten Regulationsstörungen auf die Welt kommen. So wie Felix, fünf Monate alt, der von seinen Eltern in unserer Kleinkinderambulanz vorstellt wurde. Felix hatte die Dreierregel für Schreikinder erfüllt: mindestens drei Stunden täglich an mindestens drei Tagen pro Woche mindestens drei Wochen lang zu schreien. Die Eltern waren natürlich hochgradig besorgt und vor allem fix und fertig. Zumal Felix seinen Schrei-Schwerpunkt auf die Nächte verlegt hatte. Nun saßen die Eltern also voller Angst, dass mit ihrem Kind etwas Gravierendes nicht stimmen könnte, in unserer Ambulanz und weinten vor Erschöpfung. Das Wichtigste unserer Arbeit ist in solchen Fällen zuallererst die Beruhigung der Eltern. Ihnen zu versichern, dass ihr Kind nicht etwa schwer krank ist oder für immer ein schwieriges Kind sein wird. Dann fragen wir sehr genau nach dem Takt von Essen, Wachen, Schlafen und erarbeiten einen Tagesplan, der möglichst viel Vorhersehbarkeit und Stabilität bringt. Darüber nahm Felix' Schreien nur geringfügig ab, aber nachdem die große Unbekannte – all die Sorgen, weshalb das Kind schreien könnte – nun nicht mehr im Vordergrund stand, konnten die Eltern es etwas gelassener ertragen, waren nicht mehr so unsicher und entlasteten sich nun gegenseitig. Mit der Zeit wurde es langsam besser, und wir begleiteten die Eltern bis zum sechsten Lebensmonat von Felix, bis er sich weitgehend beruhigt hatte und sich altersangemessen selber regulieren konnte.

Ähnlich war es mit Hannah, sechs Monate alt, die am Tag oft mehrere Stunden schrie. Dem Vater, der tagsüber außer Haus bei der Arbeit war, fiel es schwer, die Belastungen einzuschätzen, denen seine Frau ausgesetzt war. Die wiederum glaubte deshalb, dass sie sich vielleicht zu sehr »anstellte«. Wir bezogen den Vater deutlich mehr ein in den Umgang mit seinem Schreikind. Mit der Folge, dass auch er nun verstand, wie anstrengend und beängstigend die Situation für seine Frau war, und er nun Hilfestellungen für sich und seine Frau annehmen konnte. Wichtig ist, zu verstehen, dass Schreikinder sozusagen so angeliefert werden und dass man sich möglichst früh um Entlastung kümmern sollte: bei jemandem mit Erfahrung, in den Sprechstunden, die besonders für solche Fälle angeboten werden. Man muss und sollte das nicht »aushalten«. Selbstverständlich können wir in einer solchen Schreisprechstunde auch nicht zaubern. Aber es hilft den meisten Eltern, endlich eine Erklärung zu haben und dieses so belastende Gefühl auszuräumen, dass andere diese Probleme nicht haben und man also irgendetwas falsch macht.

Wir ermuntern Vater und Mutter auch, sich bei der Betreuung abzuwechseln, damit nicht einer allein unter der Belastung leidet, aber auch, damit einer sich auch immer einmal ausruhen kann. Man sollte auch wissen, dass die vielen – sicher gut gemeinten – Rezepte und Tipps wenig ausrichten. Mittlerweile hat sich zwar die Interpretation einer »Dreimonatskolik« etabliert. Aber diese Erklärung verdankt sich vor allem dem Wunsch, irgendeinen plausiblen Grund für das unentwegt schreiende Kind zu haben. Tatsächlich erledigen sich die meisten dieser Unruhe- und Schreizustände nach etwa drei Monaten von allein. Nur, dass das nichts mit der Darmtätigkeit zu tun hat. Es handelt sich vielmehr um eine Anpassungsstörung des gesamten kleinen körperlich-seelischen Organismus. Auch unter weniger erschwerten Bedingungen zeigt sich in der ersten Zeit nach der Geburt, wie gut das elterliche Teamplay ist und wie eine Synchronisation zwischen Kind und Eltern gelingt.

Diese Synchronisation, diese Beziehungsgestaltung wird die Grundlagen für das emotionale Muster bilden, mit denen ihr Kind von nun an in die Welt geht. Keine Angst, das heißt nicht, dass Fehler aus der ersten Zeit nicht korrigierbar sind! Es lohnt sich allerdings, wie in einem Theaterstück (»Vater, Mutter, Kind«) ab und zu wie ein Regisseur zur Seite zu treten und die junge Bühne mit ihrem Erstlingswerk vom Zuschauerraum aus zu betrachten. Das hilft beim Verstehen und Einordnen und vielleicht auch beim Umschreiben einiger Szenen. Einiges steht allerdings schon unveränderlich fest: Ohne Müdigkeit und Anstrengung wird es wahrscheinlich nicht gehen. Das ist so, und Sie würden sich nur zusätzlich stressen mit dem Anspruch, trotzdem ausgeschlafen und immer fröhlich zu wirken. Stellen Sie sich auf ein Gefühl des Marathonlaufs ein. Auch da ist entscheidend, wie viele Bananen und Elektrolytdrinks Sie gereicht (!) bekommen.

Mütterlichkeit – das große Missverständnis

Jetzt kommt ein schwieriges Kapitel. Ein Mann, Vater und Kinderpsychiater macht sich Gedanken um die Mutterschaft, betritt also vermintes Gelände. Allein das Wort ist in Deutschland ja immer noch vorbelastet, klingt nach Mutterkreuz und so modern wie Frauen in Kittelschürzen. Befreit man den Begriff allerdings einmal von seinem ideologischen Ballast und betrachtet ihn ohne all das Sozio-Polit-Make-up, stellt man schnell fest, welch ein unvergleichliches und wunderbares Gut man vor sich hat. Für Kinder sowieso, aber auch für die gesamte Gesellschaft. Dennoch gelingt es uns nicht, Mutterschaft den Wert einzuräumen, den sie ohne Frage besitzt, und sie auch vonseiten des Gesetzgebers zu schützen – etwa mit einer Garantie, dass Frauen nach der Kinderzeit dieselbe berufliche

Position einnehmen können, die sie vor der Geburt inne-
hatten. Nach wie vor müssen sich Frauen außerdem dafür
rechtfertigen, wenn sie das, was so euphemistisch »Erzie-
hungsurlaub« genannt wird, bis zur Neige ausschöpfen
oder gar noch länger zu Hause bleiben, wie man so schön
sagt – als wäre die Betreuung von Kindern der berühmte
Ponyhof und nicht ein Fulltime-Job. Es ist erstaunlich, wie
wenig wir uns alle dagegen zur Wehr setzen. Dabei müsste
es unser aller Anliegen sein, die Mutterschaft gesamtgesellschaftlich so zu würdigen, wie sie es verdient. Auch weil
sonst passiert, was Ursula von der Leyen einmal prophe-
zeite: »Die Frage ist nicht, ob Frauen arbeiten werden. Sie
werden arbeiten. Die Frage ist, ob sie Kinder haben werden.«

Lassen Sie sich also nicht unter Rechtfertigungsdruck
setzen. Und auch nicht von der Norm stressen, das Baby
mit links »managen« zu müssen und weiter so zu tun, als
wäre das alles eigentlich nur eine kleine Nebenbeschäfti-
gung. Nicht der Rede wert. Und keinesfalls lebensverän-
dernd. Fürchten Sie aber auch nicht, den Anschluss an das
»wahre Leben« zu verlieren und glauben Sie nicht, dass
die anderen da draußen in der Arbeitswelt gerade die wahren Großtaten vollbringen, während Sie jetzt erst mal den
lieben langen Tag zu Hause sind. Genießen Sie Ihre Mutterschaft und stellen Sie Ihre Mütterlichkeit nicht unter
den Scheffel. Denn sie ist etwas Besonderes. Etwas, das
man selbstbewusst kommunizieren und auch leben sollte.
Sie zeigt sich in so großartigen Dingen wie der Zeit, die
Sie sich für Ihr Kind und Ihre Familie nehmen, der Aufmerksamkeit, die Sie ihnen widmen. In der Liebe, Wärme,
Geborgenheit und der Fürsorge für Ihr Kind. Es ist eine
große Aufgabe, die Sie da täglich zu bewältigen haben.

Vielleicht die größte überhaupt. Seien Sie also stolz auf sich und auch auf Ihre Mütterlichkeit. Sie machen damit gerade die Welt ein wenig wertvoller und legen den Grundstein für etwas ganz Großes: ein glückliches Kind in einer wundervollen Familie.

Der Babyblues

Mütter geben ihr Leben dafür, dass ihr Kind ins Leben kommt. Das ist nicht nur eine rührende Metapher. Das fühlt sich auch so an, wenn der Mann vielleicht schon wieder im Job ist, während sie sich durch die Mutterschaft in einen ganz neuen Kosmos katapultiert fühlt, einen, in dem Stillzeiten, Windelwechsel und Babyberuhigung den Takt vorgeben. Aus dem man nicht einfach mal aussteigen kann, sondern in dem man sich manchmal fühlt, als wäre man vom Schicksal zu einmal lebenslänglich in ein ewig gleiches Hamsterrad verdonnert worden. Man hat viel Zeit, aber keine Freizeit und fragt sich abends, wo eigentlich der Tag geblieben ist und wieso man es wieder nicht einmal mehr geschafft hat, sich die Haare zu waschen. Eigentlich, so denkt man, müsste man doch überglücklich sein. Stattdessen hat man Gefühle, die diesem freudigen Plansoll diametral entgegenstehen. Willkommen im Babyblues, einem Phänomen, das viel zu oft nicht angemessen wahrgenommen wird. »Die Hormone«, heißt es dann lapidar, wenn alle sich über das Baby freuen und nur die Mutter in Tränen ausbricht. Das hat allerdings nichts mit den »Hormonen« zu tun, sondern mit Trennung.

Wieso Trennung, werden Sie jetzt fragen, es ist doch gerade ein kleiner Mensch dazugekommen. Das stimmt für alle, die nicht in Ihrer Haut stecken – also für Väter, Tanten, Großeltern. Für die Mutter allerdings bedeutet die Ankunft: Trennung. Trennung von neun Monaten intensiver Zweisamkeit, in denen Mutter und Kind eins waren. Diese Erfahrung wird durch die Geburt jäh unterbrochen. Auch, wenn alle nichts sehnlicher herbeigewünscht haben, als dass das Baby auf die Welt kommt, müssen sich Mutter und Kind nun von neun sehr besonderen Monaten trennen. Da darf man durchaus auch mal traurig sein. Und auch, wenn man sich so fühlt: Man ist nicht allein damit. Mehr als die Hälfte aller Mütter erleben solche Phasen. Deshalb meine Botschaft an die Väter: Seid aufmerksam und vor allem verständnisvoll, wenn eure Frau eure Freude nicht bedingungslos teilen kann und sogar einfach mal so und scheinbar grundlos in Tränen ausbricht.

Das geht vorbei. Meistens, aber nicht immer. Manchmal bleibt der Babyblues bestehen und wächst sich zu einer sogenannten postpartalen (nach der Geburt auftretenden) Depression aus. Etwa 10 bis 15 Prozent aller Mütter sind davon betroffen. Sie fühlen sich innerlich leer, sind antriebslos, können sich nicht an ihrem Kind freuen und/oder entwickeln eine gesteigerte Angst um den Säugling. Auch Schlafstörungen, Appetitlosigkeit und ständige Zweifel an der eigenen Tauglichkeit als Mutter sind weitere Symptome. Eine postpartale Depression ist in der Regel dringend behandlungsbedürftig. Deshalb: Bitte scheuen Sie sich nicht, anzumelden, dass es Ihnen nachhaltig nicht gut geht, Sie gefühlt grundlos depressiv und angestrengt sind. Quälen Sie sich nicht zusätzlich noch mit den Erwartungen von außen, dass eine junge Mutter gefälligst dauerglücklich zu sein hat. Eine solche Depression ist gut behandelbar, aber sie gehört eben in die Hände von Experten, sonst droht sie chronisch zu werden. Und an die Adresse der Väter: Verleugnet die depressive Stimmung eurer Frauen nicht, scheut euch nicht, das anzusprechen und sie zu einem Facharzt für Psychiatrie zu begleiten. Wenn postpartale Depressionen rechtzeitig diagnostiziert und behandelt werden, haben sie eine gute Prognose.

Eltern als Übersetzer

Ein paar Wochen sind vergangen. Der Tagesablauf ist einigermaßen stabil – und Sie haben sich ausreichend eingegroovt in Ihr neues Eltern-Dasein. Selbst mit der Müdigkeit kommen Sie ganz gut zurecht. Dann sollten Sie sich jetzt etwas Zeit nehmen für eine Übung, die ich »den genauen Blick« nenne. Der genaue Blick hat nichts Kontrollierendes oder gar Zensierendes. Der genaue Blick ist ein konzentrierter Blick auf Ihr Kind und seine Situation. Wenn ich Sie schon vor der Geburt aufgefordert hatte, sich Klarheit zu verschaffen über Ihre Fantasien und Erwartungen, so geht es jetzt darum, das kleine Wesen vor Ihnen in seinem ganzen Da-Sein und So-Sein zu erfassen, zu bestaunen und zu genießen.

Ist es nicht faszinierend, wie differenziert die Kompetenzen dieser kleinen Menschen bereits ausgeprägt sind? Es ist noch nicht so lange her, da dachte man, dass Säuglinge kaum Fähigkeiten zur nuancierten Wahrnehmung, geschweige denn zur Äußerung hätten. Heute wird unter dem Stichwort »Der kompetente Säugling« davon ausgegangen, dass die Kinder über ein sehr breites Spektrum an Fähigkeiten verfügen. Ein Spektrum, das sie uns zeigen und uns zur Übersetzung anbieten. Wenn wir genau hinschauen. Das ist eine der wichtigsten elterlichen Funktionen in dieser Zeit: Aufnehmen und Übersetzen. Der Fachausdruck dafür ist »Containing«. Gemeint ist, dass Mutter und Vater die Gefühle des Kindes aufnehmen (wie in einem emotionalen Container) und übersetzt wieder zurückgeben.

Das klingt sehr theoretisch, aber jeder kennt das Phänomen aus der Praxis. Wenn sich etwa Erwachsene tief über einen Kinderwagen beugen (wegen der noch mangelnden Sehschärfe des Säuglings sollte man auf 20 bis 25 Zentimeter nahe kommen, der Säugling kann einen sonst nicht sehen) und mit übertriebener Mimik aufgreifen und spiegeln, was das Kind körpersprachlich ausdrückt. Etwa »Du bist aber fröhlich!«, »Jetzt bist du bestimmt müde«.

Sie sind wie Synchrondolmetscher, die dem Kind übersetzen, was es spürt. Das kommt so leicht daher, aber es steckt eine ungeheure Verantwortung dahinter. Denn dauerhaft falsche Übersetzungen führen zu falschen Gefühlen beim Kind. Dazu zwei Beispiele: Die Mutter von Anna, fünf Monate alt, kommt in die Sprechstunde, weil sie der Meinung ist, dass ihre Tochter sehr schlecht schläft. Legt sie Anna in den Kinderwagen, um spazieren zu fahren, fängt das Kind an zu schreien. In der Untersuchung zeigt sich ein gut entwickeltes, waches und aktives Kind. Es wird deutlich, dass Frau A. viel zu viele Schlafstunden von Anna erwartet. Wir empfehlen ihr, Anna im Tragetuch zu tragen, damit sie etwas sehen kann. Und siehe da, die Probleme sind sofort behoben. Anna genießt den aktiven Blick nach draußen und lässt sich nicht mehr so ungern in den Kinderwagen setzen. Frau A. hat gelernt, dass ihre Übersetzung schreien = müde so nicht gestimmt hat bei ihrer Tochter.

Ein anderes Übersetzungsproblem wird bei den Eltern von David deutlich. Er ist ein knappes Jahr und lernt gerade laufen. Die Eltern sind sehr glücklich darüber und ermuntern ihn, das auszuprobieren und zu üben. Aber immer, wenn David sich mehr als zwei Meter von seiner Mutter oder Vater entfernt hat, beginnt er zu weinen. Die Eltern gehen davon aus, dass er unzufrieden ist mit seinem in ihren Augen langsamen Lernfortschritt. In der Untersuchung zeigt sich schnell, dass David ein eher schüchtern-ängstliches Kind ist, und dass die beständige Ermunterung, loszulaufen, ihn spätestens nach zwei Metern regelmäßig überfordert. Wir empfehlen, David mehr bei seinen aufregenden Ausflügen in die Welt zu begleiten, statt von ihm zu erwarten, dass er alleine losläuft. Darüber beruhigt sich das Kind schnell und kann – nun neben Mama oder Papa – seinen Radius wunderbar erweitern. Wir sind sicher, dass nur mit dieser Sicherheit eine Basis entsteht, auf deren Grundlage David irgendwann und Stückchen für Stückchen selbstständiger wird. In seinem Tempo. Anna und David, zwei Kinder mit ganz unterschiedlichen Themen und Persönlichkeiten – und zwei Kinder, bei denen die Korrektur der nicht ganz passenden Übersetzungen ihrer Eltern schnell zu einer zufriedenstellenden Veränderung geführt hat.

Ihr Kind ist darauf angewiesen, dass es durch das elterliche Containing eigene Gefühle gleichsam lernt. Wenn beispielsweise bestimmte Äußerungen des Kindes immer mit der Interpretation »Hunger« bedient werden, lernt das Kind, dass jedes Unwohlsein mit Essen beantwortet werden muss. Deshalb geht es in dieser Lebensphase nicht nur darum, dass Eltern und Kind sich aufeinander mit Rhythmen und Tagesabläufen einüben, sondern auch darum, ein stimmiges emotionales Wörterbuch für Ihr Kind anzulegen. Keine Sorge, das allermeiste werden Sie intuitiv machen, und zwar richtig.

Verlassen Sie sich auf Ihr Bauchgefühl und Ihre Einfühlung. Nur manchmal, wenn Sie merken, Ihr Kind nimmt Sie nicht so recht auf, dann kann es sinnvoll sein, darüber nachzudenken, ob Sie die richtige Seite Ihres inneren Wörterbuches aufgeschlagen hatten.

Konsequent inkonsequent?

Sie werden es vielleicht schon bemerkt haben: Es ist mir ein Anliegen, Sie gleich von Anfang an dazu zu ermutigen, im Umgang mit dem Kind stets eher der lebenspraktischen Lösung als den vermeintlichen obersten Erziehungsgeboten den Vorzug zu geben. Mag sein, dass Sie sich vorgenommen hatten, Ihr Ehebett ganz exklusiv für sich zu behalten. Aber nun liegt Ihr Kind eben doch zwischen Ihnen. Das ist kein Beleg dafür, dass Sie als Eltern Ihrem Kind gegenüber kein Rückgrat hätten oder der Bequemlichkeit (oder auch Erschöpfung) mehr Raum ließen, als es Ihrem Kind guttun würde. Sie sollten im Gegenteil unbedingt eines wissen: Kinder werden nicht dadurch verwöhnt oder nutzen es aus, wenn Sie bestimmte Regeln, die Sie sich für das Zusammenleben vorgenommen hatten, nicht immer einhalten. Sie sind keinesfalls die berechnenden Wesen, die manche in ihnen sehen – die gleich immer die ganze Hand wollen, sobald man ihnen den kleinen Finger reicht. Überhaupt: Vergessen Sie bitte jede Form von Misstrauen Ihrem Kind gegenüber, indem Sie unterstellen, Kinder wollten ausnutzen, wären unersättlich oder Ähnliches.

Kinder lernen, was in der Familie, im Miteinander wichtig ist, und zwar von Ihnen, ihren Eltern. Von Ihrem Umgang miteinander, von der Art, wie Sie Ihren Alltag stemmen, mit anderen agieren, und sie nehmen das immer ernst.

Kindliches Aushandeln beginnt erst dann, wenn Kinder spüren, dass man ihnen strategisches Denken und Taktieren unterstellt. Mit dem unlauteren Ziel, dass sie hintergehen möchten. Wenn sie dagegen merken, dass ihnen authentisch begegnet wird und dass auch ihre Reaktionen und Antworten ohne Arg und ohne Verdächtigungen aufgenommen werden, dann agieren sie authentisch und offen.

Ich bin oft erschrocken darüber, mit wie viel Misstrauen Kindern begegnet wird. Aber erst dieses Misstrauen wird mit Unaufrichtigkeit vom Kind beantwortet werden! Und nicht umgekehrt. Verlassen Sie sich auf sich, Ihr Kind und Ihr Gefühl.

Liebe I

Jetzt sind ein paar Wochen ins Land gegangen. Wochen, in denen Sie sich auf die neue Lebenssituation eingestellt haben. Wochen der Verunsicherung und auch Anstrengung, aber auch Wochen erster Liebe. Sie spüren, mit welcher Eindeutigkeit, Authentizität und Schnelligkeit Ihr Kind auf Sie reagiert, Sie irgendwann anlächelt und Ihnen ein Gefühl der Liebe vermittelt, das in dieser Form neu und einmalig ist. Jede erwachsene Liebe, und sei sie noch so intensiv, fühlt sich anders an. Eltern-Kind-Liebe ist unverwechselbar, unerschütterlich und so sehr frei von Interessen, dass man es kaum beschreiben kann. Die verlässlichste Liebe ist die Kinderliebe.

Nehmen Sie diesen Kern Ihrer Beziehung zu Ihrem Kind auf, und bewahren Sie das Gefühl tief in Ihrer Seele. Das kann und wird Ihnen niemand nehmen. Und wenn Sie manchmal Zweifel bekommen, ob alles richtig läuft, ob Sie alles richtig machen oder ob an Ihrem Kind auch alles stimmt: Dann öffnen Sie Ihre innere Schatztruhe, in der Sie Liebe I aufbewahrt haben, holen Sie sie vorsichtig heraus und trösten sich damit.

Natürlich läuft nicht immer alles rund, natürlich gibt es Schreibabys oder Kinder, die sich schwerer als andere tun, in ihr kleines Leben zu kommen. Und genauso natürlich dürfen Sie sich auf sich und Ihr Gefühl verlassen. Und sich auch Hilfe holen, wenn sie nötig ist. Dann lieber früher als später.

Sie haben es jetzt schon gemerkt: Es geht gar nicht so viel ums Handeln und schon gar nicht um Erziehung. Das Leben mit Kindern folgt keiner Checkliste. Es folgt dem Vertrauen, der Liebe, der Fürsorge, der Nähe und dem tief empfundenen Glück, eine Familie zu sein.

THINK!

→ Gebären ist eine Kunst.

→ Geburt ist keine Strafe.

→ Gestalten Sie von Beginn an die Beziehung zu Ihrem Kind.

→ Überfordern Sie sich nicht.

→ Seien Sie ruhig müde.

→ Beziehungen sind immer dynamisch – und nicht »konsequent«.

→ Übernehmen Sie die Regie in dem Stück »Vater, Mutter, Kind«.

→ Mütterlichkeit wird unterbewertet.

→ Der Babyblues lässt sich oft nicht verhindern.

→ Containen Sie.

→ Seien Sie nicht misstrauisch – erst recht nicht Ihrem Kind gegenüber.

→ Kinder wachsen nicht schneller, indem man an ihnen zieht.

Willkommensbrief

Liebes Kind,

herzlich willkommen auf dieser Welt! Wir freuen uns so sehr, dass du da bist, dass du gesund bist und wie du bist. Du bist ein Wunder. Wie schön, dass du den langen Weg auf dich genommen hast, um zu uns zu kommen. Wir haben gerne auf dich gewartet und waren so gespannt, wie du wohl sein würdest. Jetzt bist du da, und wir können nur staunen. Wir sind tief beeindruckt, mit welcher Kraft und Selbstverständlichkeit du nun bei uns bist. Uns anschaust, einfach da bist. Wir haben uns sofort verliebt in dich.

Jetzt bist du bei uns, und wir hoffen sehr, dass du dich wohlfühlen wirst bei uns. Sei nicht zu streng mit uns, wenn mal etwas nicht klappen sollte. Du wirst sehen, wir sind ganz okay, aber natürlich haben wir auch unsere Macken. Wir werden versuchen, dir all das zu geben, was du brauchst, um gut wachsen zu können. Wir sind sehr gespannt und dankbar, dass wir von nun an miterleben dürfen, wie du wächst und immer größer wirst. Wenn etwas mal nicht klappen sollte zwischen uns: Lass uns dann sprechen, ja? Wir haben so weit alles vorbereitet für dich. Nicht nur dein Bett und dein Zimmer, sondern auch unsere Seelen, damit genug Platz ist für dich. Damit wir dich sehen und begleiten können. Wir werden nicht immer alles hinbekommen, und wahrscheinlich wird auch die Welt manchmal unfreundlich zu dir sein. Aber wenn wir zusammenhalten, uns vertrauen, dann ist das alles gut zu schaffen. Wenn du mal Angst hast: Das ist nicht schlimm, wenn du damit zu uns kommst, wird uns etwas einfallen, wie wir die Angst lindern können. Wir sind keine Alleswisser oder Alleskönner, aber wir haben unser Leben bis jetzt so gut hinbekommen, dass von nun an Platz für dich da ist. Wir sollten diesen Platz gemeinsam nutzen, dann entsteht noch mehr Raum für gegenseitige Entwicklung. Wir werden an dir lernen, und du darfst von uns alles lernen, was wir können.

Wir hoffen sehr, dass auch die Welt dich freundlich aufnimmt und du dich auch dort sicher fühlen kannst. Leider ist die Welt gerade im Moment an vielen Stellen unfriedlich. Das tut uns leid, und wir können nur versuchen, dich so stark zu machen, dass du da draußen gut zurechtkommst.

Jetzt komm einfach her, fühl dich wohl, und lass uns Spaß zusammen haben.

Deine Eltern

KAPITEL 3

Erste Elternschritte

Das Gefühls-Abc

Wir sind nun in dem Zeitraum vom zweiten/dritten Lebensmonat bis etwa zu einem Jahr. Auf ein paar Monate kommt es nicht an. Die erste gegenseitige Eingewöhnung ist vorüber. Sie sind vertrauter und auch entspannter mit Ihrer neuen Elternrolle. Sie wissen nun, was Ihr Kind wann braucht, und genießen ganz entspannt einfach den Körperkontakt, die Interaktion. Sie sind glücklich, wenn Ihr Baby strahlt, wie nur Babys strahlen können. Und Sie verfolgen vermutlich gespannt und mit großem Staunen, wie sich Ihr Kind Tag für Tag ein weiteres Stück Welt erobert. Nicht die sprichwörtliche, sondern die im übertragenen Sinn.

Ihr Kind befindet sich nun in einer Entwicklungsphase, die von uns Fachleuten als »Mentalisierung« bezeichnet wird. Gemeint ist damit die Fähigkeit, Gedanken und Gefühle zu erkennen und zu interpretieren und dabei auch einiges über die eigenen Emotionen und ihre Ausdrucksmöglichkeiten zu lernen. Was das Kind an Mimik, Gestik, Körpersprache erfährt und beobachtet, wird nun zu einer Art Gefühls-Kompass, mit dem es sich zunehmend besser orientiert. Natürlich ist Mentalisierung am Ende ein lebenslanger Prozess, auch später lernen wir jeden Tag etwas über uns und andere Menschen dazu. Egal, wie alt wir werden. Ihr Kind aber ist jetzt ein Emotions-Erstklässler und komplett darauf angewiesen, welchen »Lernstoff« man ihm bietet. Natürlich will man es gerade jetzt, wo es noch so klein, unschuldig und hilflos ist, vor allem Negativen bewahren. Man möchte ihm ein Paradies bieten, das gänzlich frei ist von vermeintlichen Schadstoffen wie Ärger, Wut, Traurigkeit. In dem alle immer bester Stimmung, total ausgeglichen und superglücklich erscheinen. Ein schöner und sehr verständlicher Plan, der aber schon im Ansatz zum Scheitern verurteilt ist: Denn Gefühle drücken sich auf so vielen Ebenen aus, dass wir sie gar nicht alle unter Kontrolle haben und steuern können. Beispiele dafür finden wir ausreichend in unserem nächsten Umfeld. Wenn wir etwa den Partner fragen, wie es ihm geht, und trotz seines »gut« gleich wissen: Da stimmt was nicht. So wie er die Schultern hängen lässt, wie er den ganzen Abend noch kein Wort gesagt hat. Und schon wird deutlich: Verstellen nützt nichts. Egal, wie wir uns bemühen.

Das sage ich auch Eltern, wenn sie bei mir in der Therapie von unangenehmen Gefühlen ihrem Kind gegenüber erzählen, mit der Überzeugung, dass ihr Kind davon nichts spürt. Das ist ein Irrtum! Emotionale Kommunikation ist unbestechlich. Und das ist die gute Nachricht: Sie befreit Sie von dem anstrengenden Druck, Ihrem Kind eine bestimmte Gefühlslage bieten zu müssen. Etwas zu sein, was Sie gar nicht sind und was auch gar nicht wünschenswert wäre: immer fröhlich, immer ausgeglichen, immer unbeeindruckt vom Auf und Ab des Alltags. Die lebende Margarinewerbung.

Wie anstrengend! Und unnötig, weil es sich ja doch mitteilt. Und so gar nicht sinnvoll. Schließlich soll Ihr Kind doch auch und vor allem lernen, seiner Wahrnehmung zu trauen. Das fällt schwer, wenn es spürt, dass da etwas unstimmig ist. Außerdem soll es Gefühle – auch die negativen – als etwas begreifen, das es ernst nehmen sollte, etwas, das es nicht zu verbergen gilt. Die ganze Emotions-Klaviatur lässt sich ja am Ende nur dann souverän bespielen und interpretieren, wenn man ihr keine Noten vorenthält. Und Sie möchten doch nicht, dass Ihr Kind nur ein halbes Klavier beherrscht, oder?

Dieses Klavierspiel ist leichter als gedacht. Und damit beziehe ich mich vor allem auf Ihre komplette Gefühlswelt, zu der Sie stehen sollten. Und sollte es etwas geben, womit Sie bei sich dennoch nicht klarkommen: Es ist keine Schande, sich Hilfe zu holen.

Unterstützen Sie also Ihren kleinen Emotions-Eleven dadurch, dass Sie sich zeigen, wie Sie sind, viel erklären und sprechen. Verwörtern Sie also Ihr Innenleben. Aber nur, soweit es relevant ist für Ihr Kind. Nicht jedes Gefühl muss ausgesprochen werden oder ginge Ihr Kind etwas an, das wäre falsch verstandene Transparenz und würde Ihr Kind überfordern. Und noch etwas: Bleiben Sie Mutter oder Vater, und widerstehen Sie am besten schon jetzt der Versuchung, der Best Friend für Ihr Kind werden zu wollen, mit ihm auf Augenhöhe alles, also viel zu viel und viel zu früh zu erörtern. Eine respektvolle Augenhöhe mit einem Kind weiß, was Augenhöhe jeweils bedeutet. Oder anders ausgedrückt: Augenhöhe mit Kindern bedeutet gerade nicht, das Kind mit erwachsenen Problemen zu belasten. Die Augenhöhe wird immer bestimmt durch das Kind und seine Möglichkeiten.

Nein?!

Mit jedem Tag verändert sich Ihr Kind von nun an. Unglaubliche Fortschritte vollziehen sich in einem atemberaubenden Tempo. Wenn Sie jetzt ein Tagebuch einführen, werden Sie sich später noch daran erfreuen und mit mehr Muße rekapitulieren können, was in so kurzer Zeit alles passiert. Manche Eltern sind – zu Recht – so beeindruckt davon, dass sie dieses Wunder der Öffentlichkeit nicht vorenthalten wollen und es in den sozialen Medien ausstellen. Hier rate ich allerdings bei aller Euphorie und trotz der großen Resonanz, die man damit zuverlässig erzielt, zur Zurückhaltung. Denken Sie daran: Das Internet »vergisst« nichts, und Ihr Kind wird noch als Studienrat oder Vorstandsvorsitzender oder Kanzlerin oder Astronaut im Ruhestand mit all den Tausenden von »süßen« Fotos – nackt in der Wanne, im Badelaken, mit diesem total niedlichen Mäusekostüm an Fasching oder gar beim Stillen mit der Mutter – leben müssen. Obwohl es gerade jetzt unendlich viel gibt, das es festzuhalten lohnt. Es ist, als würde die Erde noch einmal neu erschaffen werden. Das ist für Sie so, aber vor allem für Ihr Kind. Schützen Sie diesen einmaligen Kosmos.

Die nun einsetzenden Entwicklungsprozesse haben wesentlich mit Expansion zu tun. Also mit der Erweiterung des Aktionsradius, aber auch mit der Erweiterung der Möglichkeiten. Kinder lernen Greifen, Krabbeln, schließlich Laufen. Und Sie als Eltern lernen, wie kindgerecht Ihre Wohnung, Ihr Inventar ist. Selbstverständlich haben Sie alle Steckdosen gesichert und auch die Treppenabgänge. Aber was ist mit der teuren Vase von Tante Hilde? Dem weißen Leinensofa? Der Stereo-Anlage im Gegenwert eines Kleinwagens? Dem kostbaren Porzellan unten im Schrank? Der teuren Spielzeugautosammlung? Muss man akzeptieren, dass das Kind versucht, eine Reiswaffel in den DVD-Player zu schieben, oder dass es das sorgsam sortierte Plattenregal ausräumt?

Man könnte all die Kostbarkeiten natürlich mit dem NATO-Draht der Pädagogik sichern: mit einem entschiedenen »Nein«! Also, man könnte es versuchen. Aber ehrlich: Damit würde man nur einen überflüssigen und am Ende ergebnislosen Kampfschauplatz eröffnen. Ihr Kind will ja nicht »nur« spielen. Es ist gerade dabei, sich neue Horizonte, neue Fertigkeiten, Fähigkeiten und neues Denken zu erobern. Ihm ausgerechnet da Grenzen setzen zu wollen, wo sie doch so einfach aus dem Weg zu räumen sind wie eine Vase? Nicht dass wir uns falsch verstehen: Natürlich müssen Kinder lernen, Grenzen zu akzeptieren. Aber um welche Grenzen sollte es sich handeln? Doch nicht um künstliche, die nur bestehen, weil das elterliche Erziehungsprinzip »Schöner Wohnen« lautet? Im Übrigen: Irgendetwas wird garantiert immer kaputtgehen. Und mir wäre lieber, es erwischt die Lieblingsvase, als dass Sie die kindliche Entwicklung ausbremsen. Denn Kinder, die in dieser Phase mit möglichst wenig Nein konfrontiert sind, bewegen sich freier und selbstbewusster. Und keine Sorge: Grenzen hält die Welt später ohnehin genug bereit. Dann sind Kinder, die uneingeschränkt und im besten Sinne neugierig darauf treffen, klar im Vorteil. Eltern, die sich von einem »Nein« zum nächsten schreien, erzeugen eine Welt der Hoffnungslosigkeit und des Gefühls, gefangen zu sein.

Natürlich gibt es Ausnahmen: Wenn man den Wunsch nach einem weiteren Eis leider nicht erfüllen kann oder das Kind noch auf den Spielplatz will, obwohl man dringend etwas anderes zu erledigen hat, oder wenn es an der Supermarktkasse alles selbst auf das Band legen will – während hinter einem die Schlange immer länger wird. Dann liegt die Versuchung nahe, die Härten eines »Nein« dem Kind gegenüber mit tausend Erklärungen abzumildern, damit es leichter zu verkraften ist. Das ist, ehrlich gesagt, nicht ganz fair Ihrem Kind gegenüber! Klingt paradox? Stellen Sie sich vor, man verwehrt Ihnen einen Wunsch und erwartet dann noch, dass Sie das verstehen. So fühlt sich auch Ihr Kind, wenn Sie ihm zumuten, dass es neben der Akzeptanz des doofen elterlichen Neins auch noch Verständnis dafür aufbringen soll. Natürlich ist nichts dagegen einzuwenden, wenn man altersabhängig Kindern erklärt, wozu bestimmte Grenzen da sind. Aber Kinder sollen sich auch ärgern dürfen. Und Eltern sollten umgekehrt die Verantwortung für die Grenzen übernehmen, indem sie sagen: »Das ist jetzt so, weil ich das möchte!« Wem das zu restriktiv und zu sehr nach Befehls-Ära klingt, dem sei gesagt: Das gilt selbstverständlich nicht für alle Neins und vor allem nicht für alle Zeiten. Sie werden aber erleben, dass Ihr Kind es durchaus dankbar aufnimmt, wenn es sich einfach an eine Regel halten soll, ohne sie auch noch mit Freuden bejahen zu müssen.

Aber keine Angst: Je intensiver Sie vorleben, was geht, was mit Vorsicht zu behandeln ist, desto weniger Nein brauchen Sie. Das ist gelebte Partizipation, die es Ihrem Kind ermöglicht, mit großer Selbstverständlichkeit in eine Welt hineinzuwachsen, von der es erwarten kann, dass sie freundlich ist, und auf die es dann mit eigener Freundlichkeit reagieren kann.

Das ist ein sehr wichtiger Bestandteil von Beziehungen zu Kindern: Wenn man ihnen mit Respekt begegnet, antworten sie immer mit Respekt. Das habe ich selbst auch erst lernen müssen. Als junger und begeisterter Stationsarzt war ich davon überzeugt, ich müsse immer wissen, was für meine Kinderpatienten richtig ist. Das hat dazu geführt, dass ich der Kollege mit den meisten Therapieabbrüchen war. Sie können sich vorstellen, wie sehr mich das gekränkt hat. Von da an habe ich mich auf den Weg zu einer partizipativen Kinder- und Jugendpsychiatrie und Psychotherapie gemacht und immer tiefer gehender gelernt, wie alle Prozesse dadurch leichter und effektiver werden. Natürlich scheue ich mich heute nicht, Verantwortung für ein Kind zu übernehmen und in bestimmten Fällen auch »Nein« zu sagen. Aber selbst im therapeutischen Kontext sind meine Neins selten geworden. Man braucht einfach immer weniger davon, wenn man Partizipation lebt. Ohne das Kind zu überfordern. Jedes Kind entscheidet entwicklungsabhängig nur das, was es kann.

Die Eroberung der Welt

Gab es früher klare Checklisten, nach denen die kindliche Entwicklung quasi standardisiert abzulaufen hatte, so wissen wir heute, was Sie vermutlich auch längst wissen: Jedes Kind ist anders. Die Individualität ist so groß, dass wir allenfalls bestimmte, weit gefasste Rahmen beschreiben können. Und wir haben gelernt, dass manche Entwicklungsgesetze einfach nicht mehr stimmen. Trotzdem haben sich viele Mythen als äußerst langlebig erwiesen. Zu ihnen gehört die »Achtmonatsangst«. Ihre Existenz verdankt sich der Beobachtung, dass viele Kinder um den achten Monat herum beginnen, ängstlich abweisend gegenüber Fremden zu reagieren, während sie doch vorher zu jedem Menschen gleichermaßen freundlich waren. Dieses »Fremdeln« wurde zurückgeführt auf die Fähigkeit, plötzlich zwischen der Mutter, dem Vater, den Geschwistern und anderen, also zwischen vertraut und fremd zu unterscheiden. Heute wissen wir, dass Kinder schon sehr viel früher dazu in der Lage sind. Man muss sich das wie eine Art Filter vorstellen. In einer Phase vieler neuer Erfahrungen, in der der Radius immer größer und mit ihm die Umwelt immer mehr das große Unbekannte wird, dosiert dieser Filter die Empfänglichkeit für Neues auf ein Maß, das für das Kind gut zu bewältigen ist. Umso besser, je sicherer sich das Kind in seinen Beziehungen zu seinen Nächsten fühlt. Die meisten Eltern berücksichtigen das intuitiv. Mit dem schönen Ergebnis, dass die Kinder weniger ängstlich sind. Es gibt aber immer auch Kinder, die sich schwerer tun als andere, die fremde Welt zu erkunden. Mag sein, dass sich darin auch die elterlichen Ängste spiegeln. Es lohnt sich, das zu überprüfen. Sich zu fragen, ob Sie Ihr Kind mit Gelassenheit in die Welt schicken. Oder spiegelt sich in der kindlichen Ängstlichkeit Ihre eigene? Schauen Sie ruhig genauer hin, und fragen Sie sich, wie viel es mit den eigenen Ängsten zu tun hat, wenn Ihr Kind offenbar davon ausgeht, dass dieser Planet ein grundsätzlich Furcht einflößender Ort ist.

Es gibt aber auch Kinder, die quasi als Klemmchen geboren werden und sich aufgrund ihres ängstlichen Temperaments schwerer tun als andere, vertrauensvoll auf Neues zuzugehen. Was immer die Ursache dafür ist, dass Ihr Kind sich nur in Ihrer Nähe wirklich sicher zu fühlen scheint, es lohnt sich, die Gründe herauszufinden. Im Zweifel auch mit professioneller Unterstützung. Und ein

Klemmchen hört nicht auf, eines zu sein, wenn man es drängt.

Der achte Monat ist aber insofern von großer Bedeutung, als jetzt das große Krabbeln und später das erstaunlich schnelle Laufen beginnt. Sicher haben Sie ihn auch schon bemerkt, den stolzen Blick Ihres Kindes, wenn es sich eigenständig wegbewegen kann. Kinder lieben es jetzt, gefunden zu werden, um überrascht und freudig zu kreischen und zu lachen. Diese Freude speist sich aus einem tiefen Gefühl der Vertrautheit, die nun mit der Begeisterung über die wachsende Selbstständigkeit konkurriert. Beides – das vermeintlich unbeobachtete Unterwegssein und das Wiederfinden – wird auf wunderbare Weise miteinander verknüpft. Es ist viel mehr als ein Spiel. Es ist diese so tief greifende Erfahrung, dass da etwas ist, das einen immer hält, immer da ist. Immer Mama. Immer Papa. Auch wenn man eigene Wege geht. Ein erstes, duales Denkmuster und eine wichtige vertrauensbildende Maßnahme.

Fort-Da-Spiel nannte es Sigmund Freud, nachdem er das Phänomen bei seinem Enkel beobachtet hatte. Das Kind hatte einen Gegenstand an einem Bindfaden aus seinem Gitterbett geworfen, um ihn dann wieder zu sich zu ziehen und ihn mit großer Freude zu begrüßen. Ein Spiel, das sich praktisch in tausend Variationen überall im kleinen und später großen Leben wiederholt. Auch und gerade in Beziehungen geht es ja um die Balance von Loslassen und Festhalten, um Autonomie und Verbindlichkeit. Ja, auch das üben Sie, wenn Sie einen Gegenstand in Ihrer Hand verstecken und Ihrem Kind wieder und wieder die leere Hand mit der überraschten Frage präsentieren: »Wo ist der bloß geblieben?« Und wenn Sie dann beim nächsten

Mal den Gegenstand wieder herbeizaubern. Für das Kind symbolisiert sich darin die (lebensnotwendige) Beziehungskontinuität. Übersetzt ist das Spiel die wohl größte Beruhigung, die es für ein Kind geben kann: Mama/Papa können mir nicht verloren gehen. Auch wenn ich mal weg bin und niemanden sehe, weiß ich: Sie/er kommt immer wieder.

Wenn Sie dieses Spiel mit zu kleinen Kindern machen, ernten Sie allerdings lediglich unverständige Blicke und Ratlosigkeit darüber, was dieses alberne Fort-Da nun soll. Insofern ist es ein kleiner Test über die, wie wir Fachleute es nennen, »Symbolisierungsfähigkeit« ihres Kindes.

Schlafen

Ein schwieriges Thema. Junge Eltern kennen das Wort oft nur noch vom Hörensagen oder haben es gänzlich aus ihrem Repertoire gestrichen. Das Einzige, was sie aufrecht hält, ist die Hoffnung, dass es nach der ersten Säuglingsphase besser wird. Dass die Ringe unter den Augen verschwinden und man nicht länger wie ein übermüdeter Zombie durch den Alltag stolpert, sondern irgendwann wieder das leben kann, wofür man eigentlich auch geheiratet hat: Sex. Und jetzt: zieht jede Nacht ein Weinen durch die Wohnung. Oder es tapsen kleine Füße durch den Flur zielstrebig in Richtung elterliches Schlafzimmer, um – nachdem es sich das Kind zwischen den Eltern bequem gemacht hat – im Gesicht von Vater oder Mutter zu landen. Dann hört man Ratschläge wie »Du musst nur konsequent sein« und findet, dass die Übermüdung wenigstens einen Vorteil hat: Man ist sogar zu erschöpft, um dem Neunmalklugen die Freundschaft zu kündigen. Klar kann man mit dem Kind darüber sprechen, dass das da drüben sein Bett ist und dieses hier den Eltern gehört. Es wird Ihnen interessiert zuhören und die Information dann genauso behandeln wie alles, was seinen Bedürfnissen zuwiderläuft: mit freundlichem Unverständnis.

Was Sie wissen müssen: Einschlafen hat für Kinder eine grundsätzlich andere Bedeutung als für uns Erwachsene. Während es für uns ein seliges Abgeben von Verantwortung bedeutet mit dem Wunsch, am nächsten Tag wieder möglichst gut erholt aufzuwachen, ist das Einschlafen für Kinder eine Trennung mit ungewissem Ausgang. Kinder müssen sich von der Welt verabschieden, ohne sicher wissen zu können, dass alle und alles am nächsten Tag noch genauso da sein werden. Wenn man das beherzigt, ist man zumindest nicht so schnell in der Gefahr, den kleinen Liebling nachts als Tyrannen zu erleben – was er keinesfalls ist, weil die Nachtwanderung nicht absichtlich zur Unterdrückung übernächtigter Eltern gehört. Und dann: Alle Kinder wachen nachts auf. Der Unterschied zwischen den nicht schlafgestörten und den schlafgestörten Kindern ist lediglich der, dass die nicht schlafgestörten sich selber wieder beruhigen können.

Es gibt viele gute Bücher über die intrafamiliäre Behandlung kindlicher Schlafstörungen. Die erfolgreichen machen sich verhaltenstherapeutische Prinzipien zu eigen und helfen Eltern, ihr Kind auf das Schlafen im eigenen Bett zu konditionieren. Dagegen ist so lange nichts einzuwenden, wie das Kind nicht überrumpelt oder gar gequält wird. Eine kurze Zumutung der Trennung ist tolerabel, Sie werden schnell merken, ob Ihr Kind emotional bereit oder überfordert ist. Oft ebnen Symbole den Weg zu einer relativ ungestörten Nachtruhe: ein Wollfaden, der aus der Hand des Kindes abgerollt wird und durch die ganze Wohnung hindurch noch einmal die Nabelschnur zur Mutter herstellt. Und dann: Licht.

Was Sie hier wissen müssen: Licht unterdrückt das körpereigene Schlafhormon Melatonin und lässt das Stresshormon Cortisol ansteigen. Wenn Sie also Licht für Ihr Kind installieren, weil es Angst vor der Dunkelheit hat, sollte dieses so dunkel wie möglich sein und später ausgeschaltet werden. Vorhänge oder Rollos sollten kein Straßenlicht hereinlassen. Auch in anderer Hinsicht ist Wissen der Wegbereiter einer ruhigen Nacht: Ab dem sechsten Lebensmonat können Kinder ihren Flüssigkeitsbedarf tagsüber decken, wie Sie schon gelesen haben. Sie müssen also nicht zwingend mehrmals nachts etwas zu trinken bekommen.

Schlaf ist auch ein gutes Beispiel dafür, dass man nicht einfach über Kinder bestimmen kann. Vielleicht kennen Sie das von Diäten: Sobald man sich vorstellt, dass man von jetzt auf gleich nur noch wenig Kalorien zu sich nehmen darf, überfällt einen auf der Stelle riesiger Hunger. So ähnlich verhält es sich mit dem kategorischen Imperativ: »Jetzt schlaf endlich!« Wahrscheinlich erreichen Sie damit das genaue Gegenteil. Es hilft auch wenig, wenn Sie die kindliche Angst vor dem Einschlafen damit beantworten, dass Sie daneben einschlafen. So kommt man zwar mal früh ins Bett und ausgeschlafen zur Arbeit, aber nicht zu dem, worum es eigentlich geht: Wenn Sie Ihrem Kind nichts zumuten, bestätigen Sie indirekt, dass es gute Gründe für die Angst gibt. Auch viele »Geheimrezepte« anderer Eltern sind zur Nachahmung nicht ernsthaft zu empfehlen. Mit den meisten verhält es sich wie mit dem Tipp, Warzen mit

Schneckenschleim zu bekämpfen. Kann man machen, nützt aber nix. Am Ende sind nur die Eltern müde, wenn sie das Kind auf dem Medizinball in den Schlaf hüpfen wollen oder mit ihm im Auto ein paar Runden drehen. Und außerdem lautet ja die Devise: Jeder in seinem Bett und nicht »jeder auf seinem Autositz«. Natürlich kann man dem ewigen Hin und Her zwischen dein Bett, mein Bett, unser Bett auch aus dem Weg gehen, indem man das Ehe- zum Familienbett umwidmet und jedwede erotischen Aktivitäten auf den Tag verlegt. Co-Sleeping wird das neudeutsch genannt. Das ist durchaus in Ordnung. Jedenfalls, bis Kinder mit mehr Eigenständigkeit gefordert sind, z. B. auch von außen bei der Einschulung. Problematisch ist das Schlafen bei den Eltern in jedem Fall für präpubertäre Kinder – außer vielleicht im Campingurlaub. Denn diesen Kindern fehlt dann der Impuls zur Autonomie, und die kindliche Unsicherheit wird oft überwältigend allem gegenüber, was sich außerhalb des Elternschlafzimmers abspielt. Umgekehrt ist es ein wichtiger Lern- und Erfahrungsschritt, frei und gleichzeitig verbunden sein zu können, ein Schritt, wie man ihn nur im eigenen Bett machen kann.

Spielen und Erzählen

Alles, was wir können, verdanken wir dem Spielen. Es ist der Schlüssel zu all unseren Fertigkeiten, unseren Beziehungen, unserer Persönlichkeit. »Homo ludens« nennt sich das Erklärungsmodell, wonach sich Politik, Kultur, Wissenschaft, Religion und die Rechtsprechung aus spielerischem Verhalten entwickelt haben. Demnach stellt das

Spiel eine »elementare Form der Sinn-Findung« dar. Das ist nur neu für Sie, falls Sie bislang – wie so viele Erwachsene – das Spielen als rein kindliches Vergnügen unterschätzt haben. Es ist im Gegenteil eine sehr ernste Angelegenheit. Der Anfang von allem: lernen, explorieren, nachdenken, ausprobieren, üben, Spaß haben, Ablenkung, Unterhaltung, inneres und äußeres Wachstum. Eine Hauptrolle übernimmt dabei das Rollenspiel. Wenn Kinder sich Drehbücher schreiben, in denen sie erwachsen sind; wenn sie imaginär einen Kuchen backen, Mama die Haare schneiden oder Vater, Mutter, Kind spielen. Sie nutzen dabei eine Ebene der Fantasie, die ihnen hilft, das Leben auszuprobieren und zu üben. Sie bearbeiten mögliche Probleme, oder sie spielen Erlebtes noch einmal durch. Kluge Erwachsene gehen ein Leben lang ins Theater oder ins Kino. Für Kinder ist das wie ein Probelauf der Emotionen und ein Mittel, zu verstehen, was um sie herum passiert. Ähnliches geschieht, wenn uns Kinder manchmal auffordern, wir mögen doch einmal erzählen, wie das war, damals, als Mama und Papa selbst Kind waren, oder wie das Kind auf die Welt kam oder wie Mama und Papa sich kennengelernt haben. Oder wie Papa die Schlagsahne in Oma Ullas Dekolleté gekleckert hat.

Spielen und Erzählen bzw. Zuhören sind seelische Verdauung. Das Wort und das Spiel sind die Medien, über die Kinder am intensivsten an Souveränität gewinnen. Niemand muss fürchten, dass Kinder in der Fantasie stecken bleiben oder irgendwann den Zugang zur Realität verlieren. Wenn Kinder etwas können, dann das spielerische Hin- und Herwandern zwischen den Welten und den dazugehörigen emotionalen Aggregatzuständen. Es ist eher umgekehrt ein Problem, dass wir Erwachsenen oft keinen

Zugang mehr zu unserer eigenen Fantasiewelt haben! Dass wir nicht mehr wissen, wer und was wir alles noch sein könnten. Und dass wir das Spielerische und die Leichtigkeit des Rollenwechsels (immerhin) nur noch im Theater oder im Kino erleben. Dabei sind Geschichten und Spiel die Generalschlüssel zu unserer Seele, die uns neue Räume des Denkens und Fühlens eröffnen.

Wenn Sie Ihr Kind also intensiv kennenlernen und wissen möchten, mit welchen Themen es gerade beschäftigt ist, dann spielen Sie mit (wenn Sie dürfen). Kinder drücken immer unmittelbar aus, was in ihnen vorgeht. Wenn ein dialogisches Spiel entsteht, haben Sie die Möglichkeit, bei neuen Lösungen oder Verarbeitungsmöglichkeiten hilfreich zur Seite zu stehen.

Ähnlich ist Vorlesen bzw. Geschichtenerzählen. Lassen Sie sich ruhig ab und zu selbst eine Geschichte einfallen, die einfach nur spannend oder lustig ist. Eine, in der Ihr Kind vorkommt. Sie werden schnell merken, was Ihr Kind beschäftigt. Geschichten eignen sich übrigens auch hervorragend dazu, um öde Autofahrten, lange Spaziergänge, nervige Wartezeiten beim Arzt nahezu unbemerkt zu überwinden. Fantasien verkürzen die Zeit und beleben unseren Gefühlshaushalt. Und noch ein Bonus: Geschichten fördern das Sprachvermögen. So haben Kinder, die früh viel vorgelesen bekommen, nachweislich später zum Zeitpunkt der Einschulung einen größeren Wortschatz als andere Kinder. Reden, erzählen, sprechen – das alles hilft, sich im Leben zu orientieren und auszudrücken, was man denkt, fühlt und braucht. Sprache ist alles: Ausdruck, Medium, Vermittlung, Heiler.

Spielen – zwischen Plastik und »pädagogisch wertvoll«

Über Spielzeug kann man intensiv, trefflich und vor allem ideologisch streiten. Am Ende entscheiden dann sowieso die Kinder, ob sie das pädagogisch äußerst zweifelhaft quietschbunte Billigplastikspielzeug lieber mögen als das wertvolle, nicht nur biologisch unbedenkliche Holzspielzeug. Immer wieder taucht zudem die Frage auf, ob man Kinder nicht viel zu früh und ganz unnötig mit Rosa und Blau, mit Puppen und Autos auf Geschlechterrollen festlegt und damit ihren Entwicklungsspielraum einengt. Es gab in der Vergangenheit immer wieder Versuche, die nachweisen wollten, dass diese Rollen erlernt sind und also durch Erziehung fließend werden könnten. Einer der berühmtesten fand in den frühen 1950er-Jahren in den Kibbuz-Kinderhäusern Israels statt. Das erklärte Ziel damals – die geschlechtlichen Unterschiede im Verhalten und Erleben der Kinder aufzuheben – verfolgte man mit konsequenter Gleichbehandlung: Alle erhielten dieselben Spielsachen, alle übernahmen alle Aufgaben auf dem Kinderbauernhof, allen wurden dieselben Werte vermittelt. Eigentlich hätte das der Anfang vom Ende der vermeintlich kulturell erworbenen geschlechtstypischen Unterschiede sein müssen. Dem war aber nicht so. Die Jungen etwa benutzten am liebsten großes Spielzeug, tobten sich körperlich mehr aus, während die Mädchen eher künstlerisch fantasievolle Spiele bevorzugten. Das bedeutet im Umkehrschluss nicht, dass nicht auch Mädchen großartige Fußballerinnen sein können und sich für Autos begeistern und Jungs für Puppen, fürs Tanzen, Malen und/oder Kochen. Nur die Überzeugung, dass man die Jungen-und-

Mädchen-Karten einfach über die Auswahl der Spielsachen neu mischen kann, die stimmt so nicht.

Es bleibt die große Frage: Wie viel Spielzeug darf's denn sein? Ist zu viel davon nicht der Grundstock für grenzenloses Verwöhnen? Riskiert man nicht eine Übersättigung? Sollten Kinder nicht ihre Fantasie auch daran entzünden können, aus wenigen Dingen viel zu machen?

Darauf nur eine Antwort zu geben, ist schwierig, und ich habe großes Mitgefühl mit den Eltern, weil es eben gerade heute in unserer Überflussgesellschaft nicht leicht ist, das richtige Maß zu finden. So viel vorneweg: Es gibt keine absoluten Antworten. Aber natürlich ein paar ganz nützliche Leitlinien. Eine lautet: Schenken soll Spaß machen und nicht zur Verarmung der Familie führen. Passen Sie den Umfang des kindlichen Spielzeugs in Ihrem Haus Ihrem eigenen Niveau und Ihrer persönlichen wirtschaftlichen Situation an. Kinder können gut damit leben, dass sie sich untereinander unterscheiden – auch bezüglich der Menge an Spielzeug.

Schwierig kann manchmal der Wettbewerb sein, der unter Großeltern oder zwischen Großeltern und Eltern entsteht. Da ist elterliche Durchsetzungskraft gefragt. Mit Abstrichen. Großeltern dürfen durchaus und quasi naturgemäß mehr verwöhnen und mehr »Unsinn« schenken. Das ist Teil der besonderen und so wertvollen Rolle, die sie idealerweise im Leben ihrer Enkel spielen. Ihre Kinder werden trotzdem verstehen, dass das Geschenk der Großeltern eine Ausnahme ist. Wenn Sie unsicher sind, wie verlässlich und eingefühlt die Großeltern in die Bedürfnislage und Entwicklungsstufe ihrer Enkel sind, dann steuern Sie den Prozess aktiv. Normalerweise fragen Großeltern aber ohnehin nach, was denn auf dem Wunschzettel steht. Problematisch ist es, wenn Eltern anfangen, die Zuwendungen an ihre Kinder künstlich zu verknappen. Dass sie also Bescheidenheit und Bedürfnislosigkeit predigen, aber drei Autos vor der Tür stehen haben und sich offenbar auch sonst nichts verkneifen. Das ist argumentativ und emotional ein Bewegen auf sehr dünnem Eis, und dann ist es auch für Kinder nicht ganz nachzuvollziehen, weshalb sie mit möglichst wenig auskommen sollen. Im Großen und Ganzen aber gilt für die Auswahl der Spielsachen: Entspannen Sie sich. Sie machen schon alles ganz richtig. Gerade dann, wenn Sie nicht alles zu sehr richtig machen wollen.

Ich weiß noch, wie ich vor der Geburt unseres ersten Kindes einen Jugendpsychiatrie-Kongress in San Francisco besuchte. Mir ist besonders in Erinnerung geblieben, dass kleine Kinder horizontale Linien besser sehen können als vertikale. Ich hielt das damals für ein sehr aufregendes Untersuchungsergebnis und habe daraufhin gleich vor Ort in einem Geschäft Söckchen mit horizontalen Linien und eingenähten Klappern gekauft. Die hat mein Kind – glaube ich – einmal getragen. Ein schönes Beispiel für: Eltern wollen doch »nur fördern«, und Kinder müssen sich nicht dafür interessieren.

Meine Suppe ess ich nicht ...

Jeder kennt den Suppenkaspar aus dem Struwwelpeter und hat so schon früh eine Ahnung davon, wie sich Nahrung und Kinder zu einem Beziehungssprengstoff auswachsen können. Weil das eine Kind – wie das einer Bekannten – fast nur Äpfel isst. Und ein anderes sich ausschließlich von Weißbrot ernähren könnte. Das Einzige,

was da zuverlässig ganz und gar aufgegessen wird, sind
bisweilen die elterlichen Nerven. Dazu muss man wissen,
dass die kindlichen Geschmacksknospen sehr viel empfindlicher sind als die von uns Erwachsenen, insbesondere
gegenüber Salzigem und Scharfem. Dann hat uns die
Evolution eine grobe Vorsortierung von Nahrungsmitteln
über den Geschmackssinn beschert. Deshalb wird Bitteres
und Saures oft verschmäht. Ein genetischer Schutzmecha-
nismus. Beides steht für Unreifes, Giftiges, Verdorbenes.
Voreinstellungen, die sich gern direkt in den kindlichen
Abneigungen zeigen. Zum Beispiel gegenüber Gemüse
wie Spinat, das durchaus Spurenelemente von Bitterkeit
enthalten kann. Umgekehrt haben wir eine angeborene
Vorliebe für Energieträger – also für Fettes und Süßes. Das
sind aber nicht die einzigen und möglicherweise auch nicht
mal die größten Hürden. Die stehen dort, wo Eltern eine
Rechnung aufmachen, die lautet: Du »musst« Gemüse auf
dem Teller haben, weil es gesund ist. Du »sollst nicht« so
viel Schokolade essen. Mit »gesund« assoziieren die Kinder bald »Schmeckt mir nicht und ist eklig!«, Bevormun-
dung und: »Ich muss das essen, obwohl ich es nicht will.«
Nahrung wird so zur Pflichtübung, wird in »gut« und
»böse« unterteilt, statt – wie es idealerweise sein sollte –
mit Genuss und Freude in Verbindung gebracht zu werden. Doch, das geht, wie das Beispiel einer Freundin zeigt.
Ihre drei Kinder sind zu wahren Feinschmeckern heran-
gewachsen. Und nicht etwa, weil die Familie fortlaufend
in Sterne-Restaurants speiste. Das wäre finanziell gar nicht
drin gewesen. Die Eltern sind vielmehr beide begeisterte
Köche, die sehr bewusst einkauften und mit Freude in der
Küche Neues ausprobierten. Ihre Kinder konnten von
klein auf – ohne Zwang und Druck – teilhaben an dieser

Leidenschaft. Niemand wurde gezwungen, etwas mitzu-essen, aber alles sah so spannend und lecker aus, dass die Neugier wuchs und sich mit der Neugier auch die Ge-schmackshorizonte erweiterten. Das heißt nicht, dass ich die Frauen zurück an den Herd schicken will (zumal in meinem Beispiel der Vater mindestens ebenso oft dort stand). Aber ohne Druck und mit Zeit gibt man Kindern die Gelegenheit, selbst herauszufinden, was sie mögen. Nutzen Sie die Chance, Ihr Kind früh mit möglichst vielen Geschmäckern vertraut zu machen. Trauen Sie Ihrem Kind Neugier zu, je älter Kinder werden, desto mehr spielt auch das Optische eine Rolle. Während einjährige Kinder mit großer Selbstverständlichkeit das in den Mund neh-men, was Eltern anbieten, schieben Zweijährige die Avo-cadocreme unter Umständen mit einem Ekelgefühl bei-seite, weil sie bei dem grünen Brei Unheilvolles vermuten. Und bedenken Sie: Essen als Belohnung oder Bestrafung einzusetzen, ist eine fatale Strategie. Locken Sie nicht mit dem leckeren Nachtisch, wenn dafür die Gemüsesuppe runtergewürgt wird. Denn es werden damit genau die falschen Signale gesendet: Essen hat dann nichts mehr mit Hunger und Sattsein zu tun. Es ist dann nur noch der Hebel, mit dem man am Verhalten drehen will. Leben Sie Neugierde vor und probieren Sie auch gemeinsam immer mal etwas Neues aus. Verdrehen Sie »gesund« in der kind-lichen Wahrnehmung nicht zu »schrecklich«. Solange es vorurteilsfrei alles zu essen gibt, essen Kinder auch (fast) alles. Und auch Erwachsene essen nicht alles.

Windelkrieg

Neben dem Essen sind Verdauung und Ausscheidung ein sehr wichtiges Thema. Nicht nur für Kinder. Nach wie vor eignet sich die Sauberkeitserziehung hervorragend für elterliche Vergleichsschlachten. Da braucht Ihr Kind vielleicht noch Windeln, während andere Eltern behaupten, dass ihr Kind schon mit einem halben Jahr gefragt hat, wo die Toilette ist. Lassen Sie sich nicht irritieren! Die Sauberkeit Ihres Kindes hat nichts mit Leistung zu tun, sondern schlicht mit Schließmuskeln, die sich angeboren unterschiedlich schnell der kindlichen Kontrolle beugen. Im Schnitt geschieht das zwischen dem zweiten und dritten Lebensjahr. Früher – mit den alten, dünneren und weniger »leistungsfähigen« Windeln – hatten die Kinder noch ein Gefühl dafür, was sich in der Windel abspielt und dass es ein Gewinn sein könnte, ohne auszukommen. Heute fehlt das, und deshalb ist es um ein Vielfaches leichter für Kinder, im Sommer trocken und sauber zu werden, weil man ihnen dann im Garten oder am Strand am besten zeigen kann, was passiert. Insbesondere die »Wurst« ist im kindlichen Erleben ein Körperbestandteil, und das Kind muss lernen, sich davon zu trennen. Wenn das gelingt, sind Kinder zu Recht stolz darauf. Das muss natürlich gefeiert werden. Also wird das kleine Würstchen nicht gleich in der Toilette versenkt, sondern dort – mit etwas Folie darüber – aufbewahrt, damit auch Papa am Abend das Geschäft bewundern kann. Beziehungsweise »könnte«. Zum Glück gibt es heute ja Smartphones mit Foto-Funktion.

Sollten Sie das Gefühl haben, dass es nun wirklich etwas lange dauert mit dem Sauberwerden, zögern Sie nicht, den nächsten Facharzt für Kinder- und Jugendpsychiatrie oder

Ihren Kinderarzt aufzusuchen. Und machen Sie sich nicht allzu große Sorgen, wenn Ihr Kind vielleicht nachts immer noch ausdauernd einnässt. Erstens sind Sie damit nicht allein – etwa 25 Prozent der Vierjährigen tun es. Dabei beträgt das Geschlechterverhältnis zwischen Jungen und Mädchen übrigens 2:1. Bei 13 Prozent legt sich das dann einfach so wieder. Und es muss auch nicht zwangsläufig Ausdruck psychischer Probleme sein. Bei einem gewissen Prozentsatz von Kindern ist dafür vielmehr ein Chromosom verantwortlich. Es sorgt dafür, dass Kinder nachts so tief schlafen, dass sie gar nicht merken, wenn die Blase drückt. In solchen Fällen behandeln wir mit Konditionierung. Das heißt: Das Kind bekommt einen Metallstreifen mit einer Slipeinlage in die Schlafanzughose, der auf Feuchtigkeit reagiert und ein Wecksignal auslöst. Die Kinder wachen auf und entwickeln mit der Zeit die Gewohnheit, automatisch rechtzeitig aufzuwachen, um zur Toilette zu gehen oder den Harndrang zu unterdrücken. Einnässen ist nicht schön, weder für das betroffene Kind noch für die Eltern, aber es ist auch nicht Ausdruck schwerer psychischer Deformationen – solange man damit angemessen umgeht.

Seelische Krankheiten

Möglicherweise haben Sie das Gefühl, ein Kind zu haben, das durch all die genannten Raster fällt. Vielleicht bezogen auf alle erwähnten Bereiche von Schlafen, Spielen, Essen oder Ausscheidung oder auch nur bezogen auf einen. Ich beschreibe hier ja immer nur die »normalen« Prozesse. Als Kinderpsychiater ist es mir aber natürlich ein großes Anliegen, dass keine psychischen Erkrankungen übersehen werden. Zumal wir wissen, wie unendlich wichtig und wertvoll eine frühe Diagnostik und Behandlung ist. Denn sie verhindert in so vielen Fällen eine Chronifizierung. Wenn Sie also das Gefühl haben, Ihr Kind ist irgendwie besonders, dann scheuen Sie sich nicht, rechtzeitig einen Facharzt aufzusuchen. Tatsächlich gilt hier: Besser einmal zu viel als einmal zu wenig. Fälschlicherweise hinzugehen beruhigt, und es schadet Ihrem Kind keineswegs. Wichtige psychische Krankheiten habe ich in dem Elternlehrbuch »Kindersorgen« beschrieben. Für die Phase, in der wir uns gerade befinden, sollten Sie folgende Symptome ernst nehmen:

- Schlafstörungen
- Ausscheidungsstörungen
- Aggressionen
- Starke Stimmungsschwankungen
- Extreme Überempfindlichkeit
- Angst
- Anhaltende Traurigkeit
- Zwangssymptome

THINK!

→ Erste Elternschritte sind für das Kind Mentalisierungsprozesse.

→ Sprechen Sie mit Ihrem Kind und verwörtern Sie Ihr Innenleben.

→ Verzichten Sie auf zu frühe und unnötige Neins.

→ Leben Sie entwicklungsgerechte Partizipation.

→ Die Achtmonatsangst als biologische Konstante gibt es nicht.

→ Alle Kinder können schlafen. Die Frage ist nur: wann.

→ Jeder schläft in seinem eigenen Bett.

→ Elterlicher Schlaf wird überbewertet.

→ Spielen und Erzählen macht lebenssicher.

→ Frühe Nahrungsvielfalt verringert wählerische Esser.

→ Essen ist Beziehung.

→ Ausscheidungskontrolle entsteht am leichtesten spielerisch im Sommer.

→ Seelische Krankheiten bitte nicht übersehen.

KAPITEL 4

Überwiegend heiter

Fan-Post vom Kind

Kinder machen große Freude. Keine Frage. Aber als Eltern gehört man immer auch zu den Spitzenkräften im Sorgen produzierenden Gewerbe. Ständig fragt man sich, ob man sein Kind auch optimal fördert, ob es wirklich glücklich ist. Ob nicht doch etwas fehlt oder besser oder anders sein müsste. Auch deshalb lohnt es sich, immer mal wieder innezuhalten und einen Rollentausch vorzunehmen.

Lassen Sie uns also einmal gemeinsam in die kindliche Wahrnehmung eines oder einer ca. Vierjährigen schlüpfen und die Welt aus seinen, ihren Augen betrachten. Sie werden von der tiefen kindlichen Gewissheit überrascht sein, dass im Großen und Ganzen alles gut ist, wie es ist. Denn wenn Ihr Kind schon einen Brief schreiben könnte, dann hielten Sie nun wahre Fan-Post in Händen:

»Jeden Morgen, wenn ich aufwache – und das ist ziemlich früh! –, freue ich mich auf euch, meine Eltern. Ihr seid alles für mich. So warm, so fürsorglich und immer für mich da. Am liebsten sitze ich immer noch auf eurem Schoß. Dann fühle ich mich einfach nur geborgen und sehr glücklich. Ich liebe es, mit euch zu kuscheln. Wenn ich zwischen euch beiden, Mama und Papa, auf dem Sofa sitze und manchmal auch in eurem Bett und ich mich wie euer größtes Geschenk fühlen darf, um das sich eure ganze Welt dreht. Ihr seid beide gleich wichtig für mich. Aber jeder auf seine Weise. Mit Papa kann ich viel mehr toben. Dann wirft er mich in die Luft, oder wir spielen Fangen in der Wohnung. Mama macht sich da manchmal Sorgen, dass es zu wild werden könnte oder ich mich erkälte, wenn Papa auch nur ein Teil von all den Pullovern und Jacken und Schals und Handschuhen vergisst, die Mama mir immer anzieht, wenn es draußen ein kleines bisschen kalt ist. Dafür sieht Mama immer sofort, wenn es mir nicht so gut geht. Manchmal noch, bevor ich es selbst so richtig weiß. Mama kennt auch die Namen all meiner Freunde und deren Geschwister und natürlich auch Eltern. Am liebsten mag ich die Wochenenden, wenn wir alle so viel Zeit haben wie sonst nie. Ich kann so lange beim Anziehen trödeln, wie ich will. Wir spielen oder lesen ein Buch, oder ich baue mit Papa mit meinen Duplos ein Auto, oder Mama liest mir vor, oder wir gehen in den Zoo, oder wir besuchen Opa und Oma. Dann sind alle ganz entspannt, und ihr beide, Mama und Papa, schaut nicht dauernd auf die Uhr oder aufs Handy. So müsste es immer sein. Unter der Woche seid ihr nämlich manchmal gestresst. Da muss es dauernd schnell gehen. Da haben wir nicht so viel voneinander. Ich verstehe das nicht wirklich. Muss man denn immer so viel arbeiten? Ihr beide, Mama und Papa, kocht übrigens sehr lecker, und Mama sagt, das wäre auch richtig gesund. Ich weiß nicht, was das bedeutet. Aber ich bin ganz sicher, dass es etwas sehr Gutes ist. Aber ehrlich: Ich mag auch das, was Mama ›eine Ausnahme‹ nennt. Und zwar besonders gern. Dann macht sie Pfannkuchen mit Nutella, oder Papa holt uns eine Pizza. Ich liebe die Ausnahmen. Auch die bei Opa und Oma, wenn ich ganz lange aufbleiben darf und wir uns einen Film anschauen. Manchmal darf ich auch schon helfen, wenn Papa und

Mama kochen. Und mit Papa war ich neulich in der Waschstraße. Da hatte ich etwas Angst, weil es so laut und dunkel war, und die großen Bürsten waren unheimlich. Aber dann hat Papa mich auf seinen Schoß vor das Lenkrad genommen, und dann war es richtig schön aufregend. Mama und Papa singen auch immer mit mir. Was sie für tolle und lustige Lieder kennen! Dann hüpfen wir alle dazu herum und haben Spaß. Ich bin jetzt schon ziemlich groß. Eigentlich kann ich alles alleine. Besonders gut kann ich spielen. Wenn ihr zwei in der Nähe seid, ist alles gut. Manchmal geht ihr aber weg. Meistens einer von euch beiden. Dann müsst ihr wichtige Dinge tun – sagt ihr. Ich soll das dann verstehen. Aber ich mag das nicht so gerne. Obwohl ich manchmal ja auch weg bin, aber dann bin ich bei meinen Freunden. Ich finde eigentlich, dass wir immer zusammen sein müssten. Mama, Papa und ich. Dann spüre ich so sehr, wie wir zusammengehören, und auch, dass ihr mich liebt, so wie ich bin. Wie stolz ihr auf mich seid. Ich habe die besten Eltern der Welt.«

Sie dürfen jetzt ruhig ein wenig erröten – und genießen. Denn Sie machen alles sehr richtig. Gönnen Sie sich ab und zu diesen Moment der Selbstvergewisserung. Stellen Sie sich vor, wie eine Hymne Ihres Kindes auf Sie klingen würde. Spätestens dann spüren Sie ihn, den Lohn für viele anstrengende Aspekte und Abschnitte des Elternseins. Manchmal halten Eltern zu wenig inne, sind zu sehr in ihrem familiären Arbeitsmodus, als dass sie inneren Raum hätten, diesen Lobgesang anzuhören. Oft sind es dann die Großeltern, die wissen, wie schnell die Zeit vorübergeht, die uns daran erinnern, wie viel es gerade jetzt zu genießen gibt und wie groß die Wehmut ist, wenn man bloß aus Zeitgründen nicht einmal durchatmet und sich all der besonderen Momente vergewissert, die man mit seinem Kind erlebt.

Wenn Sie mögen, führen Sie ein Tagebuch, in dem Sie immer auch notieren, was das jeweils Gute an diesem Tag war. Die Momente, in denen Sie Ihr Kind vielleicht dabei beobachten, wie es selbstvergessen spielt. Wie es sich an Sie schmiegt oder wie es vor Freude kreischt, wenn man es durchknuddelt. Wie es voller Bewunderung ist für all die magischen Kräfte, über die Eltern in Kinderaugen verfügen: weil sie mal eben ein Lieblingsessen zaubern können, weil sie für so viel Sicherheit und Geborgenheit sorgen und für so viel Glück. Das ist Ihr Reiseproviant durchs Elternsein, auch emotionaler Nährstoff für später, wenn Ihr Kind groß sein wird. Damit Sie immer wissen, warum es sich so gelohnt hat, diese Familie zu gründen, vor allem, wenn Ihnen gerade die Augen zufallen, weil es doch ein ziemlich anstrengender Tag war.

Lob des Schaukelns

Gehören Sie zu den Eltern, denen heute so schnell nachgesagt wird, sie wären Teil der offensichtlich immer größer werdenden Gruppe der Helikopter-Eltern? Ein Selbstverdacht, den ich oft höre: »Wahrscheinlich sind wir auch nur überbesorgt!« Dahinter stecken mehrere Annahmen. Zum einen: »Wir trauen es uns nicht alleine zu, zu beurteilen, wie viel Fürsorge unser Kind braucht.« Und zum anderen: »Wir schauen zu genau auf unser Kind.« Oder auch: »Wir verwöhnen unser Kind.«

Es gibt aber einen großen Unterschied zwischen Überbesorgtheit und Überängstlichkeit. Letzteres ist der Fall, wenn die Angst Sie daran hindert, Ihrem Kind primär eine gute und gesunde Entwicklung zuzutrauen. Das ist in der Tat hinderlich. Denn Ihr Kind muss ja davon ausgehen, dass die Welt tatsächlich voller furchterregender Unwägbarkeiten steckt, wenn schon die Eltern ihr mit solchem Misstrauen begegnen. Sind Sie hingegen »nur« überbesorgt, dann gehen Sie bitte von der Grundannahme aus, dass es durchaus Sicherheiten gibt, und Sie sind einfach manchmal noch dabei, diese zu suchen. Im Grunde sind Sie zuversichtlich, und das ist eine positive Haltung.

Unsere Welt wird komplexer. Nicht umsonst haben wir eine Dienstleistungsgesellschaft geschaffen, in der es viele Experten gibt, die uns beim Sortieren und bei der Orientierung helfen. Da wünscht man sich manchmal mehr Übersichtlichkeit und damit mehr Sicherheit. Aber man kann sich nun einmal nicht von allem abschotten, was womöglich gefährlich, unübersichtlich oder beunruhigend ist. Selbst ein Selbstversorger-Einödhof irgendwo im Nirgendwo hätte ja seine ganz eigenen Tücken. Auch dort würden überall Unfallgefahren und aktuell auch reale Wölfe lauern – wenn man denn zum Katastrophendenken neigt.

Was Sie – genau wie jeder andere Mensch – brauchen, ist deshalb ein emotionales Sicherheitsnetz. Ein Maß, für sich und Ihre Familie, mit dem Sie Ihre Ängste und Sorgen so dosieren, dass Sie von ihnen nicht überwältigt werden und Ihrem Kind nicht die Entdeckerfreude und die Selbstständigkeit mit einem zu engen Korsett von Vorsichtsmaßnahmen wegnehmen. Eine Mutter oder ein Vater, die bei jedem Insekt, das vorbeischwirrt, aufgeregt mit Tüchern und Händen wedeln, schüren unangebrachte Ängste. Eltern, die beim kleinsten Sturz ihres Kindes am liebsten den Rettungshubschrauber rufen würden, trauen ihrem Kind keine eigene Schmerzverarbeitung zu. Umgekehrt ist man manchmal erstaunt, wie unbeeindruckt Kinder bleiben, sofern ihre Eltern keine große Sache aus dem machen, was gerade passiert. So habe ich kürzlich in der Straßenbahn beobachten können, wie ein vielleicht Fünfjähriger mit Tretroller beim Aussteigen hinfiel. Seine Mutter mit dem Kinderwagen und dem jüngeren Geschwister darin, die noch an der Tür war, sagte ganz ruhig: Steh auf und steig aus. Der Junge tat es mit einer Selbstverständlichkeit, als wäre gar nichts passiert.

Warten Sie in solchen Situationen also ruhig immer einen kleinen Moment, um abzuschätzen, wie Ihr Kind reagiert. Es könnte nämlich sein, dass es gar nicht als Bedrohung empfindet, was bei seinen Eltern alle Alarmglocken läuten lässt.

Oft sind es die Mütter, die sich ängstlicher um das Wohl ihrer Kinder sorgen. Während die Väter beherzter sind und nicht überall gleich Verletzungsgefahren wittern. Das ist ein für das Kind durchaus guter Ausgleich. Aber die Rollen können natürlich auch vertauscht sein. In einer Welt mit vielen alleinerziehenden Müttern ist dieses Rollengleichgewicht sowieso aus den Angeln gehoben. Sie sollten nur eines im Auge behalten: Es ist immer schwer, generell zu sagen, wann Ängste wirklich angebracht sind und wann man sie getrost über Bord werfen kann. Damit geht schließlich eine große Verantwortung einher. Dazu ein Vergleich: Einerseits sinken seit Jahren kontinuierlich die Opferzahlen bei Unfällen und bei Körperverletzung von Kindern. Andererseits ist die häufigste Ursache bei Zweijährigen in Deutschland Ertrinken in kleinen Tümpeln oder in Pools. Ich möchte deshalb nur eines raten:

Verlassen Sie sich auf Ihr Bauchgefühl, das Sie spätestens nach der Lektüre dieses Buches immer mal wieder filtern gelernt haben.

Oft merken es Eltern schließlich beim zweiten Kind selbst, wie übervorsichtig sie beim ersten waren. Sie muten ihren Nachgeborenen mehr zu und erleben, dass sich diese deshalb nicht schlechter entwickeln. Aber man kann so eine Gefühlslage eben nicht in die Zeit davor und in das Erleben mit dem ersten Kind transferieren. Man muss wohl tatsächlich einmal alles mit dem ersten durchlebt haben, um dann beim nächsten Kind entspannter zu sein.

Damit will ich Sie aber keineswegs auffordern, einfach alle Sorgen beiseitezuschieben. Im Gegenteil. Auch die zu Unrecht so geschmähte Überbesorgtheit ist wichtig. Sie führt ja unter anderem dazu, dass wir ganz genau hinschauen und auch kleinere Schwierigkeiten unserer Kinder schneller und intensiver wahrnehmen.

Das Ideal wäre – nein, keine Balance! – sondern eine Schaukelbewegung. Manchmal ist man eben sehr vorsichtig – und manchmal eher lässiger. Manchmal kreist man mit einem ganzen Helikopter-Geschwader über allem, was das Kind tut. Manchmal lässt man das Geschwader leichten Herzens im Hangar stehen. Natürlich wäre es uns allen am liebsten, wenn wir unseren Kindern jede Form von Schwierigkeiten oder Schmerzen ersparen könnten. Eine Kindheit ohne Schmerz gibt es allerdings nicht. Und wofür wir wirklich zuständig sind, ist, unsere Kinder stark zu machen, widerstandsfähig. Damit auch sie eines Tages entscheiden können, welchen Hubschrauber sie fliegen möchten.

Aber nur damit keine Missverständnisse entstehen: Ja, möglicherweise sind Kinder aus – im übertragenen Sinn –

harten Internaten mit viel Drill robuster. Viele werden aber auch seelisch gebrochen. Oder verinnerlichen die harten Prinzipien der Unempfindlichkeit bis zu einem Grad, dass sie später keine Form der Weichheit zulassen können. Wir müssen also gerade in der Entwicklungsphase, in der wir uns mit den Kindern jetzt befinden – kurz vor dem Kindergarten –, unseren Kindern etwas zumuten. Aber bitte nicht künstlich. Keine kalte Dusche, wenn das Wasser auch warm ist. Zumuten, darin steckt auch das Wort »Mut«, das heißt ermutigen und Mut machen: »Du schaffst das schon!«, und zwar nicht lapidar dahingesagt, sondern im vollen Ernst. Wenn es Ihnen gelingt, in Ihrer Haltung eine schaukelnde innere Bewegung zu leben zwischen einem sorgenvollen und einem ermutigenden Blick, ist alles gut.

Sorgen, andere Risiken und Nebenwirkungen des Elternseins

Bei aller Freude und der prinzipiell guten Entwicklung Ihres Kindes: Sie wären keine Eltern – und würden dieses Buch nicht lesen –, wenn es nicht auch Sorgen gäbe. Die wichtigste Regel in diesem Zusammenhang lautet: Bitte schämen Sie sich nicht für Ihre Sorgen. Und glauben Sie nicht, die anderen Familien hätten keine. Im Gegenteil. Ich behaupte mal, jedes Elternpaar kann auf Anhieb Sorgen im hohen dreistelligen Bereich aufzählen.

Eltern sorgen sich natürlich um die Gesundheit ihres Kindes, darum, dass ihm Gewalt angetan werden könnte. Dass es keine Freunde findet. Dass es in der Schule nicht mitkommt. Dass es drogensüchtig werden könnte. Dass es eine Essstörung entwickelt. Dass es sich erkälten wird, weil es zu dünn angezogen rausgeht. Dass es traurig sein könnte, weil man abends doch keine Zeit für ein Spiel hatte. Dass es frustriert sein wird, wenn doch kein Pony auf dem Geburtstagsgabentisch liegen wird, oder dass es immer so schüchtern bleiben wird und vielleicht in unserer lauten Gesellschaft eines Tages untergeht. Als Erwachsene wissen wir schließlich, wie ernst das Leben ist, aber auch, dass man sein Kind nicht vor diesem Ernst wird bewahren können.

Ernst bedeutet aber nicht: traurig. Ernst heißt ernsthaft, heißt ernst nehmen, sich nicht belustigen oder etwas klein-reden oder bagatellisieren. Es gibt im Umgang mit Kindern leider immer noch eine viel zu ausgeprägte Tendenz zur Bagatellisierung. »Das wächst sich aus«, ist so ein Satz, gegen den man als Arzt für Kinder- und Jugendpsychiatrie allergisch wird, weil er immer wieder dazu führt, dass Eltern zu spät zu Diagnostik und Behandlung kommen. Natürlich, der Satz hat seine Berechtigung. Die Selbsthei-lungskräfte und Regulationsfähigkeiten sowie die Fähig-keit zum Aufholen sind unseren Kindern mitgegeben. Wachstum und Entwicklung sind der Wesenskern des Kindseins.

Letztlich könnte man deshalb einen Entwicklungsstill-stand als einzige Bedrohung wahrnehmen. Das kann bei verwahrlosten Kindern sogar so weit gehen, dass sie auf-hören, körperlich zu wachsen. Zum Glück ist das heutzu-tage ein seltenes Phänomen, aber eines, das zeigt, wie sehr das gesamte Wachstum von Kindern auf guten äußeren Bedingungen beruht. Deshalb sind Sorgen gut und richtig. Und deshalb ist aber auch der Zwang so problematisch, alles, was vielleicht mal schwer sein könnte, einfach auszuklammern. Wo immer wieder betont werden muss, wie fröhlich das Kind ist (und also gefälligst zu sein hat), erträgt man es oft als Eltern selbst nicht, dass Kinder auch einmal nachdenklich sind und vielleicht auch mal nicht ganz so glücklich. Dann wird es zur persönlichen Kränkung der Erwachsenen, die es als ihren Leistungsnachweis ansehen, ihr Kind in einem Zustand der Dauerfröhlichkeit zu halten.

Kinder sind aber nicht weniger ernst als wir! Es sind die Erwachsenen, die glauben, Kinder müssten dauernd fröhlich sein, weil wir sie für zu jung, zu unwissend, zu unbedarft halten. Manchmal trauen wir ihnen keine andere Gefühlsregung zu. Manchmal ist es unser nostalgischer Blick auf unsere eigene Kindheit, der die Erinnerung an die andere Seite des Kindseins verwehrt: dass wir damals natürlich auch nicht dauernd total glücklich waren und die Welt mitnichten so unkompliziert war, wie wir rückwirkend annehmen. Denken wir also nicht, Kindern fehlten sowohl der Grund als auch die Gefühlstiefe, um auch einmal bekümmert zu sein.

Bemühen wir uns lieber darum, die kindlichen Sorgen nicht wegzuschieben. Nur durch ein angemessenes Wechselspiel zwischen Ernst und Freude wird ein emotionaler Korridor entstehen, in dem auch Ihr Kind sich wird bewegen können. Schlussendlich heißt das: Wenn Sie den Eindruck haben, dass Ihr Kind etwas dauerhaft bedrückt, so »sorgen« Sie für Diagnostik, Beratung und Behandlung. Ansonsten möchte ich Sie ermuntern, Ihre elterlichen Sorgen wie ein Familienmitglied zu behandeln und einfach mit ihnen zu leben. Solange Sie daneben Spaß haben, ist alles im Lot. Und dann gelingt Ihnen vielleicht auch einmal ein Moment der Selbstironie, und Sie kompo-

nieren gemeinsam mit Ihrem Partner einen Sorgensong, so
wie der Rapper Samy Deluxe es getan hat – der mit seinem
Lied vermutlich allen Eltern aus der Seele singt:

(...)
Ich mach mir sorgen am tag
ich mach mir sorgen im schlaf
Ich glaub, kein mensch zuvor
hat jemals so viele sorgen gehabt
Ja, mr Sorge is' da, die sorge is' hier
So viele sorgen in mir, ich glaub,
ich hab sorgen kreiert
Ich mach mir sorgen, dass ich
irgendwann die sorgen verlier
(...)

Die sichere Seite

Erinnern Sie sich noch daran, wie nervig Sie früher Eltern
fanden, die immer sofort vom Schlimmsten ausgingen?
Bei jedem Hüsteln musste der Kinderarzt hinzugezogen
werden. Jetzt haben Sie selbst ein Kind und verstehen: Es
gibt niemals ein Zuviel. Es gibt höchstens ein Zuwenig. Jeder Schnupfen könnte der Anfang einer Lungenentzün-
dung sein, und Sie würden am liebsten eine Standleitung
zur Kinderabteilung des örtlichen Krankenhauses bean-
tragen, um auch WIRKLICH und ganz zuverlässig auf
der sicheren Seite zu sein.

Die sichere Seite – das ist jetzt Ihr Lieblingsplatz. Beziehungsweise, er wäre es – würden Sie nicht sehr stark die
Existenz eines solchen Ortes anzweifeln und wissen, dass

die Standleitung nicht existiert und Ihr Trommeln mal wieder nicht gehört wird.

Sie sind nun mal Eltern, und da glaubt man nicht an die Harmlosigkeit von Symptomen wie erhöhte Temperatur, Magenschmerzen, Durchfall. Tatsächlich haben Sie jedes Recht und zum Glück auch jede Möglichkeit, all das abklären zu lassen. Ihr Kinderarzt ist ein kompetenter Ansprechpartner. Und sollte es wirklich etwas Ernsteres sein, werden Sie natürlich mit ins Krankenhaus aufgenommen werden, gemeinsam mit Ihrem Kind. Das ist ein Quantensprung, wenn man mit Menschen spricht, die in den 1960er-Jahren als Kinder zur Behandlung stationär in eine Klinik aufgenommen werden mussten. Damals war man teilweise noch der Meinung, dass es die Genesung stört, wenn Eltern auch nur zu Besuch kommen. Eine Bekannte erzählte mir einmal, wie sie als Kind unter dem Vorwand, eine Angehörige zu besuchen, so in ein Krankenhaus gebracht und »abgegeben« wurde. Während sich die Eltern – so wie es der Arzt dringend empfohlen hatte – einfach wieder ins Auto setzten und nach Hause fuhren, um erst eine Woche später zum Abholen wieder aufzutauchen. Ein traumatisches Erlebnis. Noch in den Siebzigerjahren des letzten Jahrhunderts musste erst durch Untersuchungen nachgewiesen werden, dass Kinder durch das Rooming-in eines nahen Angehörigen – meist sind es die Mütter – schneller wieder gesund werden. Heute wird mit wissenschaftlichem Segen zum Glück ganz selbstverständlich davon ausgegangen, dass Eltern mit ins Krankenhaus kommen können. Die einzige Frage, die ab und zu noch auftaucht, ist die, wann und ob eine Altersgrenze nach oben besteht. Spätestens mit der (Prä-)Pubertät und eigenen körperlichen Schamgrenzen verbietet sich natürlich die Mitaufnahme. Psychisch gesunde Kinder wollen das übrigens oft auch nicht. Rooming-in aber ist ein gutes Beispiel dafür, wie sich mehr Fürsorge selbstverständlich durchgesetzt hat und Kinder schneller gesund macht. Dass Eltern dann manchmal für die Kinderärzte in Kliniken schwieriger zu sein scheinen als die Kinder, ist ein eigenes Thema, das in dem Fortbildungskatalog dieser Kollegen stehen müsste.

Frühüberforderung

Sie sind nicht alleine. Natürlich nicht, aber schon gar nicht, wenn es um Kindererziehung geht. Das haben Sie wahrscheinlich seit dem ersten Tag der Schwangerschaft gelernt: Alle wissen Bescheid und alles besser. Oft geht es im Alltagsgespräch darum, welches Kind welchen Entwicklungsschritt am schnellsten erreicht, als wäre man Teilnehmer an einer Olympiade und man selbst die Eislaufmutti, die das Kind möglichst optimal auf Siege in den Kategorien »Laufen, Sprechen, Sauberwerden« und die spätere »Karriere« vorbereitet. Dauernd geht es um die optimale Frühförderung, um den erfolgreichsten Kindergarten. Dieser zeichnet sich dadurch aus, dass dort nicht Spielen, sondern »Erweiterung des Zahlenraumes« oder »Englisch« auf dem Programm stehen – das Mindeste, um die sicher enormen Fähigkeiten des eigenen Kindes angemessen zu voller Entfaltung zu bringen. Damit dessen Fähigkeiten auch offiziell anerkannt werden, wollen manche Eltern tatsächlich schon ihr dreijähriges Kind auf Hochbegabung testen lassen. Im Prinzip ist es wunderbar, wenn Eltern sich darum kümmern, dass ihre Kinder früh und gut gebildet sind. Aber steigen Sie nicht ein in einen Wett-kampf – dessen Regeln und Ziele ohnehin so absurd und fragwürdig sind wie die der Königin aus Alice im Wun-derland. Denn in der jetzigen Entwicklungsphase besteht die optimale Förderung nicht in einer Chinesisch-Lehre-rin oder musikalischer Früherziehung an der Geige. Sie geschieht auf ganz natürlichem Wege, weil Leben, Spielen und Lernen jetzt sowieso nahezu identisch sind.

Wenn Sie also viel spielen, sprechen und erzählen, ist das schon die ideale Frühförderung. Besser geht's nicht. Schlimmer schon. Dann nämlich, wenn Frühförderung in Frühüberforderung umschlägt und man versucht, schon aus den Kleinsten »Humankapital« zu machen, in das man »investiert«, damit es später »High-Performer« wer-den und die Rendite munter sprudelt – also das ganze Engagement mit einem Vorstandsvorsitz belohnt wird. Natürlich ist das ein wenig übertrieben. Aber leider nicht so sehr, wie ich es mir wünschen würde.

Behalten Sie bitte im Hinterkopf: Andere Eltern sind nicht nur bedrohlich und potenzielle Konkurrenten um das beste »Erziehungsprodukt«. Sie sind vor allem eine gute Selbsthilfegruppe. Wenn es stimmt, dass man idealer-weise ein ganzes Dorf braucht, um ein Kind großzuziehen, dann ist der Freundeskreis mit Kindern im ähnlichen Alter, dann ist die Großfamilie – wenn sie nicht zu neuro-tisch miteinander verhakt ist – wie dieses Dorf, das sich gemeinschaftlich um die Kinder kümmert. Jeder bringt eine eigene Qualität mit ein, seine persönliche Note, und erweitert so den kindlichen Erfahrungs- und Erlebnishori-zont. Und übrigens: Ausreichend sichere Eltern müssen nicht untereinander konkurrieren und können sich viel-mehr konstruktiv ergänzen.

Ich möchte mit meinem Buch einen Teil dazu beitragen, dass Sie als Eltern sich Ihrer »Familiensache« sicherer werden. Dann brauchen Sie die Konkurrenz weder zu fürchten noch zu suchen. Sie wissen, dass Sie Ihre Familienjahre so bewältigen werden, dass ausreichend gute Wachstumsbedingungen für alle vorgehalten werden. Vertrauen Sie also sich, Ihrem Partner und auch Ihrem Kind. Dann können andere Eltern gerne dazustoßen, um Ihren Horizont und den des Kindes zu erweitern. Steigen Sie in Konkurrenzangebote über das beste Kind gar nicht erst ein.

Druck – der unvermeidliche

Es geht nicht ohne. Leider. In einem mehrfachen Sinn: Sowohl für Ihre Kinder als auch für Sie. Druck ist ein universelles Phänomen, das sich immer aus Druck von außen und Druck von innen zusammensetzt. Es gibt kein menschliches Leben ohne Druck. Die Idee, wir sollten danach streben, ihn zu minimieren oder gar abzuschaffen, ist eine Illusion. Ein Leben mit Druck muss auch nicht schlimm sein. Kein Kessel erzeugt Energie ohne Druck. Ohne ihn gibt es etwa kaum ökonomischen Erfolg. Wir können unsere Kinder nicht vor Druck bewahren. Er vermittelt sich, auch ohne dass wir etwas dazu gesagt haben. Selbst wenn Eltern den gesellschaftlichen Druck draußen halten möchten: Spätestens im Kontakt mit Institutionen wie Kindergarten oder später Schule gewinnt der berüchtigte Erfolgsdruck die Oberhand.

Besser, Sie versuchen gar nicht erst, ihn von der Familie fernzuhalten. Trauen Sie sich und Ihren Kindern den Umgang mit dem Druck zu, denn er ist Teil des Lebens. Ziel ist es, ihn nicht zu einem übermächtigen, erschreckenden und fiesen Monster werden zu lassen, das uns versklaven will und jede Ambition erstickt, sondern ihn als Hilfsmittel oder Werkzeug zu betrachten, das uns dabei unterstützt, gute Leistungen abzuliefern. Wichtig ist dabei die Richtung. Kommt der Druck von vorn, droht er uns umzuwerfen. Kommt er sanft von hinten, von dort, wo Menschen zu uns stehen, uns ihr Zutrauen schenken und ihre Überzeugung, dass wir das schaffen, schiebt er uns voran. Ein feiner Unterschied mit großen Folgen. So ist jede Erziehung, die allein mit Druck von vorne arbeitet, am Ende immer zum Scheitern verurteilt. Sie erstickt nämlich, was der Treibstoff einer jeglichen kindlichen Entwicklung ist: die kindliche Neugier.

Wie sehr verbinden wir das mit dem Kindsein: die Begeisterung für Neues, die Lust am Lernen. In der Entwicklungsphase, in der wir uns gerade befinden, bedeutet das übersetzt, dass gerade der spielerische Moment ein starker Motor ist. Viel stärker als der Druck. Es werden Ihnen Sätze über die Lippen gehen wie: »Au ja, lass uns etwas malen oder erzählen. Wie spannend!«, und Sie werden erleben, dass auch Ihr Kind die Anforderungen gut wird bewältigen können – zu seiner Zeit.

Wie unterschiedlich man den Druck handhaben kann, dokumentiert vielleicht dieses Beispiel: Stellen Sie sich vor, Sie haben ein Kind, das sich vor Dunkelheit fürchtet. Niemand würde ernsthaft auf die Idee kommen, das Kind dadurch zu therapieren, dass man es in einen dunklen Keller sperrt. Die gemeinsame Vermeidung von Dunkelheit führt allerdings auch nicht weiter. Also stelle ich mir vor, dass Sie zusammen mit Ihrem Kind in den Keller gehen. Nicht ohne vorher verabredet zu haben, wie groß der Abstand zwischen Elternteil und Kind sein wird und wann man ihn vergrößert. Irgendwann muss dann der Schritt kommen, den es allein zu bewältigen gilt und zu dem manche Kinder auch durchaus sanft ermutigt und geschubst (auf keinen Fall gestoßen) werden dürfen und müssen. Man darf und sollte ruhig schaukeln zwischen Zutrauen und Zumuten. So wird sich Ihr Kind auch gegen einen anfänglichen Impuls der Verweigerung mehr und mehr zutrauen und am Ende sehr stolz auf sich sein.

Manche Eltern versuchen, dieses Ergebnis unter Auslassung des sanften Drucks allein durch Loben zu erreichen. Dazu ein Wort: Lob, das nicht angemessen ist, das immer zuverlässig kommt, egal, was das Kind gerade gemalt, gespielt, gesagt oder getan hat, entleert sich sehr schnell. Die Kinder spüren, dass die elterliche Reaktion inflationär ist. Ein Automatismus, unabhängig vom tatsächlichen Ergebnis oder Ereignis. Die kindliche Schlussfolgerung lautet dann ganz richtig: Wozu soll ich mich eigentlich anstrengen, wenn doch sowieso immer alles so toll ist? Immer das tollste Kind zu sein, ist langweilig. Besser ist es, wenn Kinder erleben, dass die elterliche Reaktion auch mal verhalten ausfällt, dass nicht alles im Leben stets und auf Anhieb perfekt sein kann. Auch das ist ein Ansporn zu wachsen.

Wie bei allen anderen Aspekten der Eltern-Kind-Beziehung gilt auch hier das Gebot der Authentizität. »Mir gefällt es gut, was du gemacht hast. Aber ich bin auch sehr gespannt, was herauskommt, wenn du (dieses oder jenes) machst.« Umgang mit Druck bedeutet eben immer auch Anerkennung eigener Grenzen. Wenn Sie Ihrem Kind zudem vermitteln, dass niemand alles und sofort können muss, dann erreichen Sie eine große Erleichterung, die den kindlichen Elan keineswegs ausbremst.

Neulich hat mir ein elfjähriges Mädchen den folgenden Spruch zukommen lassen, den es irgendwo aufgeschnappt und für sich offenbar als sehr passend befunden hat: »Ich fühle mich, als könnte ich Bäume ausreißen, also kleine Bäume. Vielleicht Bambus. Oder Blumen. Na gut, Gras. Gras geht.« So ist es nämlich: Manchmal reicht unsere Kraft »nur« für Gras. Aber sobald wir das erkannt haben, ist uns der Druck von den Schultern genommen, Bäume ausreißen zu müssen. Und Gras ist ja auch ein Anfang. Ein anrührendes Bild. Von einem Mädchen, das mit den eigenen Möglichkeiten kämpft. Siegen wird sie am Ende nur, wenn sie ihre Grenzen im ersten Schritt anerkennen kann. Nach dem Gras kommen die Blumen …

Lob der Fürsorge

Für mich ist sie eine der wichtigen Größen des gemeinsamen Lebens: die Fürsorge. Viele halten diesen Begriff für zu altmodisch, um sich damit identifizieren zu können. Frauen haben wohl auch Sorge, das Kind zu sehr zu verwöhnen, und dann hat die »Fürsorge« für manche offenbar auch einen entmündigenden Charakter. So in der Art, die man manchmal in Frühstücksräumen von Hotels beobachten kann, wenn Frauen ihren Männern wortlos schon die Brötchen aufschneiden und belegen, als wären diese selbst dazu nicht in der Lage.

Es gibt aber eine Fürsorge, die ist über all diese Zweifel erhaben. Eine, die ich für die Basisversorgung der Aufmerksamkeit halte. Eine, die ich auch aus meinem Klinikalltag kenne und gerade dort schätze. Dort arbeite ich sehr gern mit Kinderkrankenschwestern. Weil die Kinderkrankenschwestern die Kinder immer zuerst nach dem Unmittelbarsten und damit Wichtigsten fragen: »Bist du satt? Bist du gewaschen? Hast du dir deine Haare schon gekämmt?« Andere wollen immer zuerst wissen: »Wie geht es deinen Symptomen heute?« Sicher, das ist auch wichtig. Aber wir brauchen zuerst ein gutes Gefühl für uns selbst, und das beginnt immer mit einem guten Körpergefühl.

Körpergefühle sind immens wichtig. Denken Sie deshalb auch einmal an sich. Für jemanden da zu sein, darauf zu achten und zu wissen, was er benötigt, damit es ihm gut geht, ist deshalb eine wunderbare Qualität. Die nur jemand haben kann, der auch sich selbst mit ähnlicher Achtung betrachtet. Ich möchte Sie daher dazu aufrufen, diese Haltung gerade in der Familie zu pflegen. Damit spreche ich nicht nur die Mütter an, sondern selbstverständlich beide Elternteile. Sich um die unmittelbaren Bedürfnisse des Kindes oder auch des Partners zu kümmern – also Sorge zu tragen, dass er zu essen hat, frische, saubere Kleidung und überhaupt gut »versorgt« ist. Das ist eigentlich so einfach und wird so reich belohnt: mit dem Gefühl, geborgen und aufgehoben zu sein. Noch wenn abends alle Kinder schlafen und wieder Zeit für das Paar entsteht, kann man etwas von diesem Zauber der Fürsorglichkeit spüren. Der ausgetauscht und im Gleichgewicht für beide Elternteile entlastend wirkt.

Das klingt jetzt so leicht und romantisch? Sie haben recht. Wir sollten die Anstrengung nicht verleugnen, die naturgemäß damit einhergeht. Fürsorge funktioniert nur mit einer Portion Altruismus, mit dem Abtreten oder zumindest Hintanstellen eigener Wünsche. Deshalb ist es so wichtig, dass Ihre Fürsorge immer in einer gewissen Ausgeglichenheit zu Ihnen selbst steht. Mütter oder Väter, die sich selber aufgeben, sich »opfern«, sind weder gute Beispiele für ihre Kinder noch am Ende wirklich fürsorglich. Mit der Selbstaufgabe erzeugen sie automatisch Schuldgefühle, die zu Wiedergutmachungsimpulsen oder aggressiver Abgrenzung beim Gegenüber führen. Der andere fühlt sich unter emotionalen Druck gesetzt und aufgefordert, für Ausgleich zu sorgen – etwa mit Dankbarkeit. Wie furchtbar, wenn stets das Gefühl von offenen Rechnungen im Raum steht, die beglichen werden müssen. Deshalb funktioniert eine gute Fürsorge nur dann, wenn eigene Bedürfnisse ebenfalls abgebildet sind. Ein Elternteil, der vorlebt, dass er oder sie nichts braucht, ist weder Vorbild noch begehrenswert.

Fürsorge ist etwas Wunderbares. Ohne sie gibt es keine Versorgung, sondern nur Handel. Handel ist darauf ausgerichtet, dass es immer einen Gegenwert für eine Ware oder Dienstleistung geben muss. Diesen Handel kann man innerhalb der Familie nicht gebrauchen. Innerhalb einer Familie gibt es keinen Handel, sondern ein tragendes Gefühl der Liebe. Ja, Liebe ist das Fundament, auf das jede Eltern-Kind-Beziehung aufbaut. Mit Liebe kann man nicht handeln – und auch niemanden erpressen!

Das – schaukelnde – Gleichgewicht habe ich schon angesprochen. Aber vergessen Sie nicht, dass Kinder nicht immer im Gleichgewicht sind – genauso wenig wie wir selbst. Manchmal sind Kinder undankbar, zumindest vordergründig (»Das schmeckt nicht, Mama!«), und dann fühlt man sich verletzt und ist vielleicht auch beleidigt. Daraus entsteht zuweilen der Impuls, sich abzuwenden, wenn das Kind einen Kuss geben möchte. Aber bedenken Sie: Liebesentzug ist eine schlimme Strafe und nie gerechtfertigt. Nie.

Unsere Kinder müssen sich immer darauf verlassen können, dass wir sie lieben. Was nicht heißt, dass man mit allem kindlichen Denken und Handeln einverstanden sein muss.

Dieser Trugschluss wird oft gezogen, aber beachten Sie bitte, dass wahre Liebe auch sagen kann: Das gefällt mir nicht. Angestrengte Liebe dagegen muss vieles rosa übermalen, damit nicht deutlich wird, wie angestrengt sie ist.

Ganz wichtig: Kinder sind nie wirklich undankbar. Kinder erfüllen vielleicht nicht immer unsere Wünsche, sind eigensinnig, haben eigene Vorstellungen von dem, wie sie sich anziehen, wie und vor allem: wann sie schlafen wollen. Doch sie sind dankbar dafür, dass sie in der besten Familie der Welt leben.

Selten sind Kinder unzufrieden mit ihren Familien, und wenn, sind sie in der Regel älter – und dann ist es sehr oft berechtigt. Aber wir sind immer noch in der Vor-Schulzeit, vielleicht auch schon in der Kita oder dem Kindergarten oder tatsächlich schon in der Vorschule. Sie haben inzwischen alle Grundlagen für ein liebevolles, fürsorgliches Familienleben gelegt und sind bereit für den nächsten seelischen Entwicklungsschritt Ihres Kindes.

Von Ödipus und Ödipussi

Ist das nicht diese verstaubte Theorie von Sigmund Freud? Ja, in der Tat, und sie basiert noch dazu auf einem antiken Mythos. Ödipus ist darin der Sohn des Königs Laios von Theben und dessen Frau Iokaste. Da das Orakel von Delphi dem Vater geweissagt hatte, das Kind werde ihn, den König, töten und dann die Mutter heiraten, wird Ödipus nach seiner Geburt ausgesetzt. Durch glückliche Umstände findet er in Korinth Adoptiveltern – König Polybos und dessen Frau Merope. Endlich volljährig und auf dem Weg nach Theben, erschlägt Ödipus in einem Streit tatsächlich König Laios, unbeabsichtigt und nicht ahnend, dass er gerade den eigenen Vater getötet hat. Wenig später gelingt es ihm, Theben von einer Sphinx – einem grauenhaften Wesen mit Frauenkopf und Löwenkörper – zu befreien. Zur Belohnung erhält er vom amtierenden König Kreon dessen Schwester – Iokaste, die Witwe von König Laios – zur Frau. Da sie beide nichts von ihrer Blutsverwandtschaft ahnen, zeugen sie zwei Söhne sowie die Töchter Antigone und Semene. Als Iokaste erfährt, wen sie da geheiratet hat, nimmt sie sich das Leben. Als schließlich auch Ödipus erkennt, mit wem er sein Leben geteilt und wen er getötet hat, sticht er sich die Augen aus und verlässt Theben.

Sigmund Freud nahm das Thema der Tragödie auf und bezeichnete mit dem berühmten »Ödipuskomplex« die Hingezogenheit des Sohnes zur Mutter. Die ist wiederum ein fester Bestandteil der kindlichen Entwicklung irgendwo zwischen dem dritten und fünften Lebensjahr. Bis dahin hat sich Ihr Kind wesentlich in einer sogenannten Dyade bewegt. Damit ist die exklusive Zweierbeziehung gemeint, die Kinder in diesem Alter aufgrund ihrer seelischen Fähigkeiten bewältigen können.

Um dies besser zu verstehen, stellen Sie sich am besten vor, Sie sitzen am Esstisch Ihrem Partner gegenüber, und am Kopfende sitzt Ihr Kind. Es wird dann z. B. Ihnen etwas erzählen, um sich zur Seite zu wenden, um dasselbe mit demselben Engagement noch einmal dem anderen Elternteil zu erzählen. Warum? In der Dyade lebt das Kind mit der emotionalen Vorstellung der Ausschließlichkeit.

Der Dritte kommt nicht vor auf der inneren Bühne, ist aber für die Bewältigung des menschlichen Lebens irgendwann unabdingbar. Mit ihm lernt das Kind, dass es sich ruhig von der Mutter trennen kann und dass es dabei von einem Dritten, dem Vater, aufgefangen wird. Gleichzeitig wird aber auch unter dem Schutz des Vaters die enge Beziehung zur Mutter erhalten. So verbindet und trennt der Vater gleichzeitig. Diese Bindung zu einem Dritten ist tröstlich, entlastet, sorgt für Abstand und bringt eine andere Beziehungsqualität in das Leben des Kindes. Eine, die auch spielerischer ist und die Fähigkeit trainiert, sich Neuem und Neuen zuzuwenden. Genauso wie die, sich aus alten Beziehungen zu lösen. Die Entdeckung des Dritten ist für das Kind auch mit der Entdeckung des anderen Geschlechts verknüpft. Das war die eigentliche bahnbrechende Leistung von Freud: zu erfassen, von welch grundlegender Bedeutung für uns Menschen diese Phase ist. Denn in dieser Zeit erfahren Kinder auch, dass Mutter und Vater eine Einheit darstellen, dass sie eng zusammengehören. Das weckt Eifersucht und den Wunsch in dem Kind, den gegengeschlechtlichen Elternteil ganz für sich zu gewinnen. So kommen Jungen und Mädchen auf die Idee, Mama bzw. Papa heiraten zu wollen. Und lernen natürlich, dass das nicht möglich ist. So erleben wir jetzt eine erste und wichtige kindliche libidinöse Bewegung, die es ihnen ermöglicht, sich zu lösen und das andere Geschlecht zu suchen und zu begehren.

Manchmal aber gelingt diese Ablösung nicht, und Kinder bleiben lebenslang an Eltern gebunden. Ein Ergebnis aus ängstlicher, kindlicher Persönlichkeit und elterlicher Bedürftigkeit. Wenn Eltern also den kleinen (später großen) Prinzen bzw. die Prinzessin nicht in die Welt ziehen lassen können, kommt ein Problem in die Welt. Die Folgen kennen wir aus Loriots »Ödipussi«, wo der 56-jährige Junggeselle Paul Winkelmann, Chef eines Möbel- und Dekorationsgeschäftes, noch bei seiner herrischen Mutter lebt. In einer – jedenfalls aus Sicht der Mutter – perfekten »Ehe«.

Aber keine Sorge: Wenn Sie eines Tages einen Heiratsantrag von Ihrem Kind bekommen, läuft alles nach Plan. Ebenso, wenn Ihr kleiner Prinz oder eine kleine Prinzessin sich nun für Doktorspiele interessiert, erste sexuelle Erfahrungen macht. Selbstverständlich kindlich-sexuelle Erfahrungen, die man auf keinen Fall mit erwachsener Sexualität verwechseln darf. Es gibt immer wieder Eltern, die dadurch irritiert sind, dass so kleine Kinder sich schon für körperliche Unterschiede und Sexualität interessieren. Sexualität kommt sogar noch viel früher vor. Es gibt auch Säuglinge, die masturbieren. Man hat das schon im Mutterleib mit der Kamera beobachtet. Das ist aber noch eine Vorstufe zum Ödipus, weil es um unspezifische Spannungsabfuhr geht (masturbieren statt schnullern, könnte man schließen …). Übrigens: Die anspruchsvollere Entwicklung in Sachen Ödipus machen die Mädchen durch. Sie haben – genau wie die Jungen – ihre Mutter als primäres Liebesobjekt besetzt. Im Rahmen der ödipalen Entwicklung müssen sie aber nun ihr primäres Liebesobjekt innerlich verlassen, um sich dem Vater (und damit später der männlichen Welt) zuwenden zu können. Was in der kindlichen Fantasie die Gefahr birgt, dass die Mutter sich ihrerseits abwendet. Das auszuhalten und innerlich organisieren zu können, ist eine komplexe psychische Leistung. Der Junge dagegen erlebt nun die Konkurrenz zum Vater – den anderen Menschen, der die Mutter begehrt. Aber als Dritter hilft der Vater ihm auch gleichzeitig dabei, sich von der Mutter zu lösen.

Sollten Sie alleinerziehend sein und keinen Vater vorrätig haben – keine Sorge: Der Ödipus-Komplex entwickelt sich in jedem Fall. Wenn nicht am Vater, dann vielleicht an einem Lehrer, an einem Freund der Familie, an einem Onkel. Überhaupt hat sich seit Freud die Weltgeschichte weitergedreht, und wir wissen heute, dass auch bei gleichgeschlechtlichen Beziehungen das Kindeswohl nicht gefährdet ist, das haben Studien gezeigt. Was die eigene Familie nicht an Erfahrungen bereithält, das erlebt das Kind anderswo. Auch diese Offenheit müssen wir unseren Kindern zugestehen: dass sie elementare Entwicklungsschritte nicht mit uns, sondern im Außen erleben. Dass sie aktiv diese Erfahrungen suchen. Und vielleicht sogar am Ende gerne mit uns teilen.

Liebe II

Sie sind nun mitten in einem wunderbaren kindlichen Leben angekommen. Sie haben zweifelsfrei das liebenswerteste Kind der Welt, und Sie sind mittendrin im Zentrum der Kindheit. Dort wo Kinder in einer intensiven Fantasiewelt zu Hause sind, auf besondere Weise spielen, Vorlieben und Eigenheiten entwickeln und uns demonstrieren, was es heißt, eine kindliche Persönlichkeit zu haben und zu leben. Es ist eine sehr dynamische Lebensphase, in der so viel passiert, dass man manchmal den Eindruck hat, auf einem Kinderkarussell zu schnell zu drehen. Aber Ihnen muss davon nicht schwindelig werden, vielleicht gelingt es Ihnen, diesen ersten Hauch von Kontrollverlust auch zu genießen. Eine Phase des unverstellten Ausdrucks, der Unmittelbarkeit und der tausend Fragen, die uns bisweilen ins Schwimmen bringen, weil sie von so vielen Sorgen, Zweifeln und Ängsten begleitet wird und wir nur wissen, dass wir oft nichts wissen. Es ist die Zeit der tiefsinnigen philosophischen Gespräche, die uns aufzeigen, dass wir möglichst bescheiden sein sollten mit der Idee, wir Erwachsene seien so weit in unserer Entwicklung, dass uns nichts mehr überrascht, nichts verunsichert, nichts mehr staunen lässt. Ja, an der Seite Ihres Kindes können Sie gerne (wieder) Staunen lernen. Die Liebe, die sich jetzt weiter festigt, ist – im wörtlichen Sinn – so bezaubernd, weil sie Einmaligkeit mit ungeheurem Entwicklungspotenzial verbindet. Sie bildet das endgültige Fundament für Ihr Familienhaus. Bitte verlassen Sie sich spätestens ab jetzt darauf: Diese Liebe ist unerschütterlich.

THINK!

→ Schreiben Sie sich Fan-Post.

→ Lernen Sie zu schaukeln.

→ Seien Sie nett zu Ihren Sorgen, sie haben es verdient, ernst genommen zu werden.

→ Gründen Sie mit anderen Eltern ein Dorf.

→ Loben Sie Ihr Kind authentisch.

→ Fürsorgen Sie – nicht nur für andere, auch für sich selbst.

→ Freuen Sie sich an der Erweiterung des kindlichen Horizonts.

→ Verlassen Sie sich auf Ihre Liebe zu Ihrem Kind – und umgekehrt.

KAPITEL 5

Die Kita, der Trennungsschmerz und die Frage nach dem optimalen Zeitpunkt

Hurra! Ein Kita-Platz!

Sie haben es also tatsächlich geschafft und einen Platz in einer Kita, einem Kindergarten, einer Krippe ergattert. Das ist vermutlich schon eine Weile her. Denn besonders in den Städten fehlen Betreuungsplätze, und man tut gut daran, sich so früh wie möglich darum zu kümmern. Möglichst schon, wenn der erste Streifen auf dem Schwangerschaftstest ein positives Ergebnis verkündet. Entsprechend gut fühlt es sich zunächst an, eine dieser Raritäten gefunden zu haben. Doch sobald es erschreckend konkret wird, dass Ihr Kind bald halbe Tage ohne Sie auskommen soll, ziehen zunehmend düstere Wolken durch das elterliche Gemüt. Offenbar ist Ihr Kind auch nicht begeistert. Denn obwohl die Betreuerinnen wirklich alles geben, weint es jedes Mal, wenn Sie gehen wollen. Also bleiben Sie sitzen und denken darüber nach, ob es nicht doch zu früh ist. Ob es überhaupt eine gute Idee war, das Kind »fremdbetreuen« zu lassen. Ein Wort, das immer wieder fällt, wenn man im Freundes- und Familienkreis davon erzählt hat, und das ja schon ausdrückt, worin das Problem liegt: dass man Menschen, die man eigentlich gar nicht kennt, das Wohl und Wehe seines Kindes anvertrauen soll.

Schon wirkt die Erzieherin etwas ungeduldig. Sie kennt ja das innere Drama, das sich gerade in Ihnen abspielt. Aber eben auch das Happy End. Deshalb empfiehlt sie Ihnen dringend, zu gehen. Sie schleichen sich mit schlechten Gefühlen raus und haben tausend Fragen: War das jetzt richtig? Mute ich meinem Kind nicht zu viel zu? Ist es zu früh? In welchem Alter und mit welchem täglichen Betreuungsumfang kann ein Kind überhaupt bedenkenlos in die Kita?

Möglicherweise ist Ihr Entscheidungsspielraum ohnehin eher klein, weil Sie Ihre Arbeitszeiten gar nicht anders einteilen können – und der Arbeitgeber darauf drängt, dass Sie zurückkommen in den Betrieb. Das macht es aber nicht besser. Jede Mutter treibt die Sorge um, es könne dem Kind schaden, fremdbetreut zu werden. Dass die Trennung zu früh ist und zu einer Traumatisierung führt. Und auch, dass man als Eltern zu egoistisch ist, weil man dem Arbeitgeber nicht die eigenen Wünsche entgegenhält und die Elternzeit verlängert. Oder kann es gar nicht früh genug losgehen mit der Kita oder gar der Krippe, damit das Kind nicht verhätschelt wird und später womöglich unfähig, sich in unserer Welt zu behaupten? Möglicherweise kaschiert man ja bloß die eigene Unfähigkeit, loszulassen, mit den Sorgen um das optimale Timing?

Sie sollten sich von allem Für und Wider – und vor allem von den wohlmeinenden Stimmen derer, die es angeblich besser wissen – nicht kirre machen lassen! Ihre Lösung ist die richtige, denn es ist eine Lösung, die Sie für sich und für das Wohl Ihres Kindes getroffen haben. Aus für Sie guten Gründen. Es ist die individuell für Sie und Ihr Kind passende Lösung. Bewahren Sie sich diese Überzeugung. Zumal, wenn Sie den Eindruck haben, Sie befinden sich im Einklang mit Ihrem Kind. Einklang bedeutet natürlich immer, dass Sie deutlich mehr Verantwortung übernehmen für die Entscheidung als Ihr Kind.

Was ich dennoch zu bedenken geben möchte: Kitas sind oft wenig liebevoll ausgestattet. Als wenn es bei den ganz Kleinen nicht so darauf ankommt. In letzter Zeit häufen sich die Berichte über Kitas, die das Spielzeug ganz abgeschafft haben, weil unsere Kinder »wieder mehr« aus sich heraus spielen sollen oder lernen müssen, sich zu langweilen. Dazu ein Wort: Haben Sie sich jemals gerne gelangweilt? Ich verstehe den Impuls, dass Kinder nicht überflutet werden sollen. Aber so radikal? Selbst in den ärmsten Ländern dieser Welt basteln Kinder sich Spielzeug, und wenn es der alte Autoreifen ist, der mit großer Freude vor sich hergetrieben wird.

Diese magere Ausstattung trifft oft auch auf den Stellenschlüssel zu. Immer wieder attestieren Fachleute aus der Pädagogik, dem Kinderschutz oder der Kinderpsychiatrie, dass der Betreuungsschlüssel in den meisten Kindertagesstätten ungenügend ist. Meiner Meinung nach ist erst ab einem Schlüssel von 1:3 – also einem Betreuer für drei Kinder – bei unter Dreijährigen und 1:7,5 (mir wäre 1:5 lieber) bei Drei- bis Sechsjährigen eine gute Versorgung für Ihr Kind möglich. Achten Sie darauf, wie das in Ihrer Kita gehandhabt wird. Und machen Sie sich überhaupt auch vor Ort ruhig mit »Ihrer« Kita vertraut. Es ist nicht unüblich, dass sich Eltern die Einrichtung vorab anschauen, in der Ihr Kind demnächst eine erste Alternative für sein Zuhause finden wird.

Informieren Sie sich über das pädagogische Konzept und den Anspruch der Kita. Darüber, ob es für jede Altersgruppe altersgemäße Spiel- und Lernmöglichkeiten gibt und eine gute Balance aus Freiraum und vorgegebenen Aktivitäten. Die Kita sollte Turn- und Bewegungsspiele anbieten, und es sollte für die Kinder auch Rückzugsmöglichkeiten geben. Achten Sie vor allem auf die Stimmung, darauf, wie die Kinder untereinander sind. Kleine, kaum zweijährige Kinder, können tröstend ein weinendes Kind anfassen. Ein Hinweis auf die Werte, die in der Kita gelebt werden. Vorgelebt natürlich von den Erzieherinnen. Ältere, gerade einmal Drei- oder Vierjährige, die sich ins gemeinsame Spiel vertiefen, friedlich, ohne Zank und Streit. So eine Kita kann eine wunderbare emotionale Lernumgebung sein, nicht zuletzt auch für das soziale Miteinander. Seien Sie dem Gedanken gegenüber ruhig aufgeschlossen, dass Ihr Kind Vertrauen in einem fremden Umfeld lernt. Und gleichzeitig die Gesellschaft von Kindern kennenlernt in unseren von Vereinzelung geprägten Familien.

Richtig ist das allerdings nicht für jedes Kind zum selben Zeitpunkt. Aber Sie kennen Ihr Kind genau – und wissen, was Sie ihm wann zutrauen können. Ihre Bedenken sind bei den Erzieherinnen und Erziehern in der Kita übrigens gut aufgehoben. Oft sehen diese Expertinnen schon nach wenigen Minuten, ob ein Kind tatsächlich bereit ist, die familiäre Umgebung stundenweise zu verlassen – und ob vielleicht die Eltern selbst noch Probleme mit der neuen Situation haben. Wenn die Eckdaten stimmen, die Erzieher Ihnen sympathisch sind, kompetent auf Fragen antworten und vielleicht auch ein Bollerwagen für den nächsten Ausflug bereitsteht, dann brauchen Sie nicht zu zögern. Es schadet einem Kind nicht, wenn es außerhalb der Familie noch weitere Vertrauenspersonen kennenlernt. Im Gegenteil, es kann seinen Horizont erweitern und wichtige Fähigkeiten fördern.

Trennungsscheu

Frau H. wendet sich an mich, weil sie sehr verunsichert ist. Ihr zweijähriger Sohn tolerierte bislang keinen Versuch, ihn in die Kita zu integrieren. Er weint, sobald es morgens auf den Weg dorthin gehen soll, und auch, wenn seine Mutter im Nebenraum wartet und ihn zwischendurch beruhigt, ist klar, dass sie ihn nicht dort lassen kann. Die Erzieherinnen und auch andere Mütter drängen Frau H. immer wieder dazu, jetzt »endlich« den Knoten durchzuschlagen und ihren Sohn dort auch einmal allein zu lassen. Er werde sich schon noch daran gewöhnen. Frau H. hingegen weiß nicht, was sie machen soll. Ist es richtig, ihren Sohn mit mehr Druck in die Kita zu zwingen? Ist sie überfürsorglich, wenn sie sich zumindest jetzt gegen den Besuch entscheidet?

Ausführlich befrage ich Frau H. nach ihrem Sohn. Was für ein Kind ist er? Schnell kommt heraus, dass Leon schon immer etwas ängstlich-zurückhaltend war, ein Kind, das gerne abwartet und in neuen Situationen oder mit neuen Menschen erst langsam reagiert. Ein Kind, das immer wieder gezeigt hat, dass es Zeit braucht. Warum sollte Frau H. ihm jetzt diese Zeit nicht gönnen? Was könnte in ihm entstehen, wenn er gezwungen würde? Und was, wenn Frau H. Leons Klammern »nachgibt«? Im Fall des Erzwingens muss Leon erleben, dass für ihn existenzielle Ängste übergangen werden, dass er kein Recht darauf hat, langsamer und ängstlicher zu sein als andere Kinder. Kinder sind nun mal nicht normierbar, auch wenn sie sich in der Außenwelt Normierungen stellen müssen. Das ist ein Prozess, der für uns alle gilt, weil geregeltes menschliches Miteinander nicht ohne Normen funktioniert, denen sich alle unterwerfen. Das stimmt und ist wichtig. So wichtig, dass auch unsere Kinder an diese Verhaltensweise herangeführt werden müssen. Die entscheidende Frage ist nur: mit welcher Unterstützung und zu welchem Zeitpunkt.

Zu oft haben Eltern das Gefühl und vermitteln mir das auch, dass sich ihr Kind ein Verhalten ausdenkt, um den vermeintlich leichteren Weg gehen zu können. Dass es also trickst, um sich einen Vorteil zu verschaffen. Es wirkt tatsächlich leichter für Leon, wenn er seiner Angst nachgibt. In Wirklichkeit bleibt ihm aber gar nichts anderes übrig, weil seine Angst mächtiger ist als er selbst.

Es gibt unendlich viele Varianten der Unterstellung, Kinder würden es sich »nur« leicht machen wollen. Sie würden taktieren, das Beste für sich herausschlagen, den Weg des geringsten Widerstandes gehen. Eine Unterstellung, die zu den größten Missverständnissen überhaupt zwischen Eltern und Kindern gehört. Denn alle Kinder möchten es ihren Eltern recht machen, möchten gefallen, ihren Eltern entgegenkommen, möchten gelobt und geliebt werden. Es gehört außerdem zu den hartnäckigen Mythen über Kinder, dass es manche unter ihnen gibt, die eine sogenannte »negative« Aufmerksamkeit suchen. Diese »provozieren«, um sich damit Zuwendung zu »erschleichen«. Zweifellos gibt es Kinder, die nicht anders können, als immer wieder anzuecken. Das ist aber in aller Regel die Folge elterlichen Verhaltens, wenn Kinder verwahrlost werden, oder Folge einer psychischen Erkrankung – negative Aufmerksamkeit wünscht sich kein Mensch, auch kein Kind.

Wenn Leon nun aber erlebt, dass seine Eltern anerkennen, dass er noch nicht so weit ist mit seinen Trennungsfähigkeiten, dann kann er sich entspannen und wird – so denn seine Zeit z. B. in einem Jahr gekommen ist – vielleicht sogar von sich aus und mit Freude einen neuen Versuch unternehmen. Falls das möglich ist. Denn leider ist nur wenigen Betroffenen diese Zeit gegeben, viel zu oft wird unser Handlungsspielraum von äußeren Rahmenbedingungen begrenzt. Dennoch, einem ängstlichen und zaghaften Kind lassen sich mit viel Geduld eher Wege eröffnen als mit Druck. Eine nervöse Mutter, die um ihre berufliche Zukunft fürchtet und darauf drängt, ihr ängstliches Kind abzugeben, wird Unterstützung brauchen. Zum Glück gibt es die Eingewöhnungsphase. Und auf die sollten Sie besonders achten bei »Ihrer« Kita.

Modelle der Eingewöhnung

In vielen Kitas hat sich das sogenannte Berliner Modell (Laewen, Andres und Hédérvari-Heller, 2011) etabliert, das in fünf Schritten vorgeht, um langsam Vertrauen in die neue Situation aufzubauen und den Beginn so angenehm wie möglich zu gestalten. Dabei soll sich das Kind unter dem Schutz einer Bezugsperson mit der Einrichtung vertraut machen können und auch erste Beziehungen mit den neuen Menschen – den Erzieherinnen – knüpfen.

Das geschieht über mehrere Phasen:

1. Die Eltern werden ausführlich über das Vorgehen und vor allem über die Notwendigkeit ihrer Mitarbeit in den ersten Wochen vorbereitet. Sie erzählen dabei vorab schon über die Ernährung, das Spielverhalten und die Schlafgewohnheiten ihres Kindes.
2. Das Kind kommt über drei Tage ein bis zwei Stunden täglich in Begleitung eines Elternteils. In dieser Phase

kommt es sehr darauf an, dem Kind so viel Gelegenheit zur Erkundung des neuen Umfeldes wie möglich zu ermöglichen, was bedeutet, dass Eltern sich weitgehend zurückhalten sollten. In dieser Phase beobachtet die Erzieherin das Kind, nimmt schon ersten Kontakt über Spielen auf.

3. Am vierten Tag beginnt die Stabilisierungs- und Trennungsphase. Es kommt nun zu einem ersten Trennungsversuch. Das Elternteil verabschiedet sich vom Kind und verlässt den Raum für maximal 30 Minuten. Toleriert das Kind die Trennung nicht, kommen die Eltern zurück. In diesem Fall kommt es frühestens nach zwei Wochen zu einem erneuten Trennungsversuch.

4. Toleriert das Kind die Trennung, erfolgt eine ungefähr sechstägige Eingewöhnungsphase. Dabei werden die Zeiträume des Aufenthaltes in der Einrichtung ebenso wie die der Trennung Schritt für Schritt vergrößert. Dem Kind sollte durch Erzieherinnen eine Kontaktaufnahme zu anderen Kindern sowie ein sicheres Zurechtfinden ermöglicht werden.

5. In dieser Phase ist das Kind in seiner Kita angekommen. Die Eingewöhnung ist abgeschlossen, sobald sich das Kind von einer Bezugsperson der Kita trösten lässt, wenn es gegen den Weggang des Elternteils protestiert. Die Eltern bleiben aber jederzeit ansprechbar und erreichbar, sollte das Band zwischen der Erzieherin und dem Kind doch noch nicht stabil genug sein.

Auch das Münchner Modell (Winner und Erndt-Doll, 2009) beruht auf den Ergebnissen und Erkenntnissen der Bindungsforschung. Hier wird vor allem die Kindergruppe aktiv bei der Gestaltung des behutsamen Übergangs von der Familie in die Kindertagesstätte mit einbezogen. Sie leben dem neuen Kind vor, dass es sich sicher und wohlfühlen und gemeinsam mit ihnen Schönes erleben kann. Die schon sicher in der Kita verankerten Kinder haben gelernt, wie wichtig es ist, neue Kinder liebevoll aufzunehmen und mit ihnen zu interagieren.

Dennoch: Trennungen bedeuten meist auch Tränen. Beide Modelle garantieren nicht, dass der Abschied von den Eltern ohne Protest abgeht. Das ist – relativ – normal.

Wir wissen heute, dass etwa 30 Prozent aller Kinder mit Trennungsängsten auf die Eingewöhnung reagieren – sollte Ihr Kind also dazugehören, dann wissen Sie, dass Sie und Ihr Kind damit nicht alleine sind! Wir wissen aber auch, dass Kinder, die sicher eingewöhnt sind, im ersten Kita-Jahr signifikant seltener krank werden. Gönnen Sie sich und Ihrem Kind also eine möglichst gute Zeit. Eine geübte Erzieherin wird auch Sie, die Mutter oder den Vater, ganz genau beobachten und Ihnen Hilfestellung geben, wie Sie Ihrem Kind die Trennung erleichtern können. Es lohnt sich, auf die Erfahrung dieser Experten zu setzen. Wenn Sie dazu aufgefordert werden, können Sie auch gerne den Gruppenraum immer wieder für eine Weile verlassen. Sie wissen ja, auch sonst kann Ihr Kind zum Beispiel während des Toilettengangs gut aushalten, wenn Sie einmal für kurze Zeit verschwunden sind. So etwas kann man auch vorab schon ein wenig üben. Sollte Ihr Kind etwas länger brauchen, haben Sie keine Angst, im Zweifel weitere Tage in der Einrichtung zu bleiben. Sie »verwöhnen« Ihr Kind damit nicht, und Sie »gewöhnen« es damit auch nicht an Ihre Anwesenheit. Sie stärken vielmehr sein Vertrauen und geben ihm nur die Zeit, die es braucht, um sich in der Kita aufgehoben und sicher zu fühlen.

Vergessen Sie dann nicht, auch sich zu belohnen, wenn die Eingewöhnung geklappt hat. Viele Eltern erkennen leider gar nicht, dass sie selbst ebenfalls einen wichtigen Schritt getan haben: Sie haben ihrem Kind ermöglicht, in der Obhut von Fremden zufrieden zu sein.

Bestimmt werden Sie in Zukunft jeden weiteren Entwicklungsschritt Ihres Kindes genau verfolgen können, denn auch das gehört zu einer guten Kita oder einem guten Hort: Entwicklungsschritte Ihres Kindes werden wahrgenommen, dokumentiert – und beim Abholen den Eltern berichtet. Oft werden Hefte geführt und Bilder gesammelt; die Freude am Heranwachsen Ihres Kindes wird mit Ihnen geteilt. Und Sie wachsen mit. Ist das nicht wunderbar? Oder hätten Sie jemals gedacht, dass auch Erwachsene mit und durch ihr Kind wachsen können?

Kita-Frust und Kita-Chancen

Sollten Sie ein trennungsängstliches Kind haben – und das erkennen erfahrene Erzieher und können es vor allem akzeptieren –, dann gilt zuallererst: Sie haben wahrscheinlich nichts falsch gemacht. Es sei denn, Sie stellen fest oder wissen es ohnehin schon von sich, dass Sie überängstlich sind und Ihrem Kind allgemein zu wenig zutrauen. In diesem Fall sollten Sie an Ihrer Unsicherheit arbeiten. Das hilft, die altersgemäßen Fähigkeiten Ihres Kindes besser einschätzen und fördern zu können. Wie das gehen soll? In der Psychotherapie versucht man in solchen Fällen, die Unsicherheit lebensgeschichtlich zu verstehen und aufzuarbeiten. Man arbeitet zudem auch mit Skills, Fertigkeiten, die helfen sollen, bestimmte innere Zustände zu verändern. Etwa, indem man sich ihnen stellt und so herausfindet, ob es konkrete Verhaltensweisen gibt, die man üben kann. In Bezug auf die Unsicherheit in der Erziehung könnte das so aussehen, dass man sich bewusst bestimmten Situationen aussetzt, in denen man eine Unsicherheit so lange aushalten lernt, bis Stück für Stück mehr Sicherheit entsteht. Sollte also die Erzieherin so etwas in dieser Richtung andeuten, fragen Sie nicht lange im Familien- und Freundeskreis nach, ob sie sich nicht sehr irrt. Denken Sie daran, dass Fremde häufig mehr sehen. Vielleicht überlegen Sie dann, dass Sie Ihr Kind tatsächlich – wie schon lange besprochen – seiner Patentante oder seinem Patenonkel ein Wochenende überlassen, ohne stündlich anzurufen oder Ähnliches.

Haben Sie aber nun mal ein Kind mit einem ängstlichen Temperament, dann behandeln Sie das nicht wie eine Krankheit, sondern begegnen Sie dieser Ängstlichkeit mit Respekt und Fürsorge. Der Respekt führt dazu, dass Sie nicht auf die Idee kommen, Ihr Kind von sich oder anderen Erwachsenen überrumpeln lassen zu wollen. Die Fürsorge leitet Sie automatisch zu einer liebevollen Begleitung an, die in erster Linie aufmerksam dafür ist, was Ihr Kind wann und wie verträgt und welche Unterstützung es braucht.

Trennungen zu erzwingen, ist nie eine gute Alternative! Zumal es Möglichkeiten gibt, die es Ihrem Kind etwas leichter machen. Sie können es z. B. zusätzlich dadurch unterstützen, dass Sie ein sogenanntes Übergangsobjekt installieren. Ein solches Objekt hilft Kindern, von einem Entwicklungsschritt in den nächsten zu kommen. In diesem Fall also von zu Hause, von den Eltern hin zur Kita. Oft suchen Kinder sich ihr Objekt – den guten, alten Teddybären etwa oder die berühmte Schmusedecke von Linus aus den Peanuts – ganz allein. Möglich, dass der Teddy oder die Schmusedecke, aus welchen Gründen auch immer, nicht mit in die Kita darf. Dann kann es hilfreich sein, gemeinsam mit Ihrem Kind ein neues, Kita-geeignetes Übergangsobjekt zu schaffen. Dafür geeignet wären etwa Mamas Taschentuch, das nach ihrem Parfum riecht, oder ein Schal, ein »Liebesstein« oder irgendetwas anderes, das Ihrer gemeinsamen Fantasie entspringt und entspricht.

Machen Sie also aus der Kindertagesstätte einen Ort für Ihr Kind, an dem es sich sicher und vertraut fühlt. Leider sind wir ja heute einer Vergabelotterie unterworfen, und nicht jede Familie erhält einen Platz in ihrer Wunsch-Kita. Sollte Ihr Bauchgefühl bei einer Einrichtung Alarm schlagen, oder sollten Mit-Mütter die Hände über dem Kopf zusammenschlagen, dass Sie Ihr Kind »wirklich dorthin?!!!« schicken wollen, suchen Sie natürlich nach Alternativen. Aber das ist leicht gesagt und lässt sich nicht immer realisieren.

Wichtig ist in jedem Fall: Lassen Sie das Kind Ihr Zögern und Ihre Bedenken möglichst nicht spüren bzw. überwinden Sie diese Unsicherheit so schnell wie möglich, damit Sie authentisch bleiben können. Ihr Kind weiß nicht, welche anderen Kindertagesstätten Ihnen lieber gewesen wären, sondern es möchte diejenigen Menschen lieb gewinnen, die sich aktuell um es kümmern.

Natürlich werden Sie genau hinhören, was Ihr Kind Ihnen in der Eingewöhnungsphase und kurz danach sagt. Aber achten Sie mindestens genauso auf seinen Ausdruck und auf das, was Sie spüren (bis ein Kind ausspricht, dass es dort nicht hinmöchte, obwohl es ahnt, dass das eine Enttäuschung für die Mutter ist, kann es dauern!).

Sicher ist es für das Kind nun ein wenig so, als wenn wir Erwachsenen zur Arbeit gehen. Es ist nicht jeder Tag fantastisch und großartig. Es gibt auch Phasen, in denen es irgendwie blöd läuft oder man auch mal keine Lust hat. Auch das muss anerkannt werden. Es schadet deshalb nicht, wenn ein Kind ab und zu auch mal Sätze hört wie: »Du hast es manchmal wirklich schwer«, oder: »Ich weiß, dass du nicht immer gerne in die Kita gehst.« Die Befürchtung, dass es dadurch zu einem Durchbruch unerwünschter Gefühle beim Kind kommen könnte oder Ihr Kind ab sofort beschließt, nie mehr in die Kita zu gehen, ist unberechtigt und gehört ebenfalls in die Kiste der Mythen, die wir in diesem Buch immer wieder einsammeln. Aber wie Erwachsene Arbeitsplätze und Arbeitsbedingungen – zu Recht – bisweilen als unzumutbar empfinden, so kann es auch Ihrem Kind ergehen. Wir wechseln dann die Stelle. Das können Kinder nicht. Deshalb: Vertrauen Sie auf Ihre Expertise für Ihr Kind.

Mir sagen Eltern sehr oft, dass ihr Kind auf die Frage: »Gefällt es dir im Kindergarten?«, fraglos mit »ja« antwortet. Gleichzeitig entwickelt es beispielsweise Einschlafstörungen oder eine erhebliche Geschwisterrivalität oder ähnliche Symptome. Sollten solche Symptome länger als vier bis sechs Wochen anhalten, dann handelt es sich um etwas Bedeutsames. Hören Sie also Ihrem Kind immer mit dem dritten Ohr zu. Ihr drittes Ohr befindet sich übrigens in Ihrer Seele.

Die Außerhausbetreuung ist eine Lebensrealität, die bewältigt werden muss – und auch gut bewältigt werden kann. Kinder wachsen heute in Deutschland sehr behütet auf. Das ist auch gut so, weil sie nun einmal schutzbedürftig und erst langsam lebensfähig sind. Verständlich also der Impuls, sich vor einem womöglich verfrühten Rauswurf aus dem Nest zu fürchten. Aber ein Daueraufenthalt im Laufställchen ist wiederum auch nicht zu empfehlen. Egal, wie hübsch das angestrichen ist. Und überhaupt kann das Leben bei Königin Mutter auch manchmal langweilig werden (klingt nicht gut? Ich weiß, aber es stimmt auch …).

Um die Brücke zwischen der Familienwelt und der Außenwelt zu schlagen, hilft ein starkes Fundament, auf dem sehr viel Gutes wachsen kann: Zutrauen. Ein Zutrauen in dem vollen Bewusstsein, dass daraus immer mal wieder Zumutung wird. Ohne Zumutung gibt es manchmal keine Entwicklung – solange sie mit Zutrauen verknüpft ist und nicht in Überforderung umschlägt. Und wie immer muss auch beim Thema Kita ein ganzes Geflecht von Wünschen und Anforderungen gegeneinandergestellt werden, um am Ende zu einer für Sie und Ihr Kind guten Entscheidung zu kommen. Wenn (fast) alles stimmt, wird die Kita zu einem guten Entwicklungsmotor für Ihr Kind. Den Müttern und Vätern verhilft sie zu einer ersten dauerhaften positiven Trennungserfahrung.

In der Trennung erst erweist sich die Stärke einer Beziehung. Nur wenn das Kind das gute mütterliche (und väterliche) Objekt in sich bewahren kann, wird es die Stunden der Trennung nicht nur überstehen, sondern als Chance für neue stärkende Erfahrungen nutzen können. Ein bindungssicheres Kind kann sich von den Eltern entfernen, um im Zweifelsfall noch einmal zurückzuschauen, um an ihrem Blick abzulesen, ob der eigene Impuls der Fortbewegung in Ordnung ist. Ist diese Bezugsperson nicht da, so muss das sichere Kind sich vorstellen, was diese wohl mit den Augen antworten würde.

Wenn Sie nun feststellen, dass Sie (noch) kein bindungssicheres Kind haben, so ist das nicht automatisch auf Ihre eigene Bindungsunsicherheit zurückzuführen. Es gibt Kinder wie Leon, die Unsicherheit, Angst und Scheu mit auf die Welt bringen. Solange Sie authentisch und eingefühlt an Ihrem Kind bleiben, Ihrer eigenen Kinderexpertise vertrauen, lässt sich alles korrigieren und verändern. Ein gescheiterter Start in die Kita ist kein Weltuntergang, im Gegenteil, wenn Ihr Kind merkt, dass Sie liebevoll fördernd-fordernd an seiner Seite stehen, ist nichts verloren, sondern sehr viel gewonnen.

Grundsätzliches zur Kita

Fast alle jungen Eltern gehen heute davon aus, dass eine Versorgung durch die Kita nach Möglichkeit um das erste Lebensjahr herum stattfinden sollte. Sie kennen die schnell aufgeheizte Diskussion, wenn jemand fordert, die Kinder später in die Kita zu bringen. Schnell ist man dann ins Aus gerückt – vor allem als Mann wird man in die Nähe der Machos gestellt, die sowieso nur möchten, dass die Frauen zu Hause am Herd bleiben. Aber egal, wie wir es drehen, Fakt bleibt: Für ein einjähriges Kind ist es eine Anstrengung und eine Zumutung, sich täglich mehrere Stunden von der Mutter zu trennen. Ob diese Zumutung in Überforderung kippt, hängt vom Kind und den familiären Umständen ab. Als Kinderpsychiater kann ich es nicht nachvollziehen, warum wir es als ein gesamtgesellschaftliches Ideal ansehen, Kinder möglichst früh fremdbetreuen zu lassen. Ich verstehe auch Mütter und Väter oft nicht, wenn sie sich dieser wunderbaren ersten Zeit selber berauben.

Wenn wir wenigstens alles dafür tun würden, um die Kleinsten mit optimaler personeller und materieller Ausstattung bestens versorgt zu wissen! Und/oder dafür kämpfen würden, die Arbeitswelt so zu gestalten, dass Eltern ohne Einbußen an beruflichen Aussichten sich intensiv selbst um ihr Kind kümmern können – gleichberechtigt. So aber ist es Stress für alle. Für die Mütter, die schlecht angesehen sind, wenn sie lieber noch einige Zeit mit ihren Kindern verbringen möchten, und die letztlich selbst fürchten, sie seien zu gluckenhaft, nur weil sie ihr Kind erst im dritten Lebensjahr in den Kindergarten geben möchten. Auch die Väter würden sich gern mehr engagieren, müssten sie nicht viel zu oft noch empfindliche Einbußen – finanziell und an Karriereaussichten – fürchten.

Mir kommt es vor wie eine Gegenbewegung zu unserer ansonsten deutlich gestiegenen Aufmerksamkeit unseren Kindern gegenüber. Als wenn uns ein Schuldgefühl eingeholt hätte und wir an dieser Stelle – ausgerechnet – wieder strenger und härter werden müssten. Und noch etwas wird deutlich in dieser Haltung: Mütter, Frauen, sind nur etwas wert, wenn sie erwerbstätig arbeiten. Als wäre Mütterlichkeit nicht auch hochproduktiv und kostbar und mit einer unglaublichen Wertschöpfung verbunden. Warum eigentlich wird dieser Unterschied gemacht? Warum einigen wir uns nicht darauf, dass diese emotionale Arbeit mindestens genauso zählt wie jede andere Arbeit auch, und honorieren diese Leistung auch mit barer Münze? Mit wirklichen Arbeitsplatzgarantien, mit der Möglichkeit zu doppelter Teilzeit von Mann UND Frau, ohne finanzielle Einbußen – solche, die nicht der Anfang vom Ende einer beruflichen Laufbahn sind? Mit gleicher Bezahlung für gleiche Arbeit – damit Eltern das Familieneinkommen zu gleichen Teilen verdienen können und es eben nicht heißt, dass der, der ohnehin schon weniger verdient und also auch weniger Rente bekommt, zu Hause bleibt und noch mehr Altersarmut riskiert.

Aber so leben wir ausgerechnet an jenen, die ungeschützt sind, an den Kleinsten, unsere Leistungsgesellschaft aus und bürden der Familie Lasten auf, die sie manchmal kaum stemmen kann. Bitte verstehen Sie dieses Plädoyer als Aufforderung, möglichst hochindividuell mit Ihrem Kind und sich selbst umzugehen und Entscheidungen und Wege der Entwicklung zu finden, die Ihnen und Ihrem Kind gerecht werden.

Wenn Sie allerdings leise Zweifel haben und zu jenen Glücklichen zählen, die es sich leisten können: Warum bleiben Sie nicht mit Ihrem Kind zusammen und genießen das gemeinsame kleine Leben! Aber wenn es – aus welchen Gründen auch immer – nicht anders geht, so machen Sie sich bitte frei von Schuldgefühlen.

Schuldgefühle sind hier fehl am Platz. Leicht gesagt, ich weiß. Aber Sie sollen wissen, dass Sie Ihrem Kind nicht schaden, wenn Sie eine gute Kita gefunden haben und den Weg dorthin als Eltern gemeinsam engagiert begleiten.

THINK!

→ Es gibt keinen für alle Kinder gleichermaßen geeigneten Zeitpunkt für die Kita.

→ Es gibt Kinder, die überfordert sind.

→ Alle irgendwie gearteten Zwangsmaßnahmen oder Druck verbieten sich.

→ Kein Kind möchte negative Aufmerksamkeit.

→ Kein Kind macht es sich primär leicht.

→ Kein Kind macht es den Eltern primär schwer.

→ Orientieren Sie sich an den üblichen Eingewöhnungsregeln.

→ Machen Sie sich möglichst frei vom Gruppendruck um Sie herum.

→ Reflektieren Sie Ihre eigene (unbewusste) Haltung zum Thema Trennung.

→ Trauen Sie Ihrem Kind etwas zu.

→ Der Satz »Du hast es schwer« verstärkt keine Trennungsangst.

→ Überfordern Sie Ihr Kind nicht.

→ Freuen Sie sich an einem selbstständigen, selbstbewussten Kind.

Brief an ein Kindergartenkind

Liebes Kind,

du bist jetzt in der Kita angekommen. Was für ein großes Kind du geworden bist! Vielleicht hörst du diesen Satz häufiger von den Erwachsenen, aber dieses Mal ist es wirklich ernst und toll! Echt. Du hast es geschafft und kannst ohne Mama oder Papa in der Kita sein. Das ist so klasse, dass alle stolz auf dich sind.

Deine Kita ist eine sehr gute. Wie heißt deine Lieblingserzieherin? Vielleicht erzählst du Mama und Papa mal, was du so gerne an ihr magst. Und was du gerne mit ihr spielst.

Was gefällt dir am besten in deiner Kita? Und was nicht so gut?

Und dann deine neuen Freunde. Wie heißen sie? Oder lernst du die anderen in der Krippe erst langsam kennen und schaust erst einmal zu, wie alle miteinander umgehen? Was spielen die anderen Kinder denn gerne? Und was spielst du mit ihnen am liebsten? Trefft ihr euch auch manchmal außerhalb der Kita bei euch zu Hause? Was spielt ihr dann gerne? Überhaupt: Was und wer ist dein Liebstes im Moment in deinem Leben?

Bis du zufrieden mit deiner Familie?

Bis du eigentlich ein Mamakind oder ein Papakind? Was kann man mit Mama besser machen? Und was mit Papa? Wenn du noch Geschwister hast: Wie ist das Leben mit denen?

Stell dir einmal vor, du wärst im Zauberwald, die Zauberfee kommt zu dir und sagt: Du Glückspilz hast drei Wünsche frei. Was würdest du dir wünschen?

Und manchmal, liebes Kind, läuft auch in der Kita und drum herum nicht alles so gut. Vielleicht denkst du manchmal, dass du lieber wieder zu Hause wärst. Das ist nicht schlimm, wenn man das denkt! Das denkt jedes Kind irgendwann einmal. Und manchmal hat man auch noch andere Sorgen. Mit anderen Kindern zum Beispiel. Oder Geschwistern. Oder Erzieherinnen. Übrigens hat auch jeder Erwachsene manchmal Sorgen. Sogar Mama und Papa. Wichtig ist, dass man sich traut, darüber zu sprechen.

Mit wem würdest du gerne darüber sprechen? Aber vielleicht machst du es sowieso. Das ist dann gut so. Und wenn nicht: Sprechen hilft. Das ist oft wie eine Medizin. Wenn man nicht spricht, obwohl man Sorgen hat, dann tun die manchmal weh im Körper. Im Bauch. Oder im Kopf. Oder sonst wo. Auch bei kleinen Sorgen kann das passieren. Deshalb: Sprechen ist die beste Medizin. Und mach dir keinen Kopf, dass es zu schwer werden könnte für Mama oder Papa oder für wen auch immer. Du bist du, und du hast es verdient, dass Sorgen da sein dürfen in deiner Seele. Ein Leben ganz ohne Sorgen gibt es nicht. Auch nicht in der Kita.

Und wenn es im Moment gar keine Sorgen gibt: umso besser. Genieße dein Leben!

KAPITEL 6

Die Einschulung

Wundertüte Schulkind

Schon bevor es losging, haben Sie sich viele Gedanken gemacht: Ist mein Kind wirklich schon bereit für die Grundschule? Ist es nicht noch zu verspielt? Wird es mithalten können? Beginnt der »Ernst des Lebens« vielleicht zu früh? Ein wichtiger Richtwert für die »Schulfähigkeit« ist natürlich die Einschätzung der Erzieherinnen im Kindergarten. Eine zweite Orientierungshilfe: In welcher Gruppe ist Ihr Kind dort? Und wie halten es die Eltern dieser Kinder? Gehört es im Kindergarten eigentlich zu der Gruppe der Jüngeren, die nun aber alle eingeschult werden? Dann macht es Sinn, auch Ihr Kind mitgehen zu lassen. Zumal, wenn es ein wenig scheu ist.

Außerdem kommt es natürlich auf die Entwicklung Ihres Lieblings an, darauf etwa, wie hungrig es auf immer mehr Input ist, wie selbstständig, wie neugierig. Kann es mit neuen Anforderungen umgehen? Auch die Fähigkeit, mit Fehlern und Niederlagen umzugehen, ist wichtig. Manchmal sind Zweitgeborene da etwas schneller und weiter. Sie sehen ihr älteres Geschwister schon in der Schule und wollen möglichst bald auch dorthin. Ja, das ist nicht immer leicht zu entscheiden. Ich erlebe in meiner Praxis durchaus, dass Eltern sehr unsicher sind. In solchen Fällen kann man sein Kind – auch bei Kinderärzten – auf Schulreife testen, um eine Einschätzung zu bekommen.

Eine weitere Frage ist die nach der Hortbetreuung. Manchmal lässt die Arbeitswelt da keinen Entscheidungsspielraum. Sollte es einen geben, würde ich immer raten, ähnliche Kriterien aufzustellen wie für die Schule: Ist der Hort gut zu erreichen? Ist er vielleicht sogar der Schule angeschlossen? Gehen auch andere Kinder dorthin? Wie ist die Versorgung? Ich erlebe oft, dass Kinder das Hortessen als ungenießbar empfinden. Die sagen: »Ich gehe dort nicht zur Toilette. Das ist zu eklig!«

Ich empfinde diese Zustände in einem reichen Land wie dem unseren als einen Skandal – der sich bis in die weiterführenden Schulen durchzieht. Da höre ich immer wieder von Kindern, dass sie vormittags weniger trinken, um in ihrer Schule nicht auf die Toilette zu müssen. Sollten Sie als Eltern also die Möglichkeit haben, weil Sie Teilzeit arbeiten: Kochen Sie für Ihr Kind daheim. Gerade das Essenkochen stellt eine besonders intensive Form der Fürsorge dar und besitzt einen ganz erheblichen Wert. Wofür immer Sie sich entscheiden: Am Ende aller reiflichen Überlegungen steht dann dieser eine, besondere Tag: die Einschulung!

Alle sind aus dem Häuschen. Oma und Opa sind auch extra angereist, und man fragt sich, wer aufgeregter ist: Das Kind mit der (über)großen Schultüte oder die Erwachsenen. Zweifellos ist es ein ganz besonderes Datum. Nach Kindergarten und vielleicht Vorschule führt der Weg nun hinaus in die Welt des Lernens und des Sich-Beweisens.

So groß die Freude ist, so groß sind auch die Fragen, die dieses einschneidende Ereignis begleiten: Wird das Kind es schaffen? Ist es klug genug? Durchsetzungsfähig genug? Sind die Lehrer nett? Anders als im Kindergarten geht es ja jetzt zum ersten Mal um Leistung. Schon sehen wir alles Weitere vor uns: den Gymnasiasten, die Akademikerin. »Mach uns keine Schande, Kind!« So antiquiert dieser Satz auch erscheinen mag, er ist still und heimlich immer noch wirksam. Das ist normal und nicht schlimm. Stehen Sie zu Ihren Erwartungen, dann können Sie alles besser erfassen und reflektieren. »Mir ist wirklich nicht wichtig, wie gut mein Kind in der Schule ist. Hauptsache, es ist glücklich!« – ist wahrscheinlich einer der häufigsten nicht ganz ehrlichen Sätze. Natürlich möchten wir kluge und erfolgreiche Kinder. Die Vorstellung, unser Kind könnte die Schule nicht gut schaffen, es könnte womöglich lernbehindert sein – das wünscht sich niemand. Aber auch das ist kein Weltuntergang.

Nachdem die Einschulungsfeier vorüber ist, beginnt der Schulalltag. Die Erstklässler sind anrührend: Freudig gespannt, hoffnungsvoll und im positiven Sinn neugierig nehmen sie leichtfüßig die erste Hürde in die Schule.

Die Aufgabe der Eltern ist jetzt eigentlich nur: für sie da sein. Sich zur Verfügung stellen für die vielen Erlebnisse und Entdeckungen aus einer für das Kind ganz neuen Welt. Meist erobert es sich diese Welt ganz unaufgeregt und komplikationslos. Sollten Sie aber diesbezüglich Zweifel haben: Scheuen Sie sich nicht, Kontakt zum Lehrer, zur Lehrerin aufzunehmen, um einmal nachzufragen. Jetzt zeigen sich ja Symptome, die mit dem Lernen auftreten, und dann ist unter Umständen eine schnelle und differenzierte Diagnostik sinnvoll und notwendig, um dem Kind möglichst früh Nöte und Belastungen zu ersparen, ich denke da an Rechtschreibstörungen oder andere Teilleistungsstörungen.

Endlich lernen

Der eigentliche Schulalltag beginnt gewöhnlich am Nachmittag mit den Hausaufgaben. Hier erweist sich, ob Ihr Kind tatsächlich leichtfüßig oder doch eher schwergängig zurechtkommt. Darüber hinaus will ein neues Arbeitsbündnis erarbeitet werden: Hausaufgaben mit der Mutter – zumindest scheinen das die Lehrer und Lehrerinnen so anzunehmen, dass es die Mütter sind, die sich da kümmern. Das klingt nun, als wollte ich die Väter aus der Pflicht entlassen. Aber mir wäre es sehr viel lieber, Väter wären da, würden sich mehr engagieren und stünden zur Verfügung, um zu schauen, wie ihr Kind mit den Hausaufgaben zurechtkommt. Um ihm hier und da unter die Arme zu greifen und gemeinsam wertvolle Lern- und Beziehungserfahrungen zu sammeln. Und vor allem: um einen nahtlosen Übergang zur Hausaufgabenunterstützung später an der weiterführenden Schule zu schaffen. Aber realistisch betrachtet und erfahrungsgemäß ist es so, dass Väter erstens selten in Teilzeit arbeiten und sich zweitens für das schnöde Einmaleins als zu überqualifiziert empfinden. Sie steigen meist erst auf dem Gymnasium ein, wenn es nach ihrem Empfinden um die »wichtigen« Dinge, also um Mathe- und Physik-Noten geht. Dann versauen sie nicht nur sich, sondern auch ihrem Kind so manches Wochenende – weil einfach die Selbstverständlichkeit und Entspanntheit der Hausaufgaben-Unterstützung fehlt, die Mütter mit ihrer sehr viel längeren Erfahrung in diesem Bereich mitbringen. Auch deshalb sagt wohl die große Mehrheit aller Kinder in Deutschland: »Hausaufgaben gelingen nur mit Mama!«

Bei den Hausaufgaben gilt es nun, zwei Herausforderungen zu meistern: Die eine bezieht sich auf die Etablierung eines gemeinsamen Arbeitsbündnisses zwischen Ihnen und Ihrem Kind. Die andere darauf, einen guten Rhythmus zu finden. Möglicherweise werden die Lehrerinnen schon jetzt darauf hinweisen, dass Sie Ihr Kind tunlichst selbstständig arbeiten lassen sollten. Und schon stecken Sie in einem Ihnen bestens bekannten Dilemma: Die Gegensatzpaare Schutz und Druck, Fördern und Fordern individuell für Ihr Kind ausbalancieren zu müssen. Das Wichtigste ist jetzt, dass Ihr Kind einen Ansprechpartner während der Hausaufgaben hat. Inwieweit Sie dann das Ergebnis wohlwollend und ressourcenorientiert kontrollieren, bleibt Ihnen überlassen. Bedenken Sie aber, dass Kinder eigene Erfahrungen machen sollten. Auch damit, wenn die Hausaufgaben einmal nicht vollständig sind. Eltern sollten bitte nicht einspringen, um die Leistung ihrer Kinder zu pushen. Wie die Mutter, die kürzlich im Park die Hausaufgaben ihrer Tochter erledigte: Blätter sammeln, die sie dann sorgsam in ein Album klebte. Ich verstehe den Impuls, möchte aber zu bedenken geben, dass das natürlich auch eine Entwertung des Kindes ist, das – mit sieben Jahren – niemals hätte eine solch akkurate Leistung abgeben können. Manchmal findet man auch eine Hausaufgabe zu schwer und erledigt sie, damit das Kind keine Nachteile erfährt. Wenn dann Eltern darüber klagen, eine schlechte Zensur bekommen zu haben, ist das lustig und eine erneute Aufforderung, die Hausaufgaben bei den Kindern zu belassen.

Dazu lässt sich sagen, dass ich da eher die Lehrer in die Pflicht nehmen würde. Deren Haltung ist oft so: Wenn die Kinder etwas nicht verstanden haben oder nicht wissen, wenn sie also schlechte Noten schreiben, dann ist es deren

Problem, das sie – daheim mit ihren Eltern – zu lösen haben. Es ist nie ein Vermittlungsproblem der Lehrer. Nie. Nun könnte man sagen: Die werden es schon merken, wenn das Kind dauernd seine Hausaufgaben nicht richtig macht oder im Unterricht nicht mitkommt. Aber wollen wir ein Problem der Schulen auf dem Rücken unserer Kinder austragen? Umgekehrt gibt es natürlich auch die elterliche Haltung, die daran glaubt, dass ein Kind an den Niederlagen wächst. Dass es also einen Ansporn für den Nachwuchs darstellt, wenn er beim Lehrstoff nicht mitkommt und dann allein damit fertigwerden muss und auch die Konsequenzen zu tragen hat, wenn die Hausaufgaben nicht erwartungsgemäß erledigt sind. Das kann schlicht unfair sein, ein Kind in eine negative Erfahrung – also quasi ins offene Messer – laufen zu lassen.

Grundsätzlich habe ich große ethische Bedenken gegen elterliche oder auch pädagogische Haltungen, die davon ausgehen, dass ein angemessener Umgang mit dem Herd nur dann gelingt, wenn man sich einmal verbrannt hat. Ich gehe davon aus, dass Brandverletzungen im konkreten und übertragenen Sinn überflüssig sind – manchmal kann so eine Haltung sogar sadistisch sein (Ich meine Aussagen wie: »Manchmal muss man sich eine blutige Nase holen.«). Wenn die Mutter das Kind etwa nicht daran erinnert, dass es diese oder jene Schulsache mitnehmen muss – damit es spätestens, wenn es ohne Turnhose im Sportunterricht ist, »lernt«, nicht dauernd etwas zu vergessen. Es gibt einfach chaotische Kinder, die das nicht gut können. Auch solche, die ein schlechtes akustisches Kurzzeitgedächtnis haben. Denen sagt man: Geh mal nach oben, deine Bücher holen, und kaum auf der Treppe, haben sie schon wieder vergessen, was sie eigentlich tun sollten. Das wirkt manchmal wie Verweigerung. Ist es aber nicht. Das gilt so ähnlich auch für Hausaufgaben. Ich erlebe keine Kinder, die da absichtlich etwas vergessen. Absichtlich chaotisch sind. Meistens sind sie einfach nur desorganisiert. Und da ist es auch ein bisschen der Job der Eltern, den Überblick zu behalten und ihre Liebe in Form von Organisationshilfe weiterzugeben.

In einer besseren Welt gäbe es ohnehin keine Hausaufgaben. Auch nach 30-jähriger Tätigkeit als Kinderpsychiater und Psychotherapeut erschließt sich mir ihr Sinn nicht wirklich. Sie gehören irgendwie dazu, weil es sie schon immer gab. Die Grundidee der selbstständigen Vertiefung mag gut sein, in der Realität werden Hausaufgaben aber oft gar nicht abgefragt, von den Lehrern nicht untereinander koordiniert und sind selten wirklich integraler Bestandteil des Unterrichts. Ich möchte so weit gehen, zu behaupten, dass Hausaufgaben oft einfach den Charakter von Beschäftigungstherapie haben und keinen eigenständigen Lerngewinn erzeugen. Erstes Lernen aber ist eine sehr wichtige und elementare Erfahrung, bei der die Kinder nicht mehr nur spielerisch lernen, sondern auch Dimensionen wie Disziplin oder Fokussierung und vor allem: Verzicht. So beginnt eine langjährige Sozialisation.

Jedem Anfang wohnt ein Zauber inne, diesen Gedanken mögen wir alle sehr. Da wäre es natürlich wunderbar, wenn er sich auch weit über den ersten Einschulungstag hinaus hielte. Zu oft habe ich Fünfjährige erlebt, die mir mit leuchtenden Augen davon berichtet haben, dass sie nächstes Jahr »endlich« in die Schule kommen, um dann ein Jahr später desillusioniert vor mir zu sitzen mit dem Satz, den ohnehin viel zu viele Schüler sagen: »Schule muss ja sein ...«

Lernen ist eine fundamentale Größe des Menschseins. Zu schnell und zu intensiv verbinden Kinder allerdings damit Zwang, Unlust und Anstrengung. Wenn Sie Ihrem Kind etwas Gutes tun möchten, dann versuchen Sie also, ihm die Lust am Lernen zu erhalten, seine Neugier zu wecken. Das ist schwer. Am ehesten gelingt es, wenn Sie das schulische Lernen mit eigenen oder auch gemeinsam mit Ihrem Kind erarbeiteten Zielen verbinden. Wenn Sie den Wissensdurst gemeinsam als Familie schüren und stillen. Vielleicht mit Tierfilmen, mit Strategiespielen, mit Ausflügen in die Natur wie in Museen. Alles, was Freude am Denken, am Herausfinden, am Erkennen und Merken weckt, ist gut.

Gleichzeitig bedeutet erstes Lernen auch Verzicht. Auf spontanes Kinderspiel etwa. Ganz einfach, weil sich das Kind nun seine Zeit anders einteilen muss. Auch die Disziplin, die es dafür braucht, will vermittelt werden. Damit avancieren Sie aber zur Hauslehrerin, zum Hauslehrer, der Sie nie sein wollten. Überhaupt fragt ab jetzt keiner danach, wer die heimische Nachhilfe bezahlt. Nicht selten entsteht eine Parallelwelt, in der zu Hause alles das nachgeholt wird, was Ihr Kind im Unterricht – aus welchen Gründen auch immer – verpasst hat.

Eigentlich müssten wir sehr viel intensiver darüber diskutieren, warum sich das Bildungssystem derart nach Hause verschoben hat. Natürlich hat das auch etwas mit elterlichem Ehrgeiz zu tun und mit elterlicher Angst, die Kinder nicht ausreichend auf das Leben vorzubereiten, Chancen zu verpassen. Die Schule können wir dabei allerdings nicht aus der Verantwortung entlassen. Sie ist nämlich durchaus zufrieden damit, einen nicht geringen Anteil ihrer Verantwortung für gutes Lernen, fürs Verstehen und

Wissenserweiterung an die überehrgeizigen Eltern dele-
gieren zu können. Überhaupt hat sich an vielen Stellen
eine Eltern-Lehrer-Front entwickelt, die fern ist von jeg-
licher gemeinsamer Partnerschaft zum Wohle des Schul-
kindes. Daran sollten wir arbeiten. Das wäre mal eine
Hausaufgabe, die sich lohnen würde, bewältigt zu werden.
Auch und gerade weil Kinder davon einmal befreit wären.

Was jedes Elternpaar tun kann? Halten Sie den Kontakt zum Lehrpersonal. Interessieren Sie sich für Lern-
inhalte – aber werden Sie nicht der Polizist, der das Lernen
des Kindes überwacht, als wäre Faulenzen eine Straftat
oder das Vergessen der Hausaufgaben – und das sich daraus ergebende zwangsläufige Mehrarbeiten in der Schule,
um den Anschluss zu halten – ein erster Schritt in den
Abgrund: Kinder brauchen auch hier diese Schaukel zwischen Entspannung und Anspruch, Fordern und Fördern.
Und einmal über etwas zu lachen, hilft mehr als jedes
Schimpfen.

Erste Verunsicherungen

So aufregend und schön für die meisten Kinder der Schul-
start ist, so sehr geht er doch oft mit kleineren oder größeren Verunsicherungen einher. Die beziehen sich meistens
auf die innere Auseinandersetzung mit den neuen Anforderungen. Denken und Spielen waren bislang Best Bud-
dies, bei denen man nicht wusste, wo das eine anfängt und
das andere aufhört. Lernen war etwas, was sich für die
Kinder so ganz organisch – und in der Regel erfolgreich –
mit ihrem Dasein verknüpfte. Leben hieß einfach automatisch Lernen. Jetzt aber wird das plötzlich entkoppelt, wird

getrennt, was so wunderbar zusammengehörte, und die kleinen Köpfe fangen an zu rauchen. Das kann erfolgreich und komplikationslos ablaufen. Das kann aber auch mit einer ersten unter Umständen tiefer sitzenden narzisstischen Kränkung einhergehen. Starker Tobak, meinen Sie? Narzissmus ist zunächst einmal ein Begriff, der umgangssprachlich vor allem negativ belegt ist. Aus fachlicher Sicht aber ist Narzissmus ein Bereich unserer Seele, ohne den wir nicht überleben würden. Nur, wenn man ausreichend Eigenliebe besitzt, hat man auch genug Kraft, um in der Welt zu bestehen. Allerdings kann der Narzissmus eines Menschen und auch der eines Kindes sowohl zu stark als auch zu wenig ausgeprägt sein. Ein Kind mit narzisstischen Defiziten wird sich immer wenig zutrauen, sich selbst schnell verurteilen und mit sich hadern. Ein Kind mit einem ausgeprägten Narzissmus dagegen wird über alle Maßen überzeugt sein von sich und ist entsprechend schnell kränkbar. Narzisstische Verletzungen in Form von normalen Zurückweisungen sind allgegenwärtig, und Kinder müssen lernen, damit zurechtzukommen. Eltern haben in der Regel ein gutes Gespür dafür, wie niederschmetternd manche narzisstischen Verletzungen für ihre Kinder sind. Es hängt dann an Ihrer elterlichen Expertise, ob Sie tröstend, bagatellisierend, dramatisierend oder zumutend damit umgehen. Sie haben ja schon genug Erfahrung mit Ihrem Kind, um das einschätzen zu können. Ich meine, Eltern neigen nicht selten eher zu den beiden Extrempolen von dramatisieren (»Wie gemein die Welt zu dir ist!«) oder bagatellisieren (»Das ist ganz normal, stell dich nicht so an!«). Was Kinder in diesem Kontext brauchen, ist aber ein entschlossenes Weder-noch. Das heißt, Kindern tut es gut, wenn sie merken, dass die Eltern mitbekommen, dass ihr narzisstisches Gerüst angekratzt oder verletzt ist, und die ihnen dann tröstend zur Seite stehen. Gleichzeitig sollten sie spüren, dass ihnen zugetraut wird, mit der Kränkung zurechtzukommen. Im Sinne von »Ja, das tut weh, wenn es plötzlich so schwer ist mit den Hausaufgaben, aber ich denke, du schaffst es, das zu bewältigen. Wenn es zu schwer wird, helfe ich dir.« So oder ähnlich könnte die Verknüpfung zwischen Anerkennung, Trost und Zurückweisung lauten.

Haben Sie in dieser ersten Schulphase also selbst keine Angst vor den anstehenden Kränkungen Ihres Kindes, stellen Sie sich stützend und zuversichtlich an seine Seite. Dann führen diese ersten Verunsicherungen dazu, dass Ihr Kind Zutrauen zu sich entwickelt und eine gesunde narzisstische Entwicklung ihren Lauf nimmt.

So werden erste schulische Erfahrungen nicht nur kognitive Lernerfahrungen, sondern auch emotionale. Manchmal tun sich die kleinen Prinzen und Prinzessinnen schwer damit, die Erfahrungen mit eigenen Grenzen seelisch zu verdauen. Dann haben Sie wütende und manchmal auch verweigernde Derwische, die zu Hause um den Hausaufgabentisch tanzen, bis alle schwindelig sind. Tanzen Sie mit, und werden Sie in der Drehbewegung schrittweise langsamer, bis Sie beide stehen und sich setzen können, um sich der schweren Aufgabe erneut zu stellen. Bitte denken Sie immer daran, wie Sie selbst in Ihrem Leben mit Dingen umgegangen sind, die Ihnen schwerfielen. Dabei werden Sie feststellen, dass es selbst im fortgeschrittenen Alter nicht so einfach ist, souverän eigene Schwächen zu benennen. Helfen Sie also Ihrem Kind durch erste kleine Verunsicherungen, indem Sie diese angemessen benennen und sie konstruktiv bewältigen.

Möglicherweise aber stellen Sie größere Verunsicherungen fest. Vielleicht ist Ihr Kind doch noch verspielter, als Sie dachten. Oder es kommt nicht gut mit, und Sie haben den Verdacht auf eine Lernbehinderung. Immer dann, wenn es unerklärlich ist, warum ein Kind in der Schule nicht ausreichend gut mitkommt, ist testpsychologische Diagnostik gefragt. Die Symptome können Konzentrationsdefizite sein, aber auch Schwierigkeiten beim Lesen, Schreiben, Rechnen oder mit der Feinmotorik (oder alles zusammen). Etwa 4 bis 6 Prozent aller Kinder haben sogenannte Teilleistungsstörungen, die rechtzeitig diagnostiziert werden sollten, weil diese Kinder ein Anrecht auf Nachteilsausgleich und Förderung haben.

Frühe schulische Sozialisation

Die ersten Schritte in der Schule haben aber nicht nur etwas mit Lernen und kognitiver Entwicklung zu tun. Nach dem Kindergarten entsteht nun auch ein soziales Gefüge, das vier Jahre und darüber hinaus halten wird – und halten muss. Auf die Zusammensetzung der Klasse hat man in der Regel bis auf die Benennung von ein, zwei Freunden keinen Einfluss. Es formiert sich eine Gruppe, die fortan von Freundschaft, Rivalität und Konkurrenz getragen wird.

Unser elterliches Auge möchte am liebsten nur den ersten Teil sehen und erleben. Wie schön wäre es, wenn sich innerhalb der Klassengruppe friedlich nebeneinander Freundschaftsgruppen etablieren. Die Realität ist anders. Es gibt den Klassenclown, der ablenkt. Den Bully, der andere terrorisiert. Es gibt Lehrer, die die ganz wilden

Kinder gerne neben ein stilles Mäuschen setzen, als würden die sich gegenseitig erziehen. Sie werden viel erleben – und sich gewiss manchmal an die eigene Schulzeit erinnert fühlen, denn so anders ist das heute leider gar nicht.

Auch in Klassen, die friedlich und konstruktiv miteinander in Kontakt kommen, spielen die anderen Themen eine Rolle, nur dass sie konstruktiv gelöst werden. Je seelisch reifer eine Klasse ist, desto weniger werden Rivalität und Konkurrenz spürbar. Natürlich kann der Wettbewerb: »Wer ist der Beste?«, auch auf eine Weise ausgetragen werden, dass die Verlierer sich positiv angespornt fühlen oder sich genügsam mit ihren Plätzen abfinden (was ein sehr reifer innerer Vorgang sein kann!). Neben dem Leistungswettbewerb geht es aber auch um Rivalität und Konkurrenz in Sachen Freundschaften und um Sympathien der Lehrerinnen. Das ist ganz genau wie zu Hause, wenn mehrere Kinder da sind: Natürlich wird um die Gunst der Eltern gerungen und konkurriert. Eifersucht ist eine emotionale Größe, von der kein Mensch jemals frei ist. Daheim wie in der Schule. Aber normalerweise werden diese Gefühle nicht hinderlich. Die emotionale Aufgabe des Kindes nach der Einschulung ist es nämlich auch, sich im sozialen Gefüge der Gruppe zurechtzufinden. Das bedeutet, dass es neben der Aktivierung von Freundschaften um den eigenen Platz im Gruppengefüge geht.

Jede Gruppe – unabhängig, ob kindlich oder erwachsen – lebt bestimmte Gesetzmäßigkeiten, nach denen Macht und Ohnmacht, Inklusion und Ausgrenzung gelöst werden. Dazu hält jede Gruppe entsprechende Positionen vor. Die beiden wichtigsten sind die des »Alpha« und des »Omega«. Alpha ist die Anführerposition, ist das Mitglied der Gruppe mit der meisten Anerkennung aller »Betas«, der sogenannten – und das ist nicht abwertend gemeint – Mitläufer. Omega ist die Position des realen oder potenziellen Außenseiters. Eine schwere Position, weil manche Gruppen sich darüber stabilisieren, dass sie an einem Omega festhalten, ihn für sich brauchen. Wenn alle sich einig darüber sind, dass ein bestimmtes Gruppenmitglied schrecklich ist und nicht dazugehören soll, dann festigt die Gruppe ihren Zusammenhalt dadurch, weil in der gemeinsam gehegten Fantasie alles besser wäre ohne Omega. Das ist ähnlich wie in großen Gruppen, Gesellschaften z. B., in denen der Fremdenhass zu einem Konsens führt: Wenn die Fremden nicht bei uns wären, würde es uns besser gehen …

Es hängt vom Reifegrad einer Gruppe ab, ob sie auf die Ausgrenzung eines Mitglieds angewiesen ist, um dadurch besser und enger zueinanderzufinden. Allerdings wundert man sich manchmal darüber, wie auch in erwachsenen Gruppen Ausgrenzung zur Psychohygiene notwendig ist. Mobbing ist dabei kein Thema, das exklusiv auf besonders aggressive Gemeinschaften beschränkt ist. Und es braucht dafür auch nicht unbedingt einen Außenseiter.

Die natürlichste Abgrenzung in der Schule findet vermutlich unter Parallelklassen statt: Die Nachbarklasse ist nämlich immer doof. Natürlich wird das gegenseitig so eingeschätzt. Diese Gesetzmäßigkeiten sollten Sie im Kopf haben, wenn Sie mit Lehrerinnen oder andern Eltern sprechen. Die entscheidende Aufgabe der Erwachsenen ist es, den Kindern dazu zu verhelfen, möglichst auf Omega zu verzichten, niemanden auszugrenzen oder zu entwerten. Allzu oft begegnet mir in diesem Zusammenhang die Haltung, dass die Kinder ihre Konflikte nach Möglichkeit selber lösen lernen müssen. Ich halte das in der Regel für eine

Weigerung der Erwachsenen, Verantwortung und Anleitung zu übernehmen.

Kommt es zu Problemen, gibt es häufig Klassengespräche, in denen es um das Miteinander geht. Mir ist die Haltung der Erwachsenen dabei oft zu moralisierend. Es genügt nicht, zu sagen: »Seid lieb miteinander!« Es sollte vielmehr auch ein Verständnis für die Rivalität vermittelt werden. Natürlich ist Freundlichkeit immer mit Anstrengung verbunden, aber wir sollten den Kindern diese Anstrengung zugestehen und ihnen in der Anerkenntnis der seelischen Schwierigkeiten, die damit verbunden sind, helfen, verständnisvoll und nachsichtig auf sich und andere zu schauen. Viel zu selten finden in diesem Zusammenhang gemeinsame Eltern-Kinder-Lehrer-Abende statt, in denen die Kinder erleben, dass sich die Eltern in einem Schulterschluss dafür interessieren, wie es um die Psychohygiene der Gruppe bestellt ist. Das hätte nichts mit Übersorgtheit zu tun – im Gegenteil, die Kinder würden fürsorgliche und hilfreiche Eltern erleben.

Sie sind als Eltern eines Grundschulkindes in der Regel darauf angewiesen, Ihrem Kind zuzutrauen, sich im sozialen Dschungel zurechtzufinden, und können allenfalls in Einzelgesprächen mit anderen Eltern und/oder den Lehrerinnen herausfinden, ob alles gut läuft. Das ist aufwendig und bedarf vieler Gespräche – an erster Stelle natürlich mit Ihrem Kind, das Sie anleiten, wie es seinen Weg finden kann.

Seien Sie aber nicht beunruhigt, wenn Ihr Kind Ihnen nun ernster als früher vorkommt, wenn es auch mal belastet nach Hause kommt. Ich erkläre Eltern immer, dass es auch ein Ausdruck häuslicher Sicherheit ist und ein Lob an sie, wenn Kinder mal über die Schule schimpfen oder sogar manchmal weinen. Sie zeigen damit, dass sie sich daheim geborgen genug fühlen, um ihren Gefühlen freien Lauf zu lassen. Eltern sollten dann nicht den Fehler machen, das, was das Kind spontan berichtet – sozusagen als Zustandsbeschreibung des schulischen Elends im Großen und Ganzen misszuverstehen. Es ist nur so: In dem Moment, in dem das Kind zur Tür hereinkommt, geht ein Ventil auf. Das zeigt Vertrautheit und nicht zwingend, dass dringend die Schule gewechselt werden muss.

Kinder sind ohnehin zu Hause manchmal ganz anders als in der Schule. Wenn der Lehrer also sagt: Ihre Tochter ist so ruhig und schüchtern, dann denken Sie nicht, er kann unmöglich das selbstbewusste, laute Mädchen meinen, das Sie kennen. Manches Verhalten ist auf den familiären Rahmen beschränkt. Denn Kinder können die beiden Welten – Schule und Zuhause – sehr gut trennen. Wie »doof« oder schrecklich die Schule für ein Kind wirklich ist, merkt man in der Regel nicht daran, dass ein Kind auf die ewige Elternfrage »Wie war's heute in der Schule?« mit einem knappen »Gut!« antwortet. Man merkt, dass da etwas gründlich schiefläuft, eher daran, dass ein Kind etwa anfängt, nur noch schwarze Bilder zu malen. Konkret oder im übertragenen Sinn. Bleiben Sie aufmerksam. Ihre elterliche Intuition ist dabei ein wichtiger und richtiger Kompass. Ein schwarzes Bild kann sich auch in Form von Appetitlosigkeit oder erschwertem Einschlafen zeigen.

Schon wieder Helikopter

Ja, auch in der Schule sind wir wieder beim Thema. Gerade in der Schule. Ganze Buchregale sind gefüllt mit Beschreibungen vermeintlich absurd besorgter und total kontrollierender Eltern. Immer häufiger muss ich vor allem Mütter beruhigen, die sich voller Schuldgefühle damit auseinandersetzen, ob sie mit ihrer Fürsorge nicht alles falsch machen, nur weil es ihnen nicht egal ist, wie es ihren Söhnen und Töchtern geht. Gerade aus den vorangegangenen Kapiteln können Sie herauslesen, wie viel Unterstützung unsere Kinder im Zweifelsfall tatsächlich brauchen. Unterstützung bedeutet ja nicht, dass Sie Ihren Kindern alles abnehmen. Natürlich sitzen Sie nicht mit im Unterricht oder warten mit einem Vollkornsnack vor dem Schultor, um ihn Ihrem Kind über den Zaun reichen zu können. Natürlich haben Sie keine Kinderortungsapp installiert, sondern Sie wissen, wann Sie wegschauen müssen. Und Sie haben grundsätzlich großes Zutrauen zu Ihrem Kind. Sie kümmern sich einfach, und Sie lieben Ihr Kind groß. Eine Selbstverständlichkeit. Eigentlich. Und total absurd, dass Eltern heute deshalb ein schlechtes Gewissen haben sollen.

Wie lange haben wir mehr Fürsorge gefordert, und kaum ist sie da, wird sie pathologisiert und das Schreckgespenst lebensunfähiger Kinder durch Verwöhnung an die Wand gemalt. Dabei ist es doch ganz einfach: Wenn man genauer hinschaut, sieht man einfach mehr. Auch mehr Handlungsbedarf. Und natürlich fragt man sich manchmal: ob man vielleicht zu viel sieht.

Diese banale Weisheit beschäftigt auch mich: Werde auch ich professionell zu genau? Sehe ich dann zu viel, problematisiere Dinge, die eigentlich kein Problem sind? Möglich. Aber das zu beurteilen, sollten wir nicht Leuten überlassen, die aus so etwas Wertvollem wie Fürsorge einen Kalauer machen. Letztendlich sollten wir darüber einfach im Austausch bleiben: reflektieren, was wir tun, und die Entwicklung unserer Kinder beobachten – mit Abstand, wenn nötig. Auch zu uns selbst und diesem dringenden Bedürfnis, das einen manchmal überwältigt, das Kind in Watte zu packen. Das ist Elternliebe. Und die gehört auf ein Podest und nicht in die Abteilung »Witziges« Ihrer Buchhandlung. Wer Elternliebe pathologisiert, hat nicht verstanden, was uns – Familien – im Innern zusammenhält.

Mütter-Zehnkampf

Von Frauen wird heute erwartet, ihren Beruf zu stemmen, möglichst noch Karriere zu machen, einen großen Freundeskreis zu unterhalten, viele Interessen zu pflegen, schlank zu sein, um »spannend« zu bleiben, und außerdem noch das »bisschen Haushalt«, ebenso wie die Kinderbetreuung mit Bravour, mit links und ganz entspannt zu »managen«. Und zwar möglichst als Einzelkämpferinnen. Klar, sie haben Männer, meistens. Sogar solche, die sich interessieren. Nach dem späten Feierabend, am Wochenende und im Urlaub. Den Rest der Zeit sind Frauen alleinerziehend und, wie ich meine – wirklich gekniffen. Das hat verschiedene Gründe.

Wir haben nach wie vor keine guten Modelle dafür, wie sich Elternschaft und Berufstätigkeit in Deutschland für alle gut miteinander verbinden lassen. Viele Arbeitgeber rechnen zwar bei Frauen damit, dass diese eine Weile fernbleiben, sobald Kinder da sind, tolerieren das bei ihren männlichen Angestellten aber eher nicht. Dann die ungleiche Verteilung der Aufgaben im Binnenverhältnis. Viele Studien belegen, dass Männer eine viel zu optimistische Einschätzung darüber haben, zu welchem Prozentsatz sie sich an der Hausarbeit beteiligen. Selbst dann, wenn beide Partner Vollzeit arbeiten. Studien zeigen allerdings auch, dass sich eine faire Aufteilung der Hausarbeit und auch der Kinderversorgung für Paare lohnen kann. Je gleicher die Aufgaben im Haushalt verteilt sind, desto zufriedener sind die Partner mit der Beziehung – und desto weniger Ärger gibt es. Aber immer noch verstecken sich Väter hinter den Anforderungen im Beruf, hört man Sätze wie kürzlich in der Straßenbahn, als ein Mann zum anderen sagte: »Fährst du jetzt nach Hause?«, und der andere antwortete: »Bist du verrückt? Die Kinder sind doch jetzt noch nicht im Bett!« – Vielleicht lohnt es sich an dieser Stelle, sich noch einmal daran zu erinnern, mit welchen Plänen und Fantasien Ihr Kind entstanden ist. Was hat sich erfüllt? Was fehlt(e)? Und am wichtigsten: Gibt es eine Möglichkeit, gemeinsam etwas daran zu ändern? Muss nicht dringend eine neue Aufgaben-Aufteilung her? Die Erschöpfung mancher Frauen gibt Kindern kein gutes mütterliches Vorbild und ist außerdem der Feind einer entspannten Familienatmosphäre, von der letztlich alle profitieren. Auch und vor allem die Männer.

THINK!

→ Begehen Sie die Einschulung gebührend, aber nicht übertrieben.

→ Suchen Sie im Zweifelsfall den schnellen Kontakt zur Lehrerin.

→ Kultivieren Sie Lernspaß.

→ Suchen Sie einen Eltern-Lehrer-Schulterschluss.

→ Kultivieren Sie Wissensdurst.

→ Lernen kann kränkend sein.

→ Helfen Sie Ihrem Kind durch erste kleine Verunsicherungen.

→ Übersehen Sie Lernstörungen nicht.

→ Schulklassen können zu sozialen Dschungeln werden.

→ Beachten Sie die Gesetzmäßigkeiten von Gruppenkonstellationen.

→ Lassen Sie nicht zu, dass Ihre Fürsorge mit Überfürsorglichkeit verwechselt wird.

→ Kinder wachsen von allein, werden aber nicht von allein groß.

→ Mütter, lasst euch nicht verwaisen.

KAPITEL 7

Die Schuljahre

Elternleidensjahre?

Kaum hat sich in der Grundschule eine gute Routine eingestellt, steht schon der nächste Schritt an: die weiterführende Schule. In manchen Bundesländern wie Bayern wird deshalb schon die vierte Klasse zum Stressjahr, weil dort die Lehrer und nicht die Eltern entscheiden, mit welcher Schulform es für das Kind weitergeht. Denn eines ist klar: Es muss das Gymnasium sein. Also soll das Kind noch mal alles geben, wird gepowert und gepusht, damit die Schulempfehlung wie gewünscht ausfällt. Das klappt nicht immer, und schon heißt es schnell: Der Lehrer hat keine Ahnung, ist unfair. Sicher kommt es vor, dass Lehrer einzelne Schüler nicht mögen, und ich wundere mich auch immer mal wieder über fehlende Professionalität, allerdings gilt das nur für den Einzelfall. Und sosehr man auch mit Lehrern unzufrieden sein mag: Deren Einschätzung über die Leistungsfähigkeit eines Kindes ist in der Regel verlässlich. Wenn eine Lehrkraft ein Kind vier Grundschuljahre erlebt hat, kann sie in der Regel beurteilen, wozu es in der Lage ist und mit welcher Schulform es optimale Förderung erfährt.

Auch wenn Sie in einem Bundesland leben, in dem die Eltern die Entscheidung über die Schulform treffen: Sprechen Sie darüber mit dem Lehrer Ihrer Kinder. Nicht jedes Kind ist auf einer leistungsorientierten Schule richtig,

sondern, je nach Bundesland, vielleicht auf einer Gemein-
schafts- oder Stadtteilschule viel besser aufgehoben. Überhaupt möchte ich zu bedenken geben, dass man Kindern
keinen Gefallen damit tut, sie auf eine für sie falsche Schule zu schicken und man gar nicht erst in Erwägung zieht,
ob nicht vielleicht ein Realschulabschluss und eine Lehre
die angemessenere Alternative wären. Eine, die das Kind
vielleicht weniger aufs Scheitern programmiert. Es geht
immer um Förderung, und die sollte nicht in Überforderung umschlagen.

Natürlich ist die Schulform alleine auch nicht ausschlag-
gebend. Faktoren wie Erreichbarkeit oder ob Freunde von
der Grundschule auch auf diese Schule gehen, spielen
ebenso eine Rolle wie das Schulklima, Lernprogramme
und vieles mehr. Nichts ist so irrational wie der Ruf einer
Schule, sage ich Eltern an dieser Stelle immer. Ein guter
Ruf hält sich manchmal Jahre länger als das, was ihn einst-
mals gerechtfertigt hat, und umgekehrt. Informieren Sie
sich also am besten vor Ort etwa bei Schulinformationsver-
anstaltungen und bei Eltern, deren Kinder aktuell dort
unterrichtet werden.

Die Frage ist mittlerweile auch: Was ist sinnvoller – G8
oder G9. Ob man sich das aussuchen kann, ist von Bundesland zu Bundesland verschieden. Ich habe durchaus Eltern
erlebt, die die verkürzte Oberstufe ganz entspannt fanden,
und andere, die sagen, dass ihr Kind fast an G8 gescheitert
wäre. Es sei zu viel und zu schnelles Lernen gewesen. Ich
glaube allerdings, dass diese Kinder wahrscheinlich auch
von G9 nicht profitiert hätten. Schulschwierigkeiten haben
in der Regel wenig mit G8 oder G9 zu tun, sondern sie
haben oft andere Gründe. Mein Eindruck ist aber auch,
dass die Jugendlichen das Jahr, das sie sich durch G8 ge-

spart haben, oft mit einem Jahr Pause nach dem Abi wieder nachholen. Auf jeden Fall sollten Sie Ihr Kind bei der Entscheidung selbstverständlich mit einbeziehen und diese gemeinsam mit ihm treffen.

Und dann beginnen acht oder neun lange Schuljahre. Schuljahre, die oft nicht dazu angetan sind, dass alle nur glücklich sind. Damit es keine Elternleidensjahre werden, macht es Sinn, von Beginn an mit ein paar Strategien für ein möglichst geringes Stressniveau zu sorgen.

Sie hatten ja schon in der Grundschule darauf geachtet, eine positive Art des Lernens in einem guten Rhythmus gemeinsam mit Ihrem Kind einzuüben. Nun geht es darum, dieses Lernen auf die neue Schulform zu übertragen, die neue Anforderungen mit sich bringt. Pflegen Sie einen guten Dialog mit den Lehrern und den anderen Eltern, einen Dialog, in dem alle zu ihrem Recht kommen, Ihr Kind natürlich an erster Stelle.

Mich macht es oft besorgt, wie angestrengt alle, aber insbesondere Mütter und Kinder, von der Schule sind. Wie bedeutungsschwer das Thema gehandhabt wird. Als dürfe es sonst kein anderes geben. Ich erkenne es u. a. daran, dass es fast unmöglich ist, einen Termin für eine regelmäßige Therapie bei uns in den Vormittag zu legen, weil sich niemand vorstellen kann, dass ein Kind zwei Stunden Unterricht versäumt! Versuchen Sie also, die Schule von Beginn an zwar als einen selbstverständlichen Bestandteil des familiären Lebens zu integrieren, aber sorgen Sie genauso auch für ein Leben außerhalb der Schule. Dann wird diese Zeit bestimmt keine Leidenszeit – auch nicht für Ihr Kind.

Lehrer: die neuen Angstgegner?

Keine guten Zeiten für Lehrer. Sie arbeiten in einem Beruf, dem schon seit vielen Jahren die Anerkennung fehlt, und geraten oft zwischen alle Fronten. Vor ihnen sitzen ja nicht nur 25 bis 30 mehr oder weniger motivierte Schüler, sondern sie müssen den Eindruck gewinnen, dass Elternhäuser immer weniger erziehen und die Probleme in die Schule verlagern. Dazu kommt ein Lehrergremium, das nicht immer durch guten Teamgeist geprägt ist, Eltern, die sehr fordernd auftreten, und schließlich ein von den Kultusministerien verordnetes Curriculum und Regelwerk, das unfrei macht. Um all das zu bewältigen, bräuchten wir Lehrer, die schon mit ihrer Berufswahl deutlich machen, dass ihnen die Bildung unserer Kinder, wenn schon keine Herzensangelegenheit, so aber doch ein wichtiges Anliegen ist. Speziell diese Dienstleistung an unseren Kindern lässt sich nicht so einfach und distanziert abhandeln wie eine Sachbearbeitung im Finanzamt. Kinderärzte, Erzieherinnen, Kinderkrankenschwestern, Kinder- und Jugendpsychiater sind schlechter in ihrem Beruf, wenn er ihnen lediglich als Versorgungsquelle dient. Natürlich muss, was da zu leisten ist, nicht von allen mit demselben Herzblut abgeliefert werden. Aber die Frage nach der Motivation sollte schon gestellt werden. Etwas, das nach meinem Eindruck viel zu wenig geschieht. Nutzen Sie diese Frage doch für einen guten Einstieg in ein Gespräch mit den Lehrern. Interessieren Sie sich dafür, wie er oder sie in diesen Beruf gekommen ist. Ohne moralische Voreinstellungen: Je mehr wir uns authentisch interessieren für die Lehrer unserer Kinder, desto leichter lässt sich eine Grundlage schaffen für die Zusammenarbeit. Eltern und Lehrer ziehen ja idealerweise an einem Strang. Aber oft gibt es keine gute Lehrer-Eltern-Kommunikation.

Das hat verschiedene Gründe. Tatsächlich sind Eltern bisweilen abwertend den Lehrern gegenüber. Sie erklären ihnen ihre Arbeit. Sie sagen: Sie geben viel zu wenig Hausaufgaben auf. Oder: Mein Kind ist viel besser mündlich als seine Note! Lehrer werden dafür angegriffen, dass sie manchmal auch nicht so gute Nachrichten haben, wenn die Leistungen des Schülers dürftig sind. Da entstehen natürlich schnell Reflexe, dem Lehrer die Schuld zu geben. Umgekehrt kommt es tatsächlich vor, dass Lehrer ein Kind unfair behandeln. Ich höre auch in Therapien oft von Kindern, wie abwertend Lehrer sein können. Bestätigt wurde dieser Eindruck, als ich mir vor einiger Zeit die Jahrbücher einiger Hamburger Gymnasien durchgelesen habe. Da wurden Lehrer mit Sprüchen zitiert, die wohl witzig sein sollten. Solche wie »Ich bin kein Pizza-Service, bei dem man sich eine Erklärung liefern lassen kann«, oder: »Du bist dumm wie Brot!« Das ist beleidigend und darf nicht sein. Besonders alarmiert bin ich davon, dass Kinder bei berechtigten Beschwerden über Lehrer fast reflexhaft Angst haben, dass sie zuallererst darunter leiden werden, wenn Eltern sich beschweren. Abgesehen davon, dass wahrscheinlich viele Elternkontakte immer erst dann entstehen, wenn diese sich ärgern: Allein die Tatsache, dass Schulkinder Angst davor haben, ist erschreckend.

Was ich mir da wünschen würde, ist mehr Leidenschaft und gleichzeitig mehr Pragmatismus. Kinder und Lehrer haben einander nicht ausgesucht. Das kann gut gehen, muss aber nicht immer passen. Schön wäre es, wenn Kinder wechseln könnten, stellt sich heraus, dass es mit dem einen oder anderen Lehrer nicht so rundläuft. Doch die

Schulen haben dann immer Angst vor inflationären Wanderbewegungen. Das Bestehen auf zufällig getroffenen Entscheidungen kann aber nur dann gelingen, wenn Lehrer maximal dienstleistungsorientiert sind und jedwede privaten Animositäten außen vor lassen. Es ist eine Alltagserkenntnis, dass dem oft nicht so ist. Dennoch sollten Sie es selbstbewusst einfordern. Auf der Basis einer grundsätzlichen Wertschätzung dem Lehrer gegenüber.

Lehrer werden ja besonders dann zu Angstgegnern, wenn der Dialog zwischen Eltern und ihnen nicht gut gelingt und gegenseitige Vorurteile einen konstruktiven Blick aufeinander verhindern. Es ist manchmal nur Notwehr, wenn Lehrer die vielen Lehrerwitze, die oft wirklich gemein sind (z. B.: Was ist die Steigerung von leer? – Lehrer! Oder: Die letzten Worte eines Sportlehrers: So, und jetzt alle Speere zu mir), mit Zynismus oder Gegenwitzen beantworten. Das ist keine gute Grundlage für eine gedeihliche Zusammenarbeit. Niemand möchte mit einer Witzfigur arbeiten müssen –, dann müssen wir die Witze aber auch lassen.

Wir Eltern sollten die Fronten nicht verschärfen, sondern vielmehr deeskalieren. »Lehrer sind auch nur Menschen« – über keine andere Berufsgruppe in unserer Gesellschaft höre ich diesen Satz zu oft. Und immer dann, wenn eine Selbstverständlichkeit beschworen werden muss, werde ich hellhörig, weil der Satz dann eigentlich heißt: »Liebe Lehrer, bitte seid endlich Menschen.« Wenn es stimmt, dass dies keine Selbstverständlichkeit ist, dann gilt es, mit großer Natürlichkeit und »Menschlichkeit« dafür Sorge zu tragen. Nehmen Sie die Schulzeit Ihres Kindes sportlich – fair und friedlich.

Schule zu Hause

Wie: Schule zu Hause? Schule findet doch in der Schule statt und gerade nicht zu Hause, oder? Das stimmt natürlich, und dennoch tun Eltern gut daran, wenn sie nicht den Anspruch haben, dass Schule und Elternhaus innerlich möglichst getrennt bleiben müssen. Dann wird der Übergang mit den entsprechenden Ansprüchen für das Kind nur schwerer. Je selbstverständlicher Kinder erleben und leben, dass Lernen überall stattfindet, desto leichter wird es für sie, weil sich dann keine Schwellen aufbauen, die mit dem inneren Satz verknüpft sind: Oh nein, nicht schon wieder lernen. Nicht schon wieder Hausaufgaben.

Wenn Lernen – am besten schon vermittelt durch die (Grund-)Schule – Spaß macht, weil sich Neugierde auszahlt, dann darf die Schule auch zu Hause Raum greifen und gehört dazu wie Spielen und Essen.

Dem Arbeitsplatz eines Kindes sollte deshalb nicht weniger Aufmerksamkeit geschenkt werden als jedem anderen Arbeitsplatz der anderen Familienmitglieder. Je wohler sich Ihr Kind dort fühlt, desto leichter wird es. Neben einer angenehmen Atmosphäre ist Licht ein besonders wichtiges Thema. Sie haben richtig gelesen: Licht. Die meisten Arbeitsplätze für Kinder (meistens auch bei den Erwachsenen) sind viel zu dunkel. Eigene Untersuchungen haben gezeigt, dass Kinder mit dem richtigen hellen Licht signifikant besser lesen und lernen können. Und: Richten Sie Rituale ein, mit denen Ihr Kind genau weiß, wie der tägliche Ablauf aussieht. Wann isst wer mit wem zu Mittag bzw. wer kommt wann nach Hause? Gibt es erst Pausen, oder beginnt die Schularbeit gleich? Wer kontrolliert wie viel? Wer steht zur Verfügung, wenn

Hilfe gefragt ist? Welche Rolle übernimmt Mutter, welche Vater?

Wenn alle zusammen dafür sorgen, dass das Schulschiff genügend Fahrt aufnimmt und auf Kurs bleibt, dann sind wichtige Grundlagen für eine erfolgreiche Schulzeit gelegt. Dazu lohnt es sich auch manchmal, wenn die eigenen Schulerfahrungen der Eltern reflektiert und mit eingebracht werden. Kinder sind entlastet, wenn sie mitbekommen, dass auch Eltern ihre Schulzeit nicht immer nur glatt durchlaufen haben. Manchmal sagen Mütter: »Wir schreiben morgen Mathe!« Oder: »Wir müssen noch Deutsch-Hausaufgaben machen.« Dann ist es Zeit, für etwas Abstand zu sorgen und vielleicht generell etwas zurückzutreten. Man kann auch aus der Distanz viel sehen, und manchmal verliert man gerade dann den Blick für das Wesentliche, wenn man zu nahe dran ist. Dann sieht man nur einen Ausschnitt und nicht das ganze Panorama. Nur den Baum, nicht den Wald.

Eine große Hürde besteht auch darin, nicht moralisierend auf sein Kind einzureden. Spätestens, wenn Sie sich ständig Sätze sagen hören wie: »Hast du schon …?« – »Bist du immer noch nicht fertig?« – »Wie oft habe ich dir schon gesagt?«, oder: »Ich habe es dir doch schon zehnmal erklärt!«, sollten Sie sich herausnehmen, um darüber nachzudenken, wie Sie die Schulsituation zu Hause entspannen können. »Du hast es wirklich schwer«, ist dann ein Satz, der die Kinder bei ihrer subjektiven Sicht der Dinge abholt und gleichzeitig die Situation entschärft. Wenn die Kinder sich wahrgenommen fühlen, fällt es ihnen leichter, selber wieder die Steuerung zu übernehmen. »Lass es uns noch einmal versuchen«, wird dann zu einem Satz, den beide, Mutter oder Vater und Kind, sagen können.

Denken Sie noch einmal daran: Wer sich mit einem Kind in einen Machtkampf begibt, hat verloren. Entweder Sie wissen als Eltern, wann Sie sich durchsetzen müssen und werden, oder Sie ziehen sich zurück zum Hissen der weißen Flagge und zum Nachdenken.

Vielleicht haben Sie sich ja auch etwas ganz anderes vorgestellt: dass Sie Ihr Zuhause, Ihr Familienleben vor der Schule schützen. Dass Ihr Kind da unbehelligt bleibt von Lern-Druck und -Anforderungen. Und jetzt ermuntere ich Sie, in Ihren eigenen vier Wänden »Schule zu Hause« zu etablieren? Ja, das mache ich ganz gezielt. Ich habe die Erfahrung gemacht, dass der Versuch, die Welten zu trennen, es für Kinder schwerer macht. Dann nämlich gibt es einen unangenehmen Teil des täglichen Lebens, der Schule heißt, und einen angenehmen, der »Sweet home« heißt. Nicht, dass ich irgendwie dagegen wäre, wenn Ihr Zuhause ein Hort des Schutzes und der Fürsorge wäre, ganz im Gegenteil! Aber wenn Sie möchten, dass Ihre Kinder möglichst unbeschwert lernen, dann gelingt das am ehesten, wenn es diese Trennung nicht gibt. Wenn auch intensiv und möglichst unbeschwert in genau dem Raum gelernt wird, in dem Kinder sich wohl und sicher und aufgehoben fühlen. Natürlich darf das Zuhause dadurch nicht zu einem Exerzierplatz werden. Es geht vielmehr darum, die angenehmen Seiten Ihres Heimes mit einem Teil der Außenrealität zu verbinden, um einerseits damit auch deren Ecken und Kanten etwas abzurunden und andererseits etwas von dem Glanz, den das Lernen in entspannter Umgebung ja auch hat, an die Schulwirklichkeit weiterzugeben.

Mir ist klar, dass sich das für manche von Ihnen jetzt so anfühlen muss, als wollte ich aus Eltern Hilfslehrer machen. Abgesehen davon, dass Sie das sowieso – ob Sie wollen oder nicht – werden: Mir ist es lieber, Sie sind sich dieser Aufgabe bewusst und damit auch mit den Gestaltungsmöglichkeiten, die Sie dabei haben Das ist besser, als wenn Sie notgedrungen in diese Rolle gedrängt werden und nur reagieren und nicht agieren. Schule zu Hause sollte selbstverständlich und leicht daherkommen, mit einem gemeinsamen Spaß aller an der Neugierde und am Lernen.

Wie lernt man eigentlich?

Gute Frage! Wissen Sie es? Wie haben Sie gelernt? Genauso wie Ihre Kinder heute: mit der Aktivierung von Gedächtnissystemen im Gehirn. Das Kurzzeitgedächtnis zu aktivieren, ist oft und gerade für Kinder kein Problem. Sie lernen spielerisch, wie man so schön sagt. Gemeint ist damit, dass sie im Rahmen intensiver und wenig abgelenkter Beschäftigungen, z. B. beim Hören und Mitsingen eines Liedes, den Text lernen. Das ist in diesem Fall umso leichter, weil der Text mit Musik, die in einem anderen Teil des Gehirns verarbeitet wird als Sprache, und mit Körperlichkeit verknüpft ist. Interessanterweise gibt es heute z. B. »Formelgesänge«, bei denen kundige Schüler eine mathematische Formel in einen leicht merkbaren Song verwandelt haben. Oder denken Sie nur an die vielen eingängigen »Eselsbrücken«, die Generationen von Schülern unterstützt haben. Die finden Sie heute allerdings eher auf YouTube – scheuen Sie sich nicht, auch dieses Medium einzusetzen. Überhaupt hält die digitale Welt viele sinnvolle Unterstützungstools bereit – bleiben Sie neugierig und offen dafür.

Da man aber nicht alle Wissensinhalte singen oder tanzen kann und auch nicht immer eine gute Lernbrücke zur Hand ist, hilft nur der täglich neue Versuch, die Inhalte spannend zu gestalten und die Kinder neugierig und motiviert zu halten. Es ist völlig klar, dass dies längst nicht immer gelingen kann und es sollte Eltern auch nicht zu sehr unter Druck setzen, aus allem ein »Event« zu machen.

Und dennoch bleibt nicht viel anderes: Lernen gelingt mit guter Motivation und Spaß am besten. Aber auch dann gilt: Damit ein gelernter Inhalt es vom Kurzzeitgedächtnis bis ins Langzeitgedächtnis schafft, braucht es etwa fünf Wiederholungen. Ich weiß, das ist eine niederschmetternde Erkenntnis. Aber nur, wenn Sie einen Lernstoff – am besten immer wieder anders verknüpft – häufiger präsentieren und aktivieren, ist andauernder Lernerfolg gewiss. Ich wundere mich, warum dies im Unterricht so wenig berücksichtigt wird.

Es ist auch deshalb hilfreich, wenn sich Eltern, die Schule auch zu Hause leben wollen (oder müssen), mit den Grundlagen des Lernens beschäftigen. Hierzu gibt es eine Menge Lehrbücher der Pädagogischen Psychologie (oder Psychologischen Pädagogik). Manches ist aber auch ganz einfach mit dem gesunden Menschenverstand zu erklären. Etwa, dass Kinder besser lernen, wenn sie in einer entsprechend guten Verfassung sind: einigermaßen ausgeruht, satt und sitt (das Gegenteil von durstig), aber nicht zu satt, weil das träge macht. Und natürlich, wenn sie einen ansprechenden Arbeitsplatz mit guten Lichtverhältnissen haben, wie schon kurz ausgeführt. Beleuchtungsverhältnisse sind in der Regel zu diffus und dunkel. Dreitausend Kelvin sollten es auf einem möglichst begrenzten Ausschnitt (DIN A3) des kindlichen Schreibtisches schon sein.

Klug, schlauer, hochbegabt

Viele Eltern gehen davon aus, dass Intelligenz der Garant dafür ist, dass ihr Kind nicht nur gut in der Schule zurechtkommt, sondern auch über einen Generalschlüssel für ein erfolgreiches Leben verfügt. Kinder dürfen heute vieles sein – das Wichtigste jedoch: Sie sollen intelligent sein.

Was man wissen muss: Intelligenz ist ein Konstrukt, das die kognitive Leistungsfähigkeit eines Menschen misst und feststellt. In der Regel wird erfasst, wie gut sich ein Mensch, ein Kind in neuen Situationen (= Aufgaben) aufgrund von Einsicht (z. B. Mustererkennung), Wissen und Gedächtnisleistung zurechtfindet. An dieser Definition sieht man schon, dass viele andere Bereiche, die man ebenfalls der Intelligenz oder der Begabung zuordnen könnte, nicht erfasst werden. Emotionale Intelligenz etwa oder auch Musikalität oder körperlich-sportliche Begabung. Besteht der Verdacht auf eine Teilleistungsstörung, wie z. B. Lese-Rechtschreibschwäche, oder auch der Verdacht auf ein Aufmerksamkeitsdefizit, so muss man zusätzliche Untersuchungen durchführen, um zu einem einigermaßen qualifizierten Ergebnis zu kommen. Das ist wichtig zu wissen, weil Intelligenz natürlich nur einen kleinen Teil der Persönlichkeit ausmacht.

Immerhin kann man davon ausgehen, dass die gängigen IQ-Tests eine Aussage über einen möglichen Schulerfolg oder auch über die angemessene Schulform für ein Kind vorhersagen. Allerdings habe ich auch schon eine Jugendliche kurz vor dem Abitur getestet und dabei eine Lernbehinderung festgestellt, mit der die Schülerin eigentlich gar nicht so weit hätte kommen dürfen. Selbstverständlich habe ich ihr das Ergebnis nicht mitgeteilt und etwas nervös abgewartet, wie sie ihr Abitur meistern würde. Sie hat es bestanden mit einer Note von 3,5. So viel zur Allgemeingültigkeit der Aussagen und prognostischen Kraft von IQ-Tests.

Damit Sie sich ein Bild machen können, noch ein Beispiel: Ein weitverbreiteter Test, der WISC (Wechsler Intelligence Scale for Children), erfasst fünf verschiedene Skalen (jede Skala besteht aus zwei oder drei Untertests): Arbeitsgedächtnis, Sprachverständnis, Verarbeitungsgeschwindigkeit, visuell-räumliches Denken, fluides Schlussfolgern sowie den Gesamt-IQ. Wichtig ist, dass man sich immer das Profil der einzelnen Untertests untereinander anschaut, weil Schwankungen bedeutsam und durch den Gesamtwert verdeckt sein können. So ist z. B. eine auffällig verlangsamte Verarbeitungsgeschwindigkeit ein Hinweis auf eine Entwicklungsdyspraxie (umgangssprachlich: das tollpatschige Kind).

Intelligenz ist in der Bevölkerung im Wesentlichen normverteilt, d. h. eine Gaußsche Kurve versammelt den überwiegenden Großteil der Kinder um einen IQ um die 100. Lediglich 2 Prozent sind – je nach Definition – hochbegabt auf der einen Seite oder lern- bzw. geistig behindert auf der anderen Seite der Kurve.

Falls Sie Ihr Kind testen lassen: Ich würde immer dazu raten, sich bei der Besprechung der Ergebnisse die Prozentränge erklären zu lassen und sich nicht mit allgemeinen Phrasen – etwa, dass Ihrer »noch« durchschnittlich sei – zu begnügen. Ein Prozentrang gibt an, wie viele von 100 Kindern über bzw. unter dem Wert Ihres Kindes liegen. Wenn ein IQ von 90 noch durchschnittlich ist, er aber einem Prozentrang von 30 entspricht, heißt dies, dass 70 von 100 Kindern besser abschneiden, was auch eine Aussage über den Rang in der Schulklasse erlaubt und damit wesentlich aussagekräftiger ist.

Die Durchführung eines Intelligenztests macht allerdings nur dann Sinn, wenn es Hinweise darauf gibt, dass die Leistungsfähigkeit Ihres Kindes für bestimmte schulische Leistungen nicht ausreichend sein könnte, oder Sie unsicher sind, welche Schulform der weiterführenden Schule für Ihr Kind die richtige ist.

Dabei sollten Sie wissen, dass die IQ-Intelligenz keinerlei aussagekräftige Voraussage für Lebenserfolg, Problemlösungsfähigkeiten oder Zufriedenheit geben kann. Damit steht sie in einem umgekehrt proportionalen Verhältnis zu den Erwartungen, die man mit ihr verknüpft. Mit Konsequenzen, wie ich sie in meinem Buch *Burnout-Kids: Wie das Prinzip Leistung unsere Kinder überfordert* beschrieben habe. Die Folge ist ja, dass »bloße« Durchschnittlichkeit mittlerweile als Trostpreis gilt. Und wenn ich Eltern sagen muss, dass ihr Kind lernbehindert (ein IQ < 85) oder noch ausgeprägter geistig behindert ist (IQ < 69), es sich manchmal so anfühlt, als würde ich eine tödliche Diagnose überbringen. Aber in solchen IQ-Werten müssen keine Urteile über das Lebensglück enthalten sein! Es sind nur wichtige Erkenntnisse, die helfen, ein Kind optimal und im Rahmen seiner Möglichkeiten zu fördern.

Auch deshalb ist es wichtig, bei unseren Kindern nichts zu übersehen, nichts zu bagatellisieren oder zu verbrämen. Und vor allem: sich nicht zu schämen. Dafür gibt es überhaupt keinen Grund. Besser, alle wissen, dass ein Kind lernbehindert ist. Eine Lernbehinderung sagt nichts aus über die kindliche Persönlichkeit, auch nichts darüber, wie gut oder schlecht Ihr Kind sein Leben meistern wird.

Lernbehinderte Kinder haben wie alle anderen Kinder auch ihre besonderen Stärken und Fähigkeiten. Und ganz wichtig: Die Lernbehinderung bezieht sich nur auf bestimmte kognitive Fähigkeiten, nämlich nur auf die, die durch die Intelligenztests erfasst werden!

Finden Sie also von sich aus heraus, welches spezifische Profil Ihr Kind hat, um sein Leben gut zu meistern. Schwierig wird es, wenn Eltern ihr Kind durchgehend überschätzen, damit überfordern und am Ende für Misserfolgserlebnisse sorgen. Glück ist eindeutig nicht abhängig von Intelligenz! Glück und Zufriedenheit sind Größen, die sich aus Beziehungen, einem sozialen Netz und am Ende aus Erfolg speisen. Erfolg wiederum ist ein sehr subjektiver Parameter, den jeder Mensch nur für sich selbst bestimmen kann. Also bewerten Sie bitte die Intelligenz Ihres Kindes nicht übermäßig, zeichnen Sie lieber ein individuelles Profil Ihres Kindes, in dem ganz viele unterschiedliche Begabungen vorkommen.

Hochbegabung ist kein Geschenk

Alle Eltern wünschen sich kluge Kinder, und viele stellen sich vor, dass es besonders leicht für ein hochbegabtes Kind sein muss, im Leben zu bestehen. Dass es als Überflieger mühelos alle Hürden nehmen wird und seine Ziele längst erreicht hat, während die anderen noch über der Wegbeschreibung grübeln. Je nach Definition spricht man von Hochbegabung ab einem IQ über 125 oder 130. Solche Werte erreichen etwa 2 Prozent aller Kinder. Da Intelligenz in der (kindlichen) Bevölkerung normal verteilt ist, bleibt dieser Wert auch immer gleich.

Nur in sehr engen Grenzen ist Intelligenz förderbar. Es gibt Studien, die belegen, dass Kinder, die von sozial schwachen Familien in Wohngruppen übernommen werden, in diesem Umfeld ihren IQ um bis zu zehn Punkte steigern konnten. Das ist kein wirklich überwältigender Wert. Es nutzt also wenig, einen Dreijährigen in einen chinesischen Kindergarten zu schicken, um seine Intelligenz mit chinesischen Vokabeln zu füttern. Sie wird kaum wachsen. Man kann sich Lernstrategien aneignen, Wissen anhäufen – aber man kann nicht wirklich intelligenter werden und schon gar nicht hochbegabt. Ich bin mir auch gar nicht sicher, ob das wünschenswert wäre. Wenn Eltern mir stolz berichten, dass sie ein hochbegabtes Kind haben, fürchte ich mich manchmal, weil ich weiß, dass Hochbegabung kein Geschenk ist. Das Leben wird dadurch nicht leichter, sondern im Gegenteil sogar schwieriger. Es stimmt zwar in Teilen: Hochbegabte Kinder lernen schneller. Aber dadurch erlernen sie in der Grundschule oft keine Lernstrategien, die sie in den weiterführenden Schulen für komplexere Aufgaben brauchen. Sie langweilen sich oft, und, noch wichtiger, sie können ihre besonderen Interessen nicht mit Gleichaltrigen teilen. Das erzeugt bei den betroffenen Kindern nicht selten ein Gefühl der Andersartigkeit und macht einsam.

Nachhilfe für wen?

Zwei Drittel aller Schulkinder in Deutschland geben an, dass die Hausaufgaben »nur mit Mama« klappen. Ganz einfach, weil es meist die Mütter sind, die bereits in der Grundschule mit ihrem Kind lernen und sie sich gemeinsam mit ihm eine gewisse Routine angeeignet haben. Aber auch die Väter steigen spätestens mit der Gymnasialzeit ihrer Kinder ein und erklären schon mal die ein oder andere Matheaufgabe, hören Vokabeln ab und versuchen – wie ihr Kind –, in Physik nicht den Anschluss zu verpassen. Nachhilfe wird oft von Eltern in Betracht gezogen, wenn das scheinbar nicht mehr genügt und Kinder trotz der elterlichen Unterstützung in der Schule schlechter werden oder bleiben.

Bevor allerdings nach dem Gießkannenprinzip (zu) viele Kinder Nachhilfe erhalten, die am Ende zwar teuer, aber auch nicht von Erfolg gekrönt ist, empfehle ich vorher eine Analyse der Situation. Folgende Fragen sollten zunächst beantwortet werden: Handelt es sich um ein generelles oder ein fachspezifisches Problem? Haben die schlechten Leistungen etwas mit einem Lerndefizit aufgrund von Krankheit oder Faulheit zu tun? Geht es um lernstrategische Defizite? Fehlt Ihrem Kind eine Methodik, wie es am besten lernt? Könnte eine Teilleistungsstörung vorliegen? Ist das Kind grundsätzlich demotiviert? Wenn ja: Warum? Muss eine schlechte Beziehung zu Mutter oder Vater, die sich insbesondere bei der Hausaufgabenbetreuung zeigt, kompensiert werden?

Diese Fragen ziehen unterschiedliche Arten der Nachhilfe nach sich. In einigen Fällen genügt das Erklären und Aufholen von Wissensdefiziten durch ältere Schüler(innen), die intuitiv ausreichend gut pädagogisch begabt sein sollten. In anderen Fällen ist eine Lerntherapie oder die Unterstützung durch ausgebildete Pädagogen oder Nachhilfeinstitute das Mittel der Wahl. Wenn Sie ein Kind haben, das sich schwertut, kann es sogar sinnvoll sein, die gesamte Hausaufgabenbetreuung in fremde Hände

zu legen, um die elterlich-kindliche Beziehung zu ent-
lasten.

An dieser Stelle aber noch einmal ein grundsätzliches
Wort zu Hausaufgaben. Eigentlich ist der pädagogische
Hintergrund in notwendigen Wiederholungen und der
Förderung eigenständigen Arbeitens zu sehen. Letzteres
funktioniert in der Regel nicht, weil kaum ein Kind in der
Lage ist, Hausaufgaben komplett eigenständig anzuferti-
gen. Das liegt nicht an der kognitiven Ausstattung der
Kinder, sondern in der Regel daran, dass sich die Hausaufgaben nicht organisch aus dem Unterricht ableiten,
sondern allzu häufig zu einer Art Beschäftigungstherapie
verkommen sind. Zumal die zu behandelnden Themen oft
nicht mal mehr im Unterricht auftauchen oder im Sinne
eines Lernzuwachses kontrolliert werden.

Eigenständiges Arbeiten, Lernstrategien kommen in
der Regel als Themen im Unterricht gar nicht vor, obwohl
sie doch der Anfang von allem sind. Es ist also nicht ver-
wunderlich, wenn Kinder das eher zufällig und je nach
Begabung bewältigen. Darüber hinaus sind nicht selten die
Hausaufgabenmengen dazu geeignet, Kinder zu demoti-
vieren, statt ihnen die Lust am Lernen und Wissen zu erhalten. Lehrer sprechen sich kaum ab, wer wie viel schon
an Hausaufgaben gegeben hat, und so kann sich das bisweilen zu einem fast unbewältigbaren Arbeitsumfang
summieren. Scheuen Sie sich also nicht, die Lehrer darauf
hinzuweisen, wenn Sie den Eindruck haben, die Hausaufgaben Ihres Kindes sprengen den Rahmen und/oder sind
nicht ausreichend integriert in das Unterrichtsgeschehen.
Rechnen Sie allerdings auch damit, dass es Eltern gibt, die
das anders sehen, die glauben, die »Startbedingungen«
ihres Kindes fürs Berufsleben mit einem Hausaufgaben-

Tsunami verbessern zu können, und lassen Sie sich davon nicht beirren.

Lernprobleme – Schulprobleme

Wir haben das Thema schon in dem Kapitel Grundschule angesprochen, aber es ist wichtig genug, um hier noch einmal vertieft zu werden: Diagnostik ist immer dann sinnvoll, wenn der Verdacht aufkommt, dass ein Kind Lernprobleme hat, die mit sogenannten Teilleistungsstörungen zusammenhängen. Das ist besonders wichtig, weil diese Kinder wie alle anderen auch leistungsbereit sind und immer erleben müssen, dass sie trotz großer Anstrengungen nicht das erreichen, was sie aufgrund ihrer Intelligenz normalerweise erreichen würden oder könnten.

Immer dann, wenn der Verdacht auf eine Teilleistungsstörung besteht, sollte deshalb so schnell und effektiv wie möglich eine fundierte Diagnostik durchgeführt werden. Für die meisten TLS gibt es heute Behandlungs- und Förderprogramme, die zum Teil in den Schulen selber durchgeführt und – meistens aber privat finanziert – von Lerntherapeuten angeboten werden. Eine Teilleistungsstörung ist Ausdruck einer ungenügenden Verschaltung im Gehirn und hat weder etwas mit Dummheit oder fehlendem Fleiß oder Verweigerung zu tun. Im Gegenteil, teilleistungsgestörte Kinder strengen sich genauso an wie alle anderen. Weil nun aber in bestimmten Bereichen des Lernens die Erfolge ausbleiben, sind sie in der Gefahr, ein schlechtes Selbstwertgefühl zu entwickeln. Ein Kind, das nur unter großen Anstrengungen Lesen und/oder Schreiben lernt oder dem die Zahlenwelt verschlossen bleibt, ist von wesentlichen Bereichen des täglichen Lebens ausgeschlossen. Neben lerntherapeutischen Strategien zur Verbesserung der Symptomatik ist deshalb ein Nachteilsausgleich in der Schule unerlässlich. Diese Kinder dürfen für ihr – unverschuldetes – Defizit, das einen anerkannten Krankheitswert hat, nicht bestraft werden! Suchen Sie also im Zweifel den Experten auf. Mir ist es viel lieber, ich schicke Eltern wieder weg mit der Diagnose: Alles wunderbar!, als dass Probleme übersehen werden. Das gilt auch für ADS. Zumal wir mit Methylphenidat einen sehr guten und wirkungsvollen Wirkstoff haben. Sicher, es muss sorgfältig eingesetzt werden, und ich verstehe Eltern, die sich sorgen, ein Kind schon früh zu medikamentieren. Aber ich kann Ihnen die Ängste nehmen: Für Kinder mit einer ADS-Diagnose ist Methylphenidat wirklich ein Segen. Einer mit wenig Langzeitnebenwirkungen. Erst kürzlich habe ich die Rückmeldung über einen kleinen Patienten bekommen, der überhaupt das erste Mal in seiner Grundschulzeit auf seinem Platz sitzen blieb, zuhörte und Hausaufgaben machte. Das schafft bei einer ADS-Diagnose, der ein Dopamin-Mangel im Gehirn zugrunde liegt, keine Psychotherapie. Es gibt übrigens eine 60-prozentige Chance, dass sich ADS mit der Pubertät auswächst. Aber eben auch ein 40-prozentiges Risiko, dass es auch im Erwachsenenalter bleibt. Aber genug von ADS.

Stundenpläne

Stundenpläne sind in der Regel keine Pläne in dem Sinn: Ich habe einen guten (optimistischen) Plan, sondern Korsetts, in die wir unsere Kinder zwängen. Stundenpläne legen fest, was wann gemacht werden muss und nicht, was gemacht werden kann oder darf. Gerade im Schulalter wünschte ich mir aber für unsere Kinder Pläne, die sie motivieren, die sie einladen, ihr Leben mit Neugier und Genuss zu entdecken. Schulunlust ist ein weitverbreitetes Problem und müsste Bestandteil schulischer Bemühungen werden, auch an den Stundenplänen etwas zu ändern. Da wir genau das aber nicht verlangen können (obwohl wir es unbedingt sollten!), sind Eltern aufgerufen, mit und für ihre Kinder einen Stundenplan zu entwerfen, der angemessen und einladend gleichzeitig ist. Darin sollten sowohl der schulische als auch der private Teil vorkommen. Eine gute Mischung zwischen Eustress (guter Stress) und Distress sollte dafür Sorge tragen, dass die Kinder Ausgewogenheit und Ausgleich erleben und immer im Blick haben, dass ihr Leben aus Pflicht- und Küranteilen besteht. Highlights des Familienlebens wie Urlaube oder Wochenendaktivitäten sollten ebenso repräsentiert sein wie Klassenarbeiten, wichtige Schulevents oder Übernachtungspartys.

Gehen Sie immer davon aus, dass Kinder bis weit nach der Pubertät kein erwachsenes Zeitgefühl haben. Aber in Zeiten von Smartphone und Online-Kalendern können diese Pläne auch miteinander geteilt werden. Die Kinder sollten erleben, dass ihre zeitlichen Verpflichtungen und Freuden genauso wichtig sind und ernst genommen werden wie die Pläne der Erwachsenen. Stundenpläne sollten aber nicht dazu dienen, dass Eltern kontrollieren, wo der Nachwuchs gerade ist und womit er sich beschäftigt, sondern sie dienen lediglich der Teilhabe, des Überblicks für die Kinder und eines möglichst positiven Ausblicks auf ihr kleines, großes Leben. Die Stundenpläne der Erwachsenen dürfen gerne danebenstehen und ebenso für alle transparent sein. Das diszipliniert, um den Kindern auch einen Ausblick in das erwachsene Leben zu gestatten. Und es gibt ihnen die Möglichkeit zu sehen, wie das Leben ihrer Eltern außerhalb des eigenen Zuhauses aussieht. Wer den Eindruck hat, dass unser Leben schon genug nach Plänen und Strukturen von außen geprägt wird, darf natürlich verzichten. Denken Sie nur daran, dass früher oder später ohnehin ein Leben nach Stundenplan beginnt und unsere Kinder gut darauf vorbereitet sein und damit leben und arbeiten können sollten.

Durststrecken

Und auch das kommt vor: Ihr Kind mag nicht mehr. Vielleicht wird es ihm zu eng in dem Korsett aus Stundenplänen, Hausaufgaben und Lernanforderungen. Möglicherweise sieht es nicht ein, weshalb es noch endlose Schuljahre auf sich nehmen soll, wo es doch zig Beispiele dafür gibt, wie man auch ohne Abitur und Studium sehr erfolgreich sein kann, und das in einem der coolsten Jobs überhaupt – Influencer, YouTube-Star, Model-Nachwuchs –, oder einem der anderen Berufe, für die man vermeintlich nicht mehr braucht als einen Internetanschluss und eine Kamera, um reich und berühmt zu werden. Eine schwierige Situation, weil man als Eltern gerade bei Jugendlichen im Zweifel selbst mit den besten Argumenten mehr Trotz als Einsicht erzeugt, hält man dagegen. Dafür kann man natürlich auch nicht sein. Meine Erfahrung mit solchen Situationen ist, dass man als Eltern auf keinen Fall panisch reagieren sollte, sondern dem Jugendlichen und seinen Plänen einfach erst mal Luft lässt. Es hat sich auch bewährt, einen Dritten hinzuzuholen, der zwar dasselbe sagt wie die Eltern, aber der viel mehr erreicht, eben weil er nicht die Eltern ist. Das können Paten sein oder Freunde der Familie oder jemand, der sich in der anvisierten Branche auskennt. Bei mir war es ein Mathelehrer, der mir erzählte, dass er in der Oberstufe von der Schule abgegangen war. Ganz so, wie ich es in der elften Klasse eigentlich auch vorhatte. Von ihm erfuhr ich, wie schnell er diese Entscheidung bereut und wie viel Zeit es ihn gekostet hat, nachzuholen, was er verpasst hatte. Das hat ausgereicht. Ich bin auf der Schule geblieben. Lassen Sie also besser einen anderen sagen, was Sie zu sagen hätten. Sie werden staunen, wie einsichtig Ihr Kind doch ist.

Liebe III

Die Eltern-Liebe in dieser Phase der Schulzeit hat auch eine wichtige Hausaufgabe: Sie muss zunehmend die äußere Realität in die kuschelige Welt der Kinderzeit lassen, ohne dass Ihr Kind sich zu sehr von ihr bedrängt oder gar bedroht fühlt. Liebe in dieser Phase bedeutet Solidarität und Loyalität, bedeutet Beistand, Geleit und Lotsentätigkeit. Lotsen kennen sich aus mit den Gewässern, kennen die Untiefen und Gefahren und wissen um die Regeln, die eingehalten werden müssen, damit es zu keinerlei Kollisionen kommt. Und im richtigen Moment gehen sie wieder von Bord. Das ist die Kunst: unterstützen, ohne zu entmündigen, helfen, ohne zu überfordern.

Die Auseinandersetzung mit der Schulzeit ist für so vieles im späteren Leben prägend. Gerade deshalb braucht sie besonders viel Fingerspitzengefühl, und im wahrsten

Sinne des Wortes »Führungsqualitäten«. Jemanden, der dafür sorgt, dass Kinder das Lebenssteuer langsam übernehmen können, lernen, eigenständig ihr Ziel anzustreben, und dabei gewiss sein können, dass da im Hintergrund jemand ist, der im Zweifel übernehmen und unterstützen wird. Mit diesem Wissen wächst die Selbstständigkeit auf eine gesunde Weise – weil auch die möglichen Unsicherheiten abgefedert werden und so gar nicht erst übermächtig werden können.

Mit dem beruhigenden Gefühl, im Zweifel einen Lotsen an ihrer Seite zu haben, können Kinder nun zunehmend ihren eigenen Kurs einschlagen. Schwierig kann es werden, wenn die kleinen – sorry, großen – Steuermänner den Lotsen nicht mehr zu brauchen glauben, obwohl unsichtbare Untiefen voraus liegen. Entscheiden Sie: Entweder das Schiff schrammt dann hinüber, und etwas Lack geht ab, oder Sie sind sich sicher, dass Sie an Bord bleiben müssen, was den Steuermann zutiefst verstimmen wird. Im Zweifelsfall rufen Sie bitte das Lotsenboot, das Sie zur Lotsenstation bringt.

THINK!

→ Die weiterführende Schule ist für Ihr Kind da, nicht für Sie.

→ Behalten Sie positives Lernen unbedingt im Repertoire.

→ Lehrer dürfen nicht zu Angstgegnern werden.

→ Auch Lehrer haben ein Anrecht auf Wertschätzung.

→ Schule zu Hause – nach Möglichkeit mit Spaß und friedlich.

→ Arbeitsplätze der Kinder sollten hervorragend eingerichtet sein.

→ Mama-Nachhilfe nur so lange, wie die Beziehung nicht leidet.

→ Die meisten Kinder sind durchschnittlich – zum Glück.

→ Hochbegabung ist kein Geschenk.

→ Dauerhafte Lernprobleme gehören abgeklärt.

→ Modernes Lernen scheut sich nicht vor dem Internet.

KAPITEL 8

Das Familienleben

Alle an einem Tisch

Die Metapher »Alle sitzen an einem Tisch« ist zweideutig und hier mit Bedacht gewählt. Eine Mahlzeit zu teilen, besitzt ja nicht nur kalorischen, sondern vor allem auch emotionalen Nährwert. Der Tisch ist gleichzeitig Buffet, Marktplatz, Trostort, Konferenz- und Spieltisch. Ganz anders noch als früher, als das zentrale Möbel des Familienlebens eher einen sehr zweifelhaften Ruf als Schlachtfeld schwarzer Pädagogik hatte. Nicht nur wegen Sätzen wie: »Solange du deine Füße unter meinen Tisch stellst ...« Die Anwesenheit bei Tisch war meist mit Zwang und strikten Verhaltensmaßregeln verbunden – war der Ort, an dem elterliche Strenge exerziert und kurzer Prozess gemacht wurde – mit Sätzen wie: »Sitz still!«, »Beim Essen spricht man nicht!«, »Wieso hast du schon wieder eine Fünf in Latein?« Anwesenheit war Pflicht. Heute muss man nicht mehr, man darf an diesem Tisch sitzen und all das Glück genießen, das er zu bieten hat. Eines, das weit über das hinausgeht, was gerade Köstliches darauf wartet, uns satt und zufrieden zu machen.

Deshalb möchte ich Sie ermuntern, diesen so zentralen Ort in der Familie aktiv zu gestalten. Es ist wichtig, dass es nicht irgendein Tisch ist, eine Holzplatte, die zufällig in Ihrer Wohnung gestrandet ist, sondern einer, der mit Bedacht (nicht unbedingt mit Geld) ausgesucht wurde.

Sitzen alle gut? Sind die Stühle bequem und generationen-
gerecht? Und: Wer sitzt wo? Gerade die Sitzordnung ist
alles andere als banal. Nicht umsonst machen sich viele
kluge Leute darüber etwa bei offiziellen Banketten sehr
viele Gedanken, wer da neben wem Platz nimmt. Vielleicht ist es ja in Ihrem Falle möglicherweise besser, wenn
sich beispielsweise manche Geschwister möglichst wenig
sehen oder berühren können? Vielleicht macht es auch
Sinn, wenn die Eltern ihren Kindern nicht direkt gegen-
übersitzen und sie also ständig »im Auge« haben? Man
spricht so einfach anders miteinander. Freier und leichter.
Aus dem gleichen Grund empfehle ich manchmal auch
Kollegen, in der Therapie mit dem Kind einen Spazier-
gang zu machen: Nebeneinandergehend spricht man anders, als wenn man voreinandersitzt.

Menschen sind, bezogen auf »ihren Platz«, außerdem
ausgeprägte Gewohnheitslebewesen. Er wird als das ur-
eigenste Territorium, als Hoheitsgebiet betrachtet, und entsprechend verstörend wirkt es, wenn die so tief empfundenen Exklusivrechte mit einem lockeren »jeder sitzt jeden
Tag woanders« ausgehebelt werden. Es gehört vielmehr
zum »Ritual« des gemeinsamen Essens, dass jeder »seinen«
verlässlichen Platz hat. Nutzen Sie die Möglichkeit, diesen
Effekt noch zu verstärken mit Namensschildern, eigenen
Servietten oder Besteck mit Gravur, und würdigen Sie den
Tisch und was er für Ihre Familie ist, mit einer liebevollen
Gestaltung der Essecke und des Esstisches. Damit unter-
streichen Sie Ihre Verantwortungsübernahme für diesen
zentralen Lebensort und auch für das Gefühl, das er vermittelt: Geborgenheit und Zugehörigkeit.

Kinder dürfen und sollten mitgestalten. Sie wachsen an
diesem Tisch heran, verlassen den Kindersitz und dürfen

auf den großen Stuhl. Hier lernen sie nicht nur mit Messer und Gabel essen, den Unterschied zwischen salzig, süß und sauer und dass Gemüse doch eine viel bessere Idee ist, als man jahrelang dachte. Hier erfahren sie Innigkeit, Nähe, Austausch, Interesse, Fürsorge und wie man Konflikte löst. Dieser Tisch ist das Epizentrum Ihrer Familie, die Achse, um die sich alles dreht und unendlich viel bewegt wird. Studien zeigen, dass Familien, die gemeinsam essen, deutlich gesünder leben als solche, die es nicht tun, und auch mehr miteinander reden, was nicht zuletzt die Sprachentwicklung von Kindern fördert und sich also auch in schulischen Leistungen niederschlägt.

In den USA war man so beeindruckt von den Effekten der »family meals«, dass manche Bundesstaaten gemeinsam mit ihren Universitäten Initiativen zur Förderung der Familienmahlzeit ins Leben riefen. Mit dem Schlachtruf »Say ›Yes‹ to family meals« gab man beispielsweise in Iowa Rezeptkarten als Fördermittel für die Unerfahrenen aus:

1. Man nehme eine sehr beschäftigte Familie,
2. füge eine starke Sehnsucht hinzu, mehr Zeit miteinander zu verbringen,
3. arbeite kreative Ideen ein, darüber, wann und wo gegessen wird,
4. ebenso: Komplimente und schöne Gesprächsthemen,
5. und serviere das Ganze mit einer Auswahl an einfachen, gesunden Lebensmitteln.

Das Ergebnis: eine Familie mit starken Kommunikationsfertigkeiten und Bindungen. Sehen Sie Ihren Tisch nun auch mit ganz anderen Augen? Denken Sie daran, wenn Sie ihn das nächste Mal liebevoll decken: Von hier aus

nimmt Ihr Kind nicht nur den Geschmack von Gemüseauflauf oder Spaghetti Bolognese mit, sondern auch Reiseproviant für sein ganzes Leben. Gemacht aus Liebe, Selbstbewusstsein und – ja, auch das – Erinnerungen an Eltern,
die wussten, dass ein Tisch nahezu magische Kräfte besitzt. Machen Sie also den »alle an einem Tisch« zu einem
in vielfacher Hinsicht nährenden Ort, der wie ein Nest
Schutz und Ausblick liefert. Und tanzen Sie auch ruhig
einmal drum herum. Er hat es verdient.

Essen – die Fortsetzung der Liebe

Ja, darüber haben wir schon einmal gesprochen, als Ihr
Kind noch kleiner war. Jetzt ist es älter, und nach wie vor
steht Essen im Zentrum des Familienlebens. Genau dort,
wo es hingehört. Als Eltern wissen Sie längst, dass Nahrung gleichzeitig für Beziehung steht, für Vermittlung
und das Ausleben von Emotionen. Ebenso ist sie Trost,
Balsam für die Seele und vor allem Genuss, Lust und wichtiger Bestandteil unseres Trieblebens. Liebe und Essen sind
ja auch sprachlich enge Angehörige. Man sagt, dass Liebe
durch den Magen geht, hat jemanden »zum Fressen« gern,
möchte ihn am liebsten mit Haut und Haaren verschlin-
gen. Je mehr es in der Familie gelingt, diese Aspekte von
Essen mit großer Selbstverständlichkeit zu integrieren,
desto gesünder für die kindliche (und elterliche!) Seele.
Kinder müssen lernen, ihr Triebleben ohne Destruktion
für sich und andere zu steuern. Da es große Anteile dieser
Triebwelt gibt, die nicht ohne Weiteres auszuleben sind –
und der wir seit Menschengedenken die Kultur tapfer ent-
gegenhalten –, ist Essen eine gute und konstruktive Form

der Sublimierung. Darunter verstehen wir die Umformung triebhafter Impulse in gesellschaftlich akzeptierte. Lustvolles, genussreiches Essen und Genießen gehören zu einem der zentralen Bereiche dieser Triebsteuerung. Zum Glück ist sie auch biologisch notwendig und sichert Wachstum und Überleben!

Wenn ein Säugling genussvoll trinkt, dann vermittelt sich aber noch etwas anderes: Essen ist auch Beziehungsvermittlung, Geben und Nehmen, Aufmerksamkeit und Exklusivität. Hier wird der Grundstein für spätere Liebes- und Beziehungsfähigkeit gelegt und für die Koppelung von Nahrungsaufnahme und inniger Bindung. Nicht umsonst ist auch im öffentlichen Raum gemeinsames Essen in Millionen von Restaurants eine wichtige Quelle für Kontaktanbahnung wie für soziale und emotionale Beziehungspflege. Umso bedeutsamer ist unser Umgang mit dem Essen.

Aber das ist Eltern heute mehr als bewusst. Die Ernährung ihrer Kinder ist immer wieder ein großes Thema und mit ihr die Besorgtheit, etwas grundfalsch zu machen. Nicht nur in den Internetforen, sondern auch in den Medien. Zweifelsfrei stehen da immer wieder Gemüse und Obst, Selbstgekochtes aus Bioprodukten als Hauptakteure eines optimalen Ernährungsstils im Vordergrund. Alles Zuckrige dagegen wird verdammt. Eine Haltung, die manchmal zu dramatischen Szenen führt – etwa an den sogenannten »Quengelzonen« der Supermärkte. Aber auch zu absurden Situationen, wie sie mir kürzlich eine Mutter schilderte: Anlässlich des Geburtstages ihrer Tochter wurden verschiedene kleine Gäste mit regelrechten »Beipackzetteln« abgeliefert, auf denen stand, dass den Kindern keinesfalls irgendetwas Zuckerhaltiges gegeben werden dürfe. Weder flüssig noch in fester Form. »Schwierig bei einem Kindergeburtstag.« Die Folge: »Ein kleines Mädchen habe ich in der Küche dabei beobachtet, dass sie Zucker direkt aus unserer Zuckerdose löffelte!« Wie so oft führen auch beim Essen Verbote zu noch mehr und ungezügeltem Verlangen.

Ich bin auch deshalb immer für Ausgewogenheit. Es müssen auch mal Gummibärchen drin sein, ein Eis, Schokolade oder ein Stück Kuchen. Sie erinnern sich: Wenn Kinder so versessen sind auf Süßes, dann hat das nicht mit einer Charakterschwäche zu tun in dem Sinne von: »Du willst dir doch nur die Rosinen aus dem Kuchen picken!« Kinder haben vielmehr eine andere Geschmacksknospenverteilung auf ihrer Zunge als Erwachsene. Sie sind sehr viel empfindlicher gegenüber scharf und salzig, während süß angenehmer für sie ist. Der Hang zu Süßigkeiten von Kindern hat also weder etwas mit Verweigerung noch mit fehlender Anstrengung zu tun. Süß schmeckt besser. Muttermilch ist ja auch nicht salzig. Seien Sie also nachsichtig und einfühlsam. Strenge Zuckerverbote, weil wir alle viel zu viel Zucker essen und dieses Zuviel an Zucker tatsächlich gesundheitsschädlich ist, darf nicht zu übermäßiger Strenge und Enthaltsamkeit führen. Das ist zum einen das falsche Signal an Ihr Kind, weil Leben nun einmal Genuss und Lust bedeuten darf und sollte (es sei denn, Sie beschließen gemeinsam, dass klosterähnliche Strukturen die richtigen für Sie sind), und zum anderen, weil Sie damit (Sehn-) Sucht erzeugen. Bieten Sie von Beginn an nach dem Übergang auf stückige Kost so viel Auswahl wie möglich an und behalten Sie das bei. Nichts spricht gegen die Regel, dass alles einmal probiert werden muss, danach greift der Respekt vor individuellen Abneigungen.

Das bedeutet nicht, dass Sie für fünf Familienmitglieder fünf verschiedene Mahlzeiten zubereiten müssen, damit jeder sein Lieblingsessen bekommt. Es gibt immer eine Quersumme aus den verschiedenen Essensvorlieben. Sogar, wenn die Tochter oder der Sohn – typisches Phänomen der Pubertät – erklären, dass sie nun kein Fleisch mehr essen oder sich zukünftig vegan ernähren wollen. Auch das sollte man respektieren. Niemand wird zum Essen oder zu bestimmten Nahrungsmitteln gezwungen, und nicht selten ist es besser, gar nicht hinzuschauen. Je unbeobachteter Kinder sind, desto größer ist ihr Freiraum, sich ohne Schamgefühle doch für etwas entscheiden zu können, was sie vorher abgelehnt haben. Und haben Sie keine Angst, dass Sie Ihr Kind maßlos verwöhnen, wenn es regelmäßig das Kinderlieblingsessen gibt. Kinder sind dankbar für Verständnis und Entgegenkommen.

Was Sie außerdem wissen sollten: Das kindliche Essverhalten hängt eng mit dem der Eltern zusammen. Sie sind dafür das unmittelbare Role-Model. Fragen Sie sich deshalb jetzt auch: Wie ist Ihre Beziehung zum Essen? Begegnen Sie ihm neugierig, mit Freude, mit Genuss? Oder mit Misstrauen und Argwohn wie einem teuflischen Feind, der Böses im Sinn hat – nämlich einen dick und krank zu machen? Ist Essen für Sie Belohnung? Wie waren Sie als Kind in diesem Zusammenhang? Wie haben Sie sich gefühlt damals, als es hieß: »Nimm nicht so viel! Das macht dich nur noch dicker!« Oder: »Ein Mädchen sollte sich zurückhalten. Gerade bei den Süßspeisen!« Das ist zum Glück hoffentlich Vergangenheit.

Sosehr Sie auf ein Übermaß an Restriktion achten, so sehr sind Sie natürlich auch für Essensmengen verantwortlich, die zu Übergewicht führen. Übergewicht ist eines der

Kennzeichen unserer Überflussgesellschaft mit schrecklichen Folgen für die Volksgesundheit. An übergewichtigen Kindern haben sich in der Regel Eltern schuldig gemacht.

Es ist wichtig, dass von Beginn an entspannte Essgewohnheiten etabliert werden und Eltern ihren Kindern vorleben, wie Ernährung auch ein Quell von Freude und Entspannung, von Nähe und auch Freiheit ist. Gemeinsames Essen wird manchmal leichter und ist mit mehr Spaß begleitet, wenn Kinder beim Kochen dabei sind. Sie müssen nicht mitkochen, aber wenn die Küche und die Zeit es erlauben, gibt es manchmal nichts Schöneres, als wenn man sich an den Vorbereitungen für das »Familienessen« auch aktiv beteiligen darf.

Apropos Zeit: Sie ist das knappste Gut unserer Welt, was umso mehr dazu führen muss, dass wir sie verteidigen. Zu schnell ist der Satz: »Dazu habe ich jetzt keine Zeit«, gesagt. Da sind Mütter und Väter gefordert, sich immer mal wieder zu fragen, ob der Vorabend-Fernsehkrimi nicht etwas überrepräsentiert ist im familiären Zeitmanagement, und ob die Alternative – gemeinsames Kochen – nicht sowieso mehr Spaß bringt. Und noch etwas möchte ich zu bedenken geben: Gerade weil Essen so lustvoll sein kann und mit so viel sinnlichen Genüssen und Wohlgefühl verbunden ist, dient es oft der Kompensation, dem Ausgleich für Frust. Wenn die Seele sehr hungert, geben Menschen dem Körper eben mehr Futter. Dabei hat die Natur es so eingerichtet, dass wir diesen emotionalen Ausgleich nicht etwa in Äpfeln oder Selleriestangen suchen, sondern in Kalorienhaltigem. In Fett und Zucker. Auch deshalb sind so viele Menschen heute zu dick.

Das familiäre Essverhalten ist ein unmittelbarer Ausdruck psychischer Gesundheit. Wenn Sie also merken, dass hier etwas nicht stimmt: Unternehmen Sie etwas, es hilft nichts. Und wenn Sie es nicht für sich machen möchten, dann wenigstens für Ihre Kinder. Sollten Sie den Eindruck haben, Ihr Kind hat zu viel Hunger, es schlingt alles in sich hinein, dann interessieren Sie sich dafür, warum das so ist. Ist es offenbar ein Kompensationsessen, scheuen Sie sich nicht, professionelle Hilfe zu suchen. Etablieren Sie also gute Essgewohnheiten, bei denen von Beginn an normale Portionen gegessen werden. In denen alles enthalten ist. Gummibärchen ebenso wie Schafskäse, Schokopudding ebenso wie Gemüseauflauf.

Psychisch gesunde Kinder mit gesunden Vorbildern essen so lange, bis sie satt sind. Natürlich kann das je nach Wachstumsphase auch mal sehr viel sein. Vor allem Jungen in der Pubertät gelten zu Recht als wahre Kühlschrankplünderer. Kein Problem. Auch nicht mit einer Tiefkühlpizza bisweilen. Solange es zwischendurch immer mal wieder auch etwas Gesundes gibt. Seien Sie mutig und kreativ, lebenslustig und auch mal grenzüberschreitend. Anders als die meisten Restaurants. Ich ärgere mich oft über die Entmündigung und Entwertung von Kindern in Lokalen. Als wenn sie nur mit albernen Begriffen belegte Fischstäbchen (»Pumuckl-Stäbchen«) und Schnitzel (»Barbie- oder Räuber-Hotzenplotz-Schnitzel«) essen könnten! Warum gibt es nicht überall und automatisch erwachsenes Essen in halben Portionen und mit halben Gewürzen? Essen und Genießen sollten zu der Basis in der Familie werden. Von dort aus kann alles mit nun in vielfacher Hinsicht geladenen Batterien wieder weitergehen. Gestärkt, geliebt (Lieblingsessen) und satt, können Kinder losziehen, die Welt zu erobern.

Das bisschen Haushalt ...

Nach dem Essen kommt meist ein unangenehmes Thema. »Räumt bitte wenigstens eure Teller weg«, ist der Satz, der die Laune sofort in den Sinkflug bringt. Der Grundgedanke: Wo viele schmutzen – also Geschirr verbrauchen, Staub aufwirbeln, Badezimmer nutzen –, da sollten auch viele putzen. Außerdem: Wenn Kinder jetzt nicht in den Haushalt einbezogen werden, wie sollen sie dann später in der Lage sein, sich selbst zu versorgen? Beim Waschen Wolle von Baumwolle zu unterscheiden? Sich zu bekochen? Vernünftig zu ernähren? Und vor allem ihr Umfeld sauber zu halten?

Ich weiß, dass ich mich damit nicht beliebt mache: Aber ich meine trotzdem, Kinder müssen im Haushalt (fast) nichts tun. Jedenfalls nichts, was man ihnen verordnet. Es ist an den Eltern, das Familienleben zu organisieren und vorzuleben. Denn Kinder haben durch die Ansprüche, die ihre Entwicklung und auch die Schule an sie stellt, schon genug Aufgaben zu erfüllen. Man bewahrt außerdem das Familienleben von vielen aufreibenden, fruchtlosen Kämpfen, wenn man die Versorgung und Ordnung denen überlässt, in deren Hände es meiner Meinung nach gehört: den Erwachsenen. Mir hat sich jedenfalls noch nie erschlossen, weshalb man ausgerechnet um das Einräumen des Geschirrspülers oder das Rausbringen des Mülls freiwillig Machtkämpfe lostritt. Und den Ängsten von Eltern, die Kinder könnten total unselbstständig ins Leben losgeschickt werden, antworte ich: Man lernt doch nicht nur durchs Selbermachen. Zuschauen und Vorleben (ja, das schon wieder ...!) sind mindestens ebenso wichtig. Und wenn es dann später mal nötig ist, weil die Kinder ausgezogen sind, einen eigenen Haushalt führen, staunt man, wie schnell sie sich wichtige Hausarbeits-Schlüsselqualifikationen aneignen.

Jetzt fällt vielleicht der Satz: »Ich bin doch nicht der Sklave meiner Kinder!« Aber das gilt ja genauso umgekehrt. Auch Kinder sind keine Sklaven ihrer Eltern. Wieso überhaupt Sklaven? Werden die nicht gegen ihren Willen einfach gekauft und leben völlig rechtlos? Wer hat die Familie noch mal gegründet? Und wer erwartet jetzt plötzlich Dankbarkeit in Form von Dienstleistungen?

Dankbarkeitserwartungen Kindern gegenüber sind ohnehin ein äußerst schwieriges Feld. Kinder haben sich nicht selbst gemacht. Von ihnen Dankbarkeit zu erwarten, zeugt von mangelndem Selbstbewusstsein der Eltern. Selbstsichere Eltern sind dankbar, dass sie diese wunderbaren Kinder erleben dürfen, und genießen das biologische Geschenk als Höhepunkt ihrer Liebe. Wem das zu romantisch verklärt ist: In nüchterner Aufgabenverteilung ist es unser Job, für unsere Kinder die Rahmenbedingungen zu stellen und zu sichern. Das heißt nicht, dass man Kinder davon abhalten sollte, wenn sie aus freien Stücken ihre benutzten Teller in die Küche bringen. Und natürlich gibt es auch diesen Impuls, zu tun, was die Großen tun. Mitzuhelfen, beizutragen, Verantwortung zu übernehmen. Es macht ja auch Spaß, etwas zu können. Nichts dagegen zu sagen. Ich habe zum Beispiel als Kind gern gebügelt und konnte das auch gut. Aber keine »häuslichen Pflichten«.

Deshalb, liebe Eltern: Viel Spaß beim Aufräumen! Was ihr euch selbstverständlich partnerschaftlich teilt. Bis an die Kinderzimmertür. Dort beginnt ein neues Hoheitsgebiet. Sollte dieses Hoheitsgebiet drohen zu vermüllen, darf selbstverständlich nach Anhörung des internationalen

Gerichtshofes und der Kinderrechtskonvention einge-
schritten werden. Aber auch hier gilt: keine Kämpfe.
Wortloses und nicht vorwurfsvolles (!) Aufräumen hilft.
Und Sie brauchen eine Diagnose darüber, warum Ihr Kind
keine individuelle Ordnung halten kann. Es gibt tatsächlich Kinder, die das nicht können. Sie sind auf Hilfe angewiesen.

Manchmal kann man aus dem Aufräumen auch ein
Familien-Event machen: Alle fassen mit an. Seien Sie auch
hier kreativ. Und fragen Sie sich immer wieder, wie viel
Ordnung eigentlich wirklich sein muss. Schließlich: Wie
groß ist die Wahrscheinlichkeit, dass man in Ihrer Küche
eine Operation am offenen Herzen durchführt und also die
hygienischen Bedingungen eines sterilen Raumes braucht.
Die Organisation des häuslichen Alltags sollte weniger die
Struktur eines Schiffes mit Kapitän und Matrosen haben
als die eines Hausbootes mit Kapitänin, Steuermann und
Gästen. Unsere Kinder sind unsere Gäste, und wir haben es
uns schließlich zur Aufgabe gemacht, sie in sichere Häfen
zu lotsen, in denen sie von Bord gehen können.

Wer sind wir, und wenn ja, warum?

Sie hatten ja schon mehrfach die Gelegenheit, darüber
nachzudenken, welche Identität Sie Ihrem Kind wünschen. Eigentlich ist dieser Bereich leicht: Ihr Kind orientiert sich an seinen Eltern, übernimmt Werte, Ideen,
Vorstellungen. »Ich heiße Anna Müller, und ich bin eine
Müller« – könnte der zentrale Satz heißen, den Kinder
von sich sagen – bevor sie mit der Pubertät neue Selbst-
beschreibungen finden. Identität heißt dabei immer auch

Familienidentität. Die setzt sich nicht nur aus Einzelidentitäten der Eltern zusammen, sondern entsteht im Moment der Familiengründung als ein neues Gebilde. »Die Müllers« ist dann eine Kennzeichnung der familiären Gruppe. Haben Sie eine Vorstellung, was andere über Sie als Familie sagen? Das frage ich nicht, um Sie für die Meinung der anderen übermäßig zu sensibilisieren. Aber die Vorstellung kann helfen, sich klarer darüber zu werden, was Sie als Familie transportieren, wie Sie auf Ihre Umwelt wirken – nur dann können Sie sich Gedanken darüber machen, ob Sie es so haben wollen, ob Sie die sind, die Sie sein möchten.

Identität ist natürlich sehr viel mehr als die Wirkung nach außen oder die Zuschreibung anderer. Es lohnt sich, darüber nachzudenken und als Eltern darüber zu sprechen, was die gelebten und gewünschten Qualitäten und Eigenschaften sind, mit denen Sie sich alle in der Familie identifizieren. Wer mag, kann das auch in einem kleinen Familienspiel mit Unterhaltungswert ermitteln: Jeder hat vier leere Karten vor sich und schreibt zwei gute und zwei schlechte Eigenschaften der Familie auf. Zusammengelegt ergibt sich ein gemeinsames Profil. Das kann man dann beliebig abwandeln: »Wie wir auf keinen Fall sein wollen« oder »Unsere lustigsten Eigenschaften« oder »Wenn wir Tiere wären, welche wären wir? Löwe, Elefant, Bär, Seepferdchen?«. Lassen Sie Ihrer Fantasie freien Lauf. Identität hat keinen Selbstzweck, sondern eine Aufgabe: Sie schafft innere Struktur und Sicherheit. Wenn ich weiß, wer ich bin und wie mein Wertesystem aussieht, finde ich mich in der Welt besser zurecht.

»Meine Mama sagt immer …«, ist etwa so ein Satz, mit dem Kinder kennzeichnen, woran sie sich orientieren.

Diese Identifizierungsprozesse können Sie als Eltern gar nicht verhindern, und manchmal hört man die eigenen Kinder mit Zitaten über ihre Eltern, die denen gar nicht so recht sind. Es lohnt sich also, zumindest in den Kernaussagen bewusst mit zu beeinflussen, welche Leuchtstrahlen das Leitsystem Ihrer Familie darstellen.

Wenn Sie mögen, gestalten Sie gemeinsam als Familie ein »Wir-Plakat«. Das ist in der Einzelpsychotherapie von Kindern und Jugendlichen immer sehr hilfreich und lässt sich auch in der Familie gut anwenden. Die Familie setzt sich um einen großen Tisch, hat entweder ein großes, leeres Plakat in der Mitte oder viele DIN-A4-Blätter vor sich. In die Mitte wird geschrieben: »Wir«. Alle gehen dann gemeinsam Fragen nach wie: »Was sind unsere Stärken?«, »Was zeichnet uns aus?«, »Wer sind wir?«, »Worüber können wir lachen?«, »Welche Besonderheiten haben wir?«, aber auch: »Was können wir nicht so gut?«. Vorlieben, Schwächen, typische Sätze, vielleicht auch kleine Zeichnungen, Fotos, Skurriles, Ernstes, alles, was Ihnen wichtig ist und was Sie als Familie ausmacht, jede Frage, die Sie spannend finden, sollte Platz finden. Daraus entsteht dann ein Plakat, ein Familien-Steckbrief, eine Familien-Collage, eine Gesprächsgrundlage, eine Selbstvergewisserung, ein Wir-Gefühl und Teamgeist. Spannend ist es, das Plakat von Zeit zu Zeit zu erweitern oder zu korrigieren. So erzählen Sie Ihre Familiengeschichte weiter und füllen Ihre gemeinsame Identität mit Seelenfutter.

Seelenleben und Außenleben

Ich könnte auch schreiben: Innenleben und Außenleben.
Seelenleben gefällt mir besser, weil ich kennzeichnen
möchte, dass die Seelen von Familien leben und damit das
Innenleben jedes Einzelnen, aber auch das Innere der Familie repräsentieren. Es macht einen großen Unterschied,
ob eine Familie in der Wohnung, im Haus unter sich ist
oder ob sie nach außen geht. Für eine selbstsichere Familie
wird es wenig ausmachen, in welchem Umfeld sie sich
gerade bewegt. Unsichere Familien haben manchmal das
Bestreben, nach außen einen möglichst guten Eindruck zu
hinterlassen. Davor möchte ich Sie gerne bewahren. Dieses
anstrengende »Wir sind die strahlende Margarinen-Wer-
bung-Familie und sitzen dauerfröhlich am Frühstückstisch« ist nervenaufreibend und am Ende leer. Niemand
braucht eine solche Inszenierung – es sei denn, Sie verdienen Ihr Geld damit. Aber es ist auch niemand wirklich
gefeit vor dem Gedanken: »Was sollen die Nachbarn bloß
von uns denken?« Sie mochten diesen Satz schon bei Ihren
Eltern nicht, und trotzdem erwischen auch Sie sich jetzt
manchmal dabei, dass es Ihnen gar nicht egal ist, was die
Umgebung von Ihnen hält, welche Meinung sie über Ihre
Familie hat. Zunächst: Das ist nicht schlimm und normal.
Und dann: Dennoch macht es Sinn, sich ein wenig damit
zu beschäftigen.

Es gibt zum Beispiel Familien, die mir vorzugsweise zu
Weihnachten ein Gruppenfoto ihrer total fröhlichen und
strahlenden Kinder schicken. Dabei frage ich mich oft, warum die Eltern eigentlich nicht auch zu sehen sind, und ich
habe den Eindruck, als wenn dieses »Cheeeeeese«-Lachen
des Nachwuchses bestellt und angestrengt ist. Wozu diese

Anstrengung? Aufgesetzte und abgeforderte Fröhlichkeit ist nicht gesund. Starten Sie zur Abwechslung den Versuch und erstellen ein Profilfoto Ihrer Familie, auf dem nicht zwanghaft gelächelt, sondern tiefsinnig geschaut, grimassiert oder auch nur vor sich hingeschaut wird. Fragen Sie Ihre Kinder, was sie gerne auf so einem Foto transportieren möchten. Vielleicht machen Sie auch eine ganze Serie. Eine Serie, die Innenleben und Außenleben Ihrer Familie in Einklang bringt.

Dieser Einklang kann ein guter Sound sein, um die Frage, was die Nachbarn über Sie denken, entspannt beantwortet zu haben, bevor sie überhaupt gestellt wird. Dann entstammen Sie nicht der Werbung, sondern Sie sind die Werbung – für Ihre Familie. Lassen Sie sich auch nicht von einer anderen Art des Vergleichs unter Druck setzen. Wenn zum Beispiel das Kind nach Hause kommt und sagt: »Die Eltern von Leon erlauben ihm aber ein Handy!« Oder: das Videospiel oder das Piercing. Widerstehen Sie dem Drang, Leons Eltern anzurufen und zu fragen, ob das überhaupt stimmt. Dann könnte es nämlich argumentativ erstens eng werden, und zweitens würde das am eigentlichen Punkt vorbeigehen: Es geht darum, den Kindern zu vermitteln, dass Sie als Familie – und das sind nicht die Eltern allein – das machen, was für Sie gut ist und was Sie für richtig halten. Dass Sie unabhängig sind von dem, was andere für sich entschieden haben. Für sich und eben nicht für Sie mit. Sagen Sie das Ihrem Kind. Sagen Sie auch: »Wir sind eine andere Familie!« Solche Sätze sind wichtig. Andernfalls demonstriert man seinen Kindern, dass man diese – am Ende ja uferlose – Vergleicherei mitmacht. Und man stärkt sein Kind tatsächlich damit.

Ein anderes Beispiel aus dem Vergleichs-Kosmos: die

Leistungsschau. Wenn Eltern über ihre Kinder berichten, über ihr Familienleben, wenn sie es abgleichen mit dem der anderen, geraten sie leicht in ein Fahrwasser, in dem plötzlich nur noch die Spitzenwerte zählen: die Eins des Sohnes in Mathe, die Bestzeit der Tochter beim Schwimmen, der fantastische Familienurlaub, in dem alle zwei Wochen lang ununterbrochen nur den allergrößten Spaß hatten. Da möchte man sich nicht mit Sätzen wie »Unser Sohn wird wohl die Klasse wiederholen müssen!« ins Abseits stellen. Ich war sehr beeindruckt, wie eine Mutter vor einiger Zeit bei einem ähnlichen Gespräch, das von Eltern offenbar hochbegabter Multi-Talente geführt wurde, genau das plötzlich in die Runde sagte, mit einem erstaunlichen Effekt: Alle entspannten sich plötzlich.

Lassen Sie sich also nicht beeindrucken von den Zuckerwatte-Gebirgen, die manche Eltern so emsig auftürmen. Die verdanken sich oft nur der geschilderten Dynamik. Und wenn nicht: Sie haben Ihre eigene Familienidentität. Eine, in der vielleicht nicht alles immer total glatt läuft. Aber eine, die ganz allein Ihnen gehört. Und keine Scheu: Jeder darf sehen, wer und wie Sie sind.

Noch ein Wort zum Datenschutz für Ihre Kinder. Niemand kann absehen, was mit den Milliarden persönlicher Daten und Fotos in dreißig Jahren geschieht. Die Verantwortung dafür, was unsere Kinder uns – wahrscheinlich zu Recht – vorwerfen, tragen wir heute. Blogs über die Entwicklung unserer Kinder, die jeden Schritt für alle sichtbar dokumentieren, könnten uns eines Tages um die Ohren fliegen, wenn unsere Kinder uns fragen, warum wir eigentlich ihre Persönlichkeitsrechte missachtet haben.

Zwischen Anpassung und Individualität

Wir alle leben von dem Gefühl, besonders individuell zu sein. Ein wichtiger Wert, mögen wir alle doch das Gefühl von Einzigartigkeit. Und dann schauen wir uns die Daten über die Vorhersehbarkeit unseres Verhaltens an, realisieren, wie die Werbung uns im Griff hat ..., und werden ganz bescheiden. Wir alle sind viel angepasster an einen Mainstream, als uns recht ist. Die spannende Frage ist dabei aber: Ist Mainstream schlecht? Verlieren unsere Kinder etwa an Eigenständigkeit, wenn sie sich dem Verhaltens- und Kleidungskodex ihrer Klasse unterordnen? Was ist überhaupt »Eigenständigkeit« in diesem Zusammenhang? Im Rahmen der seelischen Entwicklung unserer Kinder ist Anpassung eine wichtige Dimension, ohne die Entwicklung nicht gut gelingt.

Je mehr Eltern gegen eine bestimmte Mode wettern, desto mehr werden Kinder dies zur Abgrenzung und Selbstfindung brauchen. Manche Eltern etwa sind sehr stolz darauf, ihre Kinder möglichst lange von der digitalen Technik fernzuhalten. Während alle anderen schon längst mit sämtlichen – altersgerechten – Gadgets ausgestattet sind, sollen sie sich möglichst lange mit »pädagogisch wertvollem« Spielzeug vergnügen. Ich verstehe oft nicht, wozu diese Enthaltsamkeit dienen soll, wem sie wirklich nützt. Denn es führt letztlich dazu, dass sich das Kind mit und bei Freunden nun gerade darauf stürzt.

Das allerdings bedeutet nicht, dass jede Familie nicht einen eigenen Weg finden kann und sollte, der aus einer konstruktiven Auseinandersetzung zwischen diesen Polen von Anpassung und Individualität hervorgeht. Wichtig sind dabei auch Gruppenidentitäten, aus denen jeder in der Familie zusätzlich zur familiären Identität Kraft für sich ziehen kann. Das gelingt nur, wenn man sich einer Gruppe anpasst. Anpassung ist ein wichtiger und notwendiger Schritt im Rahmen der seelischen Entwicklung. Es ist schade, dass dieser Begriff oft so negativ belegt ist. Anpassung sichert Überleben im Sinne einer Unterordnung unter die biologische, soziale und familiäre Natur. Nur wer ausreichend Anpassungsfähigkeit besitzt, wird sich in fremden Umgebungsbedingungen nicht zurückweisen lassen und nicht zurückgewiesen werden. Man muss sich das wie eine Grundierung vorstellen, wie einen Hintergrund, auf dem das Leben dann in den kräftigsten – auch eigenwilligen – Farben gestaltet werden kann.

Helfen Sie Ihrem Kind, sich anpassen zu lernen, ohne sich zu verleugnen. Denn natürlich gibt es auch eine Anpassung bis hin zur Selbstaufgabe. Totalitäre Systeme und Gruppen funktionieren nach dem Prinzip der absoluten Gleichschaltung, in der keine Individualität mehr vorkommen darf. Gesunde Gruppen dagegen gewähren Raum für Individualität und sind gleichzeitig auf Anpassungsprozesse des Einzelnen angewiesen.

Dasselbe gilt für die Familie. Die Anpassung an die familiären Werte und Beziehungsstrukturen ist lebensnotwendig und muss sich für eine weiterführende gesunde Entwicklung mit individuellen Impulsen verbinden. Das gelingt wie so vieles andere eben auch nicht in Form einer Balance, sondern es lässt sich auch hier am besten durch das Bild der Wippe wiedergeben: Mal ist der eine Pol vorrangig, mal der andere. Wie auf einer Wippe, bei der immer nur einer oben sein kann – in dem Wissen, dass sich in der Bewegung das Gleichgewicht nur durch den beständigen Wechsel herstellt. Das klingt paradox und erfordert eine Reifeleistung der emotionalen Integration – besonders dann, wenn man gerade unten ist mit der Wippe. Bedenken Sie bitte immer, dass Sie durch Ihr natürliches Übergewicht gegenüber Ihrem Kind mehr steuern müssen, damit eine gute Bewegung entsteht.

Die Sexualität

Kein Problem! Das ist ja klar. Sie sind offen und tolerant, leben eine befriedigende Sexualität, und auch im Kontakt mit Ihren Kindern sind Sie schon immer für einen konstruktiven und entspannten Umgang mit diesem Thema gewesen. Wenn es so ist, dann brauchen Sie hier nicht weiterzulesen. Aber ich möchte zu bedenken geben: Ein »natürlicher« Umgang mit Sexualität in der Familie ist oft nicht so einfach. Bei aller Aufklärung und Aufhebung der Verklemmung der Großelterngeneration. Es beginnt schon damit, dass niemand weiß, was »natürlich« in diesem Kontext sein soll. Heißt hier »natürlich«, dass sich alle jederzeit nackt begegnen? Heißt es, dass die Kinder am Sexualleben der Eltern partizipieren? Wie lange darf ein Vater mit seiner kleinen Tochter in die Badewanne, ohne dass es komisch wird und Nachbarn das Jugendamt verständigen? Unsere moderne Zeit der Maximalinformation für alle und über alles gaukelt uns nur zu leicht vor, dass damit auch ein freier und entspannter Umgang mit Sexualität einhergeht. Aber wir sprechen hier andererseits über einen der intimsten Bereiche des Menschen. Und zwar aller Altersgruppen. Also auch unserer Kinder. Schon Kleinkinder masturbieren, interessieren sich für den Geschlechtsunterschied und dafür, was ihre Eltern hinter verschlossenen Türen machen. Ich betone: »Verschlossen.« Denn selbstverständlich haben Kinder in der sexuellen Intimität des Paares nichts zu suchen. Schon lustvolle Geräusche können für ein Kind irritierend sein, weil es erst lernen muss, dass da ein Unterschied zwischen lustvollem und schmerzvollem Stöhnen besteht.

Anders ist es natürlich mit dem Austausch von Zärtlichkeiten. Kinder dürfen und sollen – und möchten – erleben, dass ihre Eltern sich lieben. Wichtig ist, dass Eltern von Beginn an vorleben (das schon wieder!), dass Sexualität in den Intimbereich des Menschen gehört, der besonders geschützt werden muss. Altersabhängig werden Sie als Eltern deshalb auch intuitiv das Ausmaß und die Intensität körperlicher Kontakte zu Ihrem Kind verringern.

Und ein kleiner Warnhinweis: Selbstverständlich muss immer sein, dass erwachsene Sexualität im Kontakt mit einem Kind nichts zu suchen hat! Auch im 21. Jahrhundert kann man das Ausrufezeichen hinter diesen Satz gar nicht groß genug zeichnen, weil sexueller Missbrauch nach wie vor ein brennendes Thema ist. Wir alle sind aufgerufen, besonders wachsam zu bleiben, weil es zu viele Männer gibt, die ihre sexuelle Bedürftigkeit mit Kindern bzw. Jugendlichen stillen wollen.

Sehen Sie mir diesen kurzen Ausflug in eine warnende Haltung nach. Sie ist der Tatsache geschuldet, dass sexueller Missbrauch nicht weniger wird.

Bitte gehen Sie auch und vor allem beim Thema Sex davon aus, dass Kinder alles in der Familie mitbekommen, und unterstellen Sie vor allem ein ständig wachsendes und größeres kognitives und emotionales Aufnahmevermögen bei Ihren Kindern, als Eltern es sich normalerweise vorstellen. Sicher: Sexualität gehört zu unserem

Leben dazu wie Essen und Schlafen – und dennoch ist es etwas anderes. Voller Spannung, Erregung und Lust, aber eben auch schnell verbunden mit Grenzüberschreitungen.

In der Familie geht es nun darum, diese Sexualität vorzuleben, ohne sie zu zeigen. Klingt paradox, findet aber immer und überall ganz selbstverständlich statt. Die intime Versorgung von Säuglingen und Kleinkindern muss mit der Zeit auf eine natürliche Weise dem zunehmenden Rückzug der Erwachsenen vom kindlichen Körper weichen. Respekt äußert sich von Beginn an darin, dass jedwede Grenzen des Kindes gewahrt bleiben. Manchmal fordern auch ältere Kinder eine Versorgung, die nicht mehr altersgemäß ist. Um Ihnen eine Vorstellung zu geben, was gemeint ist: Ein Vater hat eine sehr empfindliche (sensitive) Tochter. Mit ihren 14 Jahren besteht sie immer noch darauf, dass er ihr die Haare wäscht. Er ist verunsichert. Ich bestätige ihn in seinem Gefühl, dass diese Form der körperlichen Versorgung nicht angemessen ist, selbst wenn die Tochter darauf besteht.

In solchen Fällen ist es Erwachsenenaufgabe, Grenzen zu benennen und das Kind zurückzuweisen. Das ist manchmal nicht ganz leicht, weil Eltern die große Körpernähe zu ihrem Kind gewohnt sind und die auch nicht immer gerne und leicht aufgeben. So wie die Mutter, die ihren Sohn von klein auf immer auf den Mund geküsst hat statt auf die Wange. Er ist nun zwölf Jahre alt und wendet sich ab, um bei der Begrüßung oder beim Abschied den Kuss auf den Mund zu verhindern. Ich bestätige auch hier die verunsicherte Frage der Mutter, ob das nicht mehr angemessen sei, die immerhin Ausdruck eines Innehaltens und Überprüfens ist.

Das Thema Sexualität ist auch ein Bereich, mit dem man die Abnabelung auch von Elternseite aus üben kann. Jetzt werden Sie vielleicht fragen, ab welchem Alter denn welche Grenzen eingehalten werden sollten. Wie so oft lassen sich keine klaren Altersgrenzen benennen, weil Kinder unterschiedlich sind. In der Regel kann man aber davon ausgehen, dass Grundschulkinder oft von sich aus Wert darauf legen, alleine im Badezimmer zu sein, da sie ein eigenes Gefühl der Intimität entwickeln. Dabei ist die Kombination Mutter-Sohn und Vater-Tochter eindeutiger und früher als umgekehrt. Nun ist natürlich die Situation im Bad beim Zähneputzen nicht automatisch mit Sexualität belegt. Dennoch geht es um Körperlichkeit und Intimität. Im Zweifelsfall sollten Sie sich immer abgrenzen, als zu lange zu warten. Im Urlaub in einem Familienzimmer mag es sein, dass noch einmal alle gemütlich zusammenrutschen. Das aber ist für alle erkennbar eine besondere und eine Ausnahmesituation und von daher anders zu bewerten.

Wo wir beim Thema sind, stellt sich natürlich auch die klassische Frage nach der Aufklärung der Kinder. Sie wird auch heute noch vielfach mit Stirnrunzeln der Eltern beantwortet. »Ich dachte, die Schule würde das abhandeln?«, ist eine häufige Gegenfrage. Machen wir uns nichts vor: Die meisten Kinder klären sich neben den Grundlagen aus der Schule spätestens dann auf, wenn ihr Smartphone Internetzugang hat. Sex- und Pornoseiten sind millionenfach einsehbar, und Schocks oder Irritationen bekommen Eltern heute oft nicht mit, weil die Kinder nicht darüber sprechen. Sie tun also gut daran, immer dann, wenn Ihr Kind Internetzugang hat, sich gewahr zu sein, dass entsprechende Inhalte konsumiert werden. Von den Jungen häufiger als von den Mädchen. Das führt dazu, dass wir die Ästhetik oder auch bestimmte, mit der Sexualität verknüpfte Werte der Pornoindustrie überlassen, wenn wir nicht selbst welche formulieren. Verstehen Sie das als eine Mahnung an alle Eltern, sich damit auseinanderzusetzen und eigene Gespräche mit den Kindern über Sexualität zu initiieren. Es gibt nach wie vor wunderbare (Bilder-)Bücher zum Thema Sexualität, wenn man sich unterstützen lassen möchte. Und trösten Sie sich: Das offene und unbeschwerte Gespräch über Sexualität fällt auch heute noch vielen Eltern schwer. Da liegt es verführerisch nahe, sich mit der Formulierung: »Du kannst mich alles fragen!«, aus der Affäre zu ziehen. Aber Kinder stellen eben nicht von selbst die Fragen, von denen sie genau wissen, dass sie auch bei den Eltern schambesetzt sind. Sollten Sie Sorge haben, dass Sie vielleicht doch zu früh dran sein könnten mit der Aufklärung: Eigentlich taucht das Thema schon in der Grundschule auf, wenn erste Verliebtheit entsteht. Schon dann kann man – auf dem Niveau des Kindes selbstverständlich – darauf eingehen.

Körper und Sport

Alle Eltern möchten, dass ihr Kind mindestens eine Sportart neben dem Schulsport ausübt. Das ist gut so, führt aber nicht selten zu großem Krampf. Und zwar deshalb, weil Kinder heutzutage Sport machen müssen und nicht dürfen. Natürlich ist es eine komplizierte Balance (denken Sie wieder an die Schaukel …), einerseits unseren Kindern eine möglichst gute körperliche Fitness zu ermöglichen, ihrem natürlichen Bewegungsdrang ein Spielfeld zu bieten, aber das, ohne sie ständig mit der Moralpredigt Nr. 187 zu belagern: »Lass dich nicht so hängen! Tu was! Du kannst nicht den ganzen Tag vor dem Computer oder auf dem Sofa herumgammeln! Sport ist wichtig für die Entwicklung, für das Denken, für die Seele … einfach für alles!« Schlucken Sie Ihre Predigt am besten runter. Sie bringt nämlich gar nichts. Nein, auch nicht, wenn Ihr Kind eher ein Fan der Kurzstrecke ist und ständig etwas Neues anfängt.

Es gibt einfach Kinder, die nicht viel lange durchhalten. Eltern sitzen dann verzweifelt bei mir und wünschen sich den Zaubertrick, der das Kind für die sportliche Langstrecke tauglich macht. Aber den gibt es nicht. Sollte ein Kind beständig verschiedene Sportarten ausprobieren, ohne die richtige für sich zu finden, hilft nur eine nüchterne Analyse. Ich frage Eltern in solchen Fällen immer, ob sie nachvollziehen können, warum ihr Kind wechseln will. Und rate auch mal, mitzugehen, um etwa den Trainer live zu erleben. Es gibt tatsächlich schlimme Trainer, solche, die demotivierend sind, bei denen wir auch jede Lust an Fußball oder Schwimmen, an Eishockey oder Tennis verlieren würden. Es gibt aber auch Trainer, denen man sagen kann: »Leon hat da gerade einen Durchhänger. Könnten Sie bitte mal schauen, wie man ihn vielleicht noch motivieren kann, weiterzumachen?« Manchmal fehlt auch einfach das Talent. Nicht alle Kinder sind gleich sportlich. Wir tun aber manchmal so, als wären alle Kinder gleichermaßen sportbegabt, bloß weil sie Kinder sind und in der Folge auch sportbegeistert. Sie kennen Ihr Kind: Welche Sportart trauen Sie ihm zu? Fragen Sie sich auch: Ist es sein Wunsch, Reitunterricht zu nehmen oder zum Ballett zu gehen, oder vielleicht Ihrer, weil Sie diese Sportarten selbst gerne gemacht hätten? Und dann gilt auch hier wieder das Gleichheitsprinzip: Väter mit dicken Bäuchen, die ihre Söhne auf dem Sportplatz anfeuern:»Gewinn mal Land, du lahme Ente!«, sollten sich an die eigene Nase, äh, den Bauch fassen. Zur Erinnerung: Was Eltern von ihren Kindern möchten, gilt auch für sie selbst. Natürlich nicht 1:1, aber die Grundhaltung ist wichtig und nicht der Satz:»Als ich so alt war wie du …«

Sport sollte primär Spaß machen, sollte Möglichkeiten bieten, sich zu spüren, und zwar nicht in der Niederlage, sondern im Erfolg. Der Wettkampf ist natürlich immer auch mit der Niederlage verbunden. Es gibt Menschen, die das innerlich anfeuert, aber es gibt auch solche, die ohne sportlichen Wettkampf glücklich sind, ohne gleich lebensunfähig zu sein.

Viele Eltern fühlen sich aufgerufen, den Teamgeist ihrer Kinder durch einen Mannschaftssport zu stärken. Ob das funktioniert, hängt sehr von den Umständen ab: vom Trainer, der Zusammensetzung der Mannschaft und auch von den Vereinszielen. Will man etwa zukünftige Nationalspieler drillen, oder steht einfach der Spaß im Vordergrund?

Wird der Sport zu einem weiteren Pflichttermin neben allem anderen, macht es wenig Sinn, das Kind zu drängen oder gar zu zwingen, weiterzumachen. Das gilt nicht für Durchhängephasen, die jeder von uns mal hat und die durchgestanden werden müssen, bis es wieder besser läuft. Wie lange man dann sein Kind auch gegen dessen Widerwillen bei der Stange halten soll, lässt sich nicht in Wochen bemessen. Sie werden einschätzen können, wann eine Unlustphase umschlägt in andauernde Frustration. Sollte Ihr Kind so gar kein Interesse zeigen an Sport außerhalb der

Schule: Seien Sie nicht beunruhigt. Ja, Sport ist durchaus mit einem gesunden Leben und einer erfolgreichen Entwicklung verknüpft. Aber auch hier gilt: Verkämpfen macht keinen Sinn. Altersabhängig können Sie Ihr Kind beraten oder auch mit gemeinsamen Aktivitäten locken. Mit Schwimmbadbesuchen, mit Fahrradtouren, mit Kanu-Ausflügen. Vielleicht findet es ja dabei seine Leidenschaft für eine bestimmte Sportart. Wenn nicht: Lassen Sie Ihr Kind gewähren.

Selbst ist das Kind – die Frage der Autonomie

Autonomie ist eine wichtige Größe in der Familie, weil unsere Kinder durch das Vorleben und Gewähren von Autonomie lernen, wie das geht. Und es besteht ja wohl kein Zweifel daran, dass wir uns autonome Kinder wünschen. Dennoch fahren Eltern da bisweilen einen paradoxen Kurs: Sie leben einerseits nach dem Motto: »Solange du deine Füße unter meinen Tisch streckst …«, wollen aber andererseits unabhängige Kinder.

Der Wunsch nach autonomen Kindern ist nicht selten eine leere Formel, die vor allem zu Hause plötzlich nicht mehr gilt. Genau betrachtet, ist Autonomie ja auch ein schwieriges Konstrukt. Es bedeutet Unabhängigkeit und Selbstständigkeit. Und genau darin liegt die Spannung: Gegen selbstständige Kinder haben wir nichts, im Gegenteil, wir freuen uns, wenn sie die Verrichtungen des Alltags möglichst ohne Hilfe von außen bewältigen. Sind sie allerdings unabhängig, brauchen sie uns eigentlich auch nicht mehr. Ein schmaler Grat. Ein Straßenkind in den Slums irgendeiner Weltmetropole lebt ja zum Beispiel maximale Unabhängigkeit, aber niemand würde auf die Idee kommen, dass so ein Zustand erstrebenswert ist. Und mal ehrlich: Wir Eltern freuen uns doch darüber, wenn die Kinder uns brauchen. Elternschaft ist ja gerade dadurch gekennzeichnet, dass wir unsere Kinder bestmöglich versorgen und das auch genießen.

Die Frage ist also: Wie viel Autonomie Ihres Kindes in welchem Entwicklungsalter vertragen Sie wirklich. Es ist keine Schande, sich einzugestehen, dass die Kleinen mit ihrer Unabhängigkeit vom Elternhaus gerne noch etwas warten dürfen. Das ist genauso legitim wie der Wunsch nach möglichst schneller Autonomie. Geht beides jedoch ins Extrem, ist Vorsicht geboten: Kinder, die unselbstständig gehalten werden, bei denen Eltern jeden Schritt nach draußen als bedrohlich für sich wie für das Kind empfinden, werden in ihrer Entwicklung beschnitten. Ebenso wie Kinder, die forciert in die Selbstständigkeit getrieben werden.

Die einen sind extrem abhängig und tatsächlich nur eingeschränkt lebensfähig. Die anderen werden pseudounabhängig und sind überfordert. Es lohnt sich also – wie so oft –, für die eigene Familie auch das Ziel »Autonomie« näher zu bestimmen. Was bedeuten Unabhängigkeit und Selbstständigkeit für Sie? Welche Entwicklung haben Sie selbst diesbezüglich erfahren? Wie unterscheiden sich Mutter und Vater bezüglich ihrer Autonomie? Was leben Sie also unbewusst vor? Was wünschen Sie sich für Ihre Kinder? Warum? Autonomie ist kein Wert an sich, sondern ist immer nur in Abhängigkeit einer spezifischen individuellen Persönlichkeit des Kindes zu betrachten. Und: Autonomie kann nur gemeinsam mit ihrem Gegenpol, der Abhängigkeit, gelebt werden.

Jeder Mensch lebt mit einem Autonomie-Abhängigkeitskonflikt. Meint: Wir möchten ja auch gern abhängig sein, weil das für uns auch für »zugehörig« steht, für Bindung und damit für emotionale Versorgung und Sicherheit. Das ist ganz normal und der Humus, auf dem die Autonomie am besten gedeiht, das ideale Sprungbrett für die Autonomie. Das gilt für Kinder wie auch für uns Erwachsenen: mal alles abgeben, fallen lassen und sich verwöhnen mit regressiven Zutaten – das braucht jeder, um danach gestärkt wieder ins Leben zu marschieren.

Eltern haben manchmal Angst davor, wenn die Kinder zu sehr regredieren, also wieder »Baby« sein wollen. Lassen Sie sich davon nicht verunsichern in der Gewissheit, dass eine einmal erreichte Autonomie nicht so leicht zerstört wird. Zelebrieren Sie die Regression lieber. Mit Grießbrei, mit über den Kopf Streicheln, mit Vorlesen – Sie werden sehen, dass Kinder dann schnell wieder emotional satt und groß sind.

Nur wer klein sein darf, kann auch groß werden, heißt die vielleicht etwas paradox klingende Zauberformel. Auch längere regressive Phasen sind – solange sie nicht mit psychischer Krankheit verbunden sind – keine Gefahr. Erst wenn Symptome vier bis sechs Wochen anhalten, könnte es sein, dass man etwas genauer hinschauen sollte.

Dazu ein Beispiel aus meiner Praxis: Zwei 15-jährige Mädchen fangen plötzlich an, sich Babybrei zu kaufen und unter großem Gekicher zu verspeisen. Während das für das eine Mädchen nur eine kurze Phase ist, bleibt die andere dabei und lebt über Wochen ihr regressives Verhalten aus. Die Eltern suchen deshalb – ganz richtig – professionelle Hilfe und wenden sich an mich. Ihr Besuch gemeinsam mit dem Mädchen führt zu der Erkenntnis, dass ihre Tochter gerade sehr überfordert ist mit den Annäherungsversuchen eines Jungen, den sie auch eigentlich toll findet. Sollte Ihr Kind auch über einen längeren Zeitraum im Verhalten »kleiner« werden, zum Beispiel auch einnässen, könnte es auch eine Reaktion auf ein neues Geschwisterchen sein. So versucht der ältere Nachwuchs, sich dieselbe Versorgung wie der jüngere Nachwuchs zu sichern. Solche Regressionen schaffen die Sicherheit, dass es auch wieder weitergehen kann in der Entwicklung. Sind sie vorübergehend, gibt es keinen Grund zur Sorge. Im Gegenteil.

Wir hatten das Bild der Schaukel jetzt schon mehrfach. Es gehört auch hierher: Kindliche Entwicklung verläuft nie linear. Gegensätzliche Pole bedingen sich gegenseitig, und nur der Versuch, einen der Pole zu unterdrücken, führt zu Entwicklungsverzögerungen. Entspannen Sie sich also, wenn Sie den Eindruck haben, Ihr Kind weigert sich ab und zu, weiter zu wachsen. Sehen Sie sich von Zeit zu Zeit die Kleinkindbilder Ihrer Kinder an, dann sehen Sie, was Sie alles an wunderbaren Emotionen und Entwicklungen schon zum Fließen gebracht haben. Das kann nicht so ohne Weiteres zerstört, geschweige denn rückgängig gemacht werden.

Freizeit – Familienzeit

Freizeit, freie Zeit. Was soll das eigentlich sein? Natürlich weiß ich, dass damit die Zeit gemeint ist, die nicht von Beruf oder Schule vorbestimmt ist. Erlauben Sie mir dennoch den Einwand, dass die ständige Suche nach der totalen Erfüllung des Versprechens »Freizeit« anstrengender werden kann als Arbeit oder Schule. Die beständige Klage über zu wenig Freizeit führt zu einem Warten auf Godot, wird zur Suche nach einer total undefinierten freien Zeit, die es oft in dieser Form gar nicht gibt. Was bleibt, ist das Gefühl einer stets unerfüllten Sehnsucht. Die Folge ist – ja, auch das – Stress, weil immer etwas dazwischenkommt, und sei es nur, dass man zwar im Garten liegt, mit nichts auf dem Zettel als »Ruhe«, und die Gedanken dennoch ständig um das kreisen, was eigentlich noch zu erledigen wäre. Oder darum, was man besser hätte tun können, damit man die Pause sinnvoller nutzt: mit Sport, mit Lektüre, mit Atemübungen. Und wieder hat die »leisure time« nicht erfüllt, was man sich von ihr eigentlich versprochen hatte.

Sehr viel entspannender dagegen ist es, zu akzeptieren, dass wir selbst in unserer Freizeit zu guten Teilen fremdbestimmt sind. Dann werden die ohnehin viel zu hohen Erwartungen an das, was ausgerechnet die Freizeit leisten soll, auf ein deutlich weniger frustrierendes Maß reduziert. Der Umgang mit der Zeit jenseits der Arbeit kann spielerischer werden, und man ist gerade in seiner Freizeit weniger angestrengt.

Wenn es nun darum geht, über Freizeit und Familienjahre nachzudenken, dann wäre es mir deshalb auch viel lieber, wenn wir den Begriff der Familienzeit einführen würden. Familienzeit ist nämlich eine Zeit, die viel zu kurz kommt. Familienzeit bedeutet auf keinen Fall, dass man sich in seinen Terminkalender einträgt »ab 16 Uhr wird (gefälligst) gespielt«. Und das muss ganz viel Spaß machen! Mit Familienzeit meine ich eher einen konkreten und im übertragenen Sinn geschaffenen Raum, in dem sich alle für bestimmte Zeiten aufhalten. Achten Sie also darauf: Wer von der Familie ist eigentlich wann zu Hause? Ist die letzte Stunde im Büro wirklich lebenswichtig, oder kann man nicht wenigstens zwei Mal die Woche ein wenig früher oder wenigstens pünktlich den Arbeitsplatz verlassen, um das gemeinsame Zeitfenster ein wenig zu öffnen?

Das Gefühl, zu Hause zu sein und »Mama?« und »Papa?« rufen zu können, und von irgendwo ertönt ein warmes »Ja?«, kennt wahrscheinlich jeder und sollte die Leitplanke sein für das, was ich Ihnen in der Familienzeit wünsche. Ein warmes, fürsorgliches Miteinander, um das sich die Eltern ebenso kümmern wie um die dafür ideale Ausstattung: Kekse oder Pizza, eine DVD, die man schon längst mal gemeinsam schauen wollte, oder Fußball im Garten. Ideal, wenn das alles zwar in einem bewusst gesetzten Rahmen geschieht (Sie erinnern sich, Sie haben sich eigens dafür Zeit genommen …), aber ohne Spielplan oder angestrengt pädagogischen Überbau, also auch ohne eine Kosten-Nutzen-Analyse, in der alles, was man tut, auch etwas »bringen« soll.

Familienzeit ist einfach Leben, also das, was passiert, wenn man einmal keine großen und ehrgeizigen Pläne macht. Das mag für Eltern manchmal in Arbeit ausarten (jemand muss ja die Pizza holen und/oder die Kekse kaufen oder sogar backen – was man auch gleich zusammen machen kann, das ist dann auch Familienzeit). Ist aber deshalb noch lange nicht das Gegenteil von Freizeit, sondern integraler Bestandteil des Familienlebens, also Familienzeit. Und zwar eine, die wunderbar viel Puls hat und nicht wie auf dem pädagogischen Seziertisch schon ziemlich erkaltet herumliegt.

Eine besondere Familienzeit ist der Urlaub. Das ist die Zeit, in der Kinderpsychiater weniger zu tun haben. Nicht weil alle weg sind, sondern weil im Urlaub alle so entspannt sind, dass die Konflikte des Alltags kleiner erscheinen. Die Probleme oder Konflikte sind zwar nicht weg, wie denn auch? Aber sie erscheinen durch die Ferienbrille betrachtet, also mit einer anderen Haltung und dadurch unbedeutender.

Für einen guten Urlaub, eine konstruktive Familienzeit kommt es nicht darauf an, ob die Familie möglichst weit weg oder gar sehr teuer unterwegs ist. Urlaub sollte eine Unternehmung sein, mit der sich alle in der Familie wohlfühlen. Dabei genießen natürlich die kleinsten Mitglieder das Vorrecht zu bestimmen, was sie brauchen, und damit das Ferienprogramm. Ausgedehnte Reisen von Kulturort zu Kirche werden natürlich erst viel später in Betracht kommen als kinderfreundliche Resorts. Pädagogisch motivierte Urlaube mit ambitioniertem Horizonterweiterungs-Anspruch sind in der Regel zum Scheitern verurteilt. Es sei denn, Sie haben Spaß daran, mit unmotivierten und schlecht gelaunten Kindern durch die Museen zu ziehen. Natürlich muss es auch nicht das Gegenteil sein: Angestrengte Väter, die von Hüpfburg zu Hüpfburg wandern und sich mittags schon auf das Fluchtbierchen freuen, sind auch keine angenehme Urlaubsbegleitung. Also: Nehmen Sie sich etwas Zeit und überlegen Sie sich gemeinsam jedes Jahr neu ein Urlaubsziel, von dem alle etwas haben. Die Hauptsache ist: Es gibt eine gemeinsame Zeit! Familienzeit eben.

Machtkämpfe und Friedensabkommen

Ein zentraler Satz im Umgang mit Kindern heißt: Wer sich in einen Machtkampf begibt, hat verloren. Wenn sich ein kleines Kind trotzig in die Kassengasse wirft, wenn ein Schulkind den Brokkoli auf keinen Fall auch nur als Nahrungsmittel in Erwägung zieht, wenn die Jugendliche Ihnen verkündet, dass Sie ihr überhaupt nichts mehr zu sagen haben – spätestens dann sind Sie in der Arena des familiären Machtkampfes angekommen. Und die Wetten stehen 100:1 gegen Sie. Warum ist das so? Weil es ein Kennzeichen von Machtkämpfen ist, dass sich die Teilnehmer verclinchen und verhaken. Das ist wie im Boxkampf, wenn die Kämpfer sich festhalten und der Ringrichter sofort dazwischengeht, um für die körperliche Distanz zu sorgen, die den Kampf überhaupt erst wieder ermöglicht.

Nehmen Sie Auseinandersetzung wörtlich, dann muss man sich voneinander (auseinander) wegsetzen, um nicht zu dicht voreinanderzuhocken.

Wenn Sie also merken, dass Sie mit Ihrem Kind in einen Machtkampf geraten sind, sollten Sie vor allem zunächst Abstand gewinnen, um wieder mehr zu sehen, was eigentlich los ist, und warum der Knoten entstanden ist. Und noch wichtiger: Warum sind die Positionen eigentlich so (scheinbar) unvereinbar? Gestehen Sie Ihrem Kind eine eigene Meinung und Haltung zu, auch wenn diese sich gegen Sie richtet. Sie werden sofort spüren, wie in der Anerkenntnis plötzlich Raum entsteht, der es Ihnen beiden ermöglicht, abzulassen und neu aufeinander zuzugehen.

Um nicht missverstanden zu werden: Ohne Zweifel gibt es Dinge, die durchgesetzt werden müssen. Solche Situationen sollten selten sein. Deshalb müssen Sie sich als Eltern auch immer zuerst prüfen, ob Ihr Wunsch auch tatsächlich durchgesetzt werden muss. Wenn beim Kinderarzt eine Blutentnahme lebenswichtig ist, werden alle mit anfassen und ein Kind natürlich, wenn nötig, auch körperlich zwingen, den Einstich in die Vene zu ertragen. Wenn ein Kind gesund erscheint, wird niemand auf die Idee kommen, das Kind zu überwältigen. Ähnlich ist es mit den Dingen, die Sie meinen, durchsetzen zu müssen. Ist es wirklich angebracht, gegen den Willen des Kindes anzugehen? Wenn das so ist: Dann sind Entschlossenheit und Durchsetzungsvermögen gefragt. Nach Möglichkeit ohne Drohungen oder Erpressung, weil diese sehr schnell zu einem fruchtlosen Machtkampf führen. Bleiben Sie bei Ihrem Anliegen und verleihen Sie Ihren Sätzen Entschiedenheit: »Ich möchte, dass du das jetzt machst!« Verzichten Sie auf Geschrei oder umständliche Argumentationsketten, warum Sie das jetzt genau so wollen und nicht anders. Ihr Kind MUSS nicht zwingend verstehen, warum Sie das jetzt so oder so handhaben. Zumal Eltern oft vor allem deshalb zu langwierigen Erklärungen ansetzen, weil sie es nicht gern auf sich nehmen, wenn das Kind sauer ist auf sie. Aber genau das soll es auch mal sein dürfen. Oft fragen mich Eltern: »Wie soll ich das mit bloß einem Satz denn durchsetzen?« Dann sage ich immer: »Wie setzen Sie sich denn sonst durch? Wie machen Sie das in Ihrem Alltag, wenn Ihnen etwas wichtig ist?«

Es gibt kein Geheimrezept. Es ist alles eine Frage der Wortwahl und der Haltung. Wenn Sie etwas durchsetzen müssen, seien Sie eindeutig und werden nicht wankelmütig. Zum Beispiel bei der Haustierfrage. Die kommt so zuverlässig wie der tägliche Sonnenaufgang. Egal, wie sehr Ihr Kind Ihnen versichert, dass es praktisch Tag und Nacht für das neue Familienmitglied da sein wird, seien Sie sich gewiss, dass es immer Sie sein werden, die den Kampf im Alltag ausfechten – oder die das Tier selbst versorgen müssen. Besonders bei Hunden mit dem regelmäßigen Rausgehen ist das so – und vor allem, weil man von Kindern nicht erwarten kann, dass sie mit der angebrachten Konstanz die Betreuung durchhalten. Wenn Sie also nicht morgens, mittags, abends mit dem Vierbeiner durch den Regen stapfen wollen, wenn Sie Ihre Urlaube nicht danach ausrichten wollen, ob im Hotel Hunde willkommen sind oder nicht, dann bleiben Sie dabei: »Nichts für uns!«

Unter dem Strich läuft es auf eines hinaus: Wir können und sollten unsere Kinder zu nichts zwingen. Das bedeutet aber nicht, dass man allen Diskussionen aus dem Weg zu gehen hat, und man muss keinesfalls auf Zehenspitzen um sein Kind herumtanzen. Ich sage immer: Erziehung beginnt eigentlich beim ersten Mal »Nein-Sagen«. Aber ich glaube eben auch, dass es nicht viele Neins braucht. Die, die es braucht, die sollte man dann auch klar äußern. Etwa, wenn es mal schnell gehen muss und der Abstecher zum Spielplatz nicht mehr drin ist.

Wenn die Schule bald anfängt und sich Ihr Kind aber noch einmal den Film von gestern Abend anschauen möchte. Wenn der Fernseher mal ausbleiben soll. Oder es wirklich zu kalt ist, um mit Kniestrümpfen aus dem Haus zu gehen. Schließlich haben auch Kinder ihre Neins. Das Nein zu Brokkoli etwa.

Es gibt eine Hierarchie des Neins. Das kindliche Nein kann man akzeptieren und etwa Brokkoli vom Speiseplan streichen. Aber es gibt elterliche Neins – und die schlagen jedes kindliche Nein. Notwendigerweise. Weil Sie die Rahmenbedingungen setzen. Weil Sie die Eltern sind. Und weil ein Nein manchmal ein Zeichen der Fürsorge ist, etwa in dem Satz: »Nein, der Auslandsaufenthalt ist noch zu früh für dich.«

So ein Disput kann sehr fruchtbar und ein Gewitter manchmal durchaus reinigend sein. Wenn es ein richtiger Streit wird, sollte danach in jedem Fall das Friedensabkommen folgen. Kein Mensch, kein Kind mag Streit. Und es ist schlimm, wenn eine beleidigte Stimmung durch die Wohnung wabert und sich alle anschweigen. Friedensinitiativen sind Erwachsenensache. Eltern, die so lange schmollen, bis das Kind sich »endlich« entschuldigt hat, haben verloren. Frieden entsteht durch Verzicht auf Positionen oder Besitztümer! Erwachsene sollten das besser können als ihre Kinder und es vorleben. Gehen Sie auf Ihr Kind zu, machen Sie ihm das Friedensangebot und zeigen Sie ihm auf diese Weise, wie man das »erwachsen« handhabt, damit ein Streit nicht gleich in eine »kindische« Verletztheit ausartet.

Und dann kommen wieder diese schönen Momente: Man spürt die alte Nähe und Vertrautheit. Entschuldigen Sie sich – wenn nötig – angemessen und authentisch, und schon ist der alte, neue Zauber der Eltern-Kind-Beziehung erneut entfacht.

Digitale Welten und familiäre Shooter-Spiele

»Nun leg endlich das Ding beiseite!«, dürfte im Moment DER Satz in deutschen Familien sein. Das »Ding« ist ein Smartphone oder ein iPad, und Eltern haben Angst vor Sucht, Verdummung, Seh- und Schlafstörungen. Bedient wird diese Angst von Wissenschaftlern, die Studien zitie-

ren oder durchführen, die belegen wollen, dass Internet-
spiele oder ein zu häufiger Gebrauch digitaler Medien tatsächlich zu Veränderungen im Gehirn führen. Hier ist
nicht der Platz für wissenschaftliche Dispute. Aber so viel
lässt sich sagen: Zum Glück ist die Mehrheit aller Wissen-
schaftler und Kliniker in Deutschland nicht der Meinung,
dass die digitalen Medien austrainierte Kinderverderber
sind. Leider aber werden die Experten, die zum Alarmismus nichts beitragen, sondern eher einiges zur Entspannung sagen, an der Medienfront nicht wahrgenommen.
Ihre Position ist nicht so laut, sie findet nicht so viel Gehör.
Eine Nachricht mit der Aussage: »100 000 Kinder in
Deutschland sind Social-Media-abhängig!«, rauscht dagegen mit maximaler Aufmerksamkeit durch eben die Social
Media, die Eltern konsumieren, und bedient die verständlichen Ängste.

Machen Sie sich keine zu großen Sorgen, denn wenn Sie
im Austausch und Kontakt mit Ihrem Kind bleiben, wird
es nie zu viel in den Computer schauen, denn da ist ja noch
die gemeinsam verbrachte Familienzeit, da sind spannende Familientage, die Alternativen bieten und den Kindern
zeigen, wie sich Zeit noch und konstruktiv verbringen
lässt. Vergessen Sie daher bitte einen Alarmismus wie im
Buch »Warum unsere Kinder zu Tyrannen werden«.
Oder einen Manfred Spitzer mit seinen Warnungen: Diese
Diagnose der Abhängigkeit von sozialen Medien gibt es in
der Form, wie er sie an die Wand malt, tatsächlich nicht,
und die Gefahr einer Abhängigkeit betrifft lediglich 2,6
Prozent der Kinder – die vielleicht auch sonst auf andere
Weise auffällig geworden wären.

Zurück zu den Tyrannen: Ich habe in meiner langen
Laufbahn keine tyrannischen Kinder kennengelernt. Ich

kenne aggressive, verwahrloste, traurige und verzweifelte Kinder, die massive Probleme haben und behandelt werden müssen. Ein Tyrann ist aber ein Mensch, der bewusst aggressiv und sadistisch andere Menschen unterdrückt und quält. Das machen Kinder nicht. Wenn es so erscheint, dann immer als Reaktion auf einen Mangel, der in der Regel Liebe und Fürsorge betrifft. Es lohnt sich immer, einen Blick hinter die Schlagzeilen zu werfen, gerade hinter die, die besonders laut daherkommen, gerade wenn sich diese Klagen über Jahrhunderte ständig wiederholen: dass noch nie eine Jugend so schlimm war wie die heutige. So aufsässig, so unregierbar, so respektlos, so abhängig, so verführbar. War es vor 20 Jahren das Fernsehen, das angeblich zu Sucht und übermäßiger Aggressivität geführt hat, so sind es heute die digitalen Medien. Ich möchte nicht falsch verstanden werden und im Gegenzug die digitale Welt bagatellisieren. Ich möchte aber zurechtrücken, was Eltern unnötigerweise in helle Aufregung versetzt. Es gibt KEINE Hinweise darauf, dass unsere Kinder immer schlimmer, dümmer, aggressiver, kränker oder abhängiger werden.

Übersehen Sie bewusst und gezielt solche oft populistischen Hinweise auf den Untergang der Menschheit. Vertrauen Sie auf Ihre unzerstörbare Beziehung zu Ihrem Kind und auf dessen Ressourcen. Was nämlich leider viel zu oft passiert in den Familien, ist das, was ich in der Überschrift »familiäre Shooterspiele« genannt habe. Damit meine ich endlose Kämpfe um den Gebrauch der Medien, die nur zu gegenseitiger Unzufriedenheit und zu familiärem Unfrieden führen.

Die Vergeblichkeit von Machtkämpfen betrifft nicht nur die Trotzphase. Je älter das Kind wird, umso mehr geht es darum, mit einem klaren Vorbild voranzugehen. Es hilft nichts: Die Kinder lernen zuerst von ihren Eltern, wie wichtig Smartphones für das tägliche Leben sind. Eltern mit Kleinkindern, die ständig auf ihr Handy schauen statt ihrem Kind in die Augen, signalisieren, dass es Wichtigeres gibt als den Dialog. Eltern, die ihren Kindern das eigene Handy geben, damit sie sich »ruhig« beschäftigen im Restaurant oder in der Bahn oder auch zu Hause, dürfen sich nicht wundern, wenn diese Kinder bei jedem Anflug innerer Unruhe danach rufen oder später tatsächlich Langeweile oder Unruhe mit schier endlosen Handyspielen beantworten.

Schaffen Sie deshalb innerhalb der Familie von Beginn an Rituale, die den Umgang mit dem Handy wie automatisch regeln. Dazu gehören handyfreie Zonen innerhalb der Wohnung, in der niemand (!) sein Handy benutzt oder ablegt. Richten Sie Ladeplätze für die Smartphones ein, an die alle jeden Abend zu einer festgelegten Zeit ihr Gerät anstöpseln. Je ritualisierter Sie das machen, desto selbstverständlicher ist es für alle.

Solches Regulieren wird allerdings mit zunehmendem Alter der Kinder weniger werden, weil Jugendliche heute selbstbestimmt sein müssen und dürfen, was den Umgang mit digitalen Medien angeht. Versuchen Sie dann nach Möglichkeit, keine Handyzeiten festzulegen, weil das eine Plattform ist, die viele Diskussionen nach sich ziehen kann. Wichtiger ist, dass Sie Ihrem Kind zutrauen, alle Anforderungen seines kleinen Lebens zu bewältigen: Schule, Hausaufgaben, analoge oder digitale Spiele, Familienleben, Freunde … Helfen Sie Ihrem Kind zu verstehen, wo im Internet tatsächlich Gefahren lauern. Auf Instagram etwa, wenn Mädchen von Männern angeschrieben werden. Oder bei Whatsapp, wo nicht selten wahre Mobbing-Kampagnen ihren Anfang nehmen. Hinterfragen auch Sie Ihren Umgang mit diesen Medien. Und vielleicht diskutieren Sie konstruktiv und selbstkritisch mit Ihren Kindern auch über den eigenen Handygebrauch. Die Kids haben bestimmt etwas dazu zu sagen, denn sie kennen Sie dahin gehend oft mehr als Sie sich selbst.

Moralisieren Sie nicht und nutzen Sie das Vertrauen Ihres Kindes in einem guten Sinn, um den Umgang mit dem Smartphone innerfamiliär und verantwortlich zu lösen. In der Regel sollten Kinder ab der weiterführenden Schule mit dem Smartphone vertraut gemacht werden, weil sie es dann auch für die Schule und den Kontakt untereinander brauchen. Eltern, die stolz darauf sind, ihr Kind möglichst lange vom Handy fernzuhalten, sorgen dafür, dass diese Kinder dann, wenn sie endlich eines besitzen, deutlich weniger davon loskommen als die, die es von Beginn an und mit großer Selbstverständlichkeit nutzen durften.

Meiner Meinung nach sollten sich Schulen intensiver mit der Handynutzung auseinandersetzen. Auch hier gilt, dass Moralpredigten und Verbote in der Regel ihr Ziel verfehlen. Was nicht heißt, dass eine ganze Schulgemeinschaft einschließlich der Lehrer und Eltern sich darauf verständigt, vormittags eine handyfreie Schule zu sein – das funktioniert nämlich zunächst einmal bei den Lehrern nicht, darunter Väter und Mütter, die mit den eigenen Kindern im Austausch bleiben wollen.

Wichtig ist, dass die »analogen« Zeiten nicht zu ausgedehnt sein dürfen, weil die Kinder sonst ihren Nachrichten auf dem Smartphone so hinterherhetzen müssen, dass die Zeit nach der Schule komplett damit belegt ist. Und selbstverständlich muss es einen Kodex und einen Konsens darüber geben, etwa darüber, wie man in Chatrooms über andere schreibt. Auch das gehört zum Umgang mit der digitalen Technik.

Für die Spiele gilt: Machen Sie als Eltern sich schlau, welche wie funktionieren und was es mit der Altersfreigabe auf sich hat. Ich wundere mich schon seit den Videozeiten darüber, mit welcher Leichtfertigkeit Eltern die freiwillige Selbstkontrolle der Medienwirtschaft ignorieren. Selbstverständlich erwarte ich von Eltern, dass sie sich nicht nur über das konkrete Spiel informieren, das der Nachwuchs spielen möchte, sondern auch, dass sie Bescheid wissen über die Strategien der Spielehersteller, die User im Spiel zu halten und die Schwelle des Abbruchs möglichst zu erhöhen. Ich denke, Sie werden das Ihrem Kind erklären, und Ihr Sohn (meist sind es die Söhne) wird dagegenhalten, dass er sich davon natürlich nicht einfangen lässt. Dann hilft nur, darauf zu setzen, dass er nicht dümmer geworden ist – und dass es sich in aller Regel um eine Phase handelt. Wenn das letzte Level gespielt ist, was manchmal quälend lange Monate dauert, kehrt der junge Spieler wieder zurück an den Familientisch. Dieses Kapitel ist jetzt mit voller Absicht nicht so lang geworden, wie es eigentlich hätte sein müssen, wenn man sieht, wie viel Raum dem Thema in der Öffentlichkeit zukommt.

Ich möchte Sie ermuntern, einen möglichst unaufgeregten Umgang mit den digitalen Medien zu finden. Lassen Sie sich von intensiven Phasen der Nutzung nicht irritieren, weil es zum Kindsein und Erwachsenwerden dazugehört, dass eigene Grenzen – in der Regel geht es gar nicht um die Grenzen der Eltern! – ausgetestet werden, damit man mehr und mehr zu sich findet. Und an erster

Stelle müssen sowieso wir Erwachsenen die Verantwortung für diese Technik übernehmen, immerhin haben wir sie in Auftrag gegeben. Und wenn man mal alle Vorurteile weglässt – etwa, dass es das Netz ist, das die Kinder vom Lesen abhält (ich kenne Studien, die sagen, dass Kinder immer genauso viel lesen wie die Erwachsenen – und wenn man dem Börsenverein des Buchhandels glaubt, sind da einige Leser abhandengekommen, zum Glück nicht Sie! Und das hat ja etwas Gutes.) Ich weiß noch, als meine Tochter eine Phase hatte, in der sie sich mit komplizierten mathematischen Formeln herumschlug. Ein YouTube-Video, in dem ein Rapper diese Formeln gesungen hat, half ihr enorm, sich diese Formel zu merken. Ich halte es immer für ein Armutszeugnis, wenn die Chancen, die das Netz ja auch bietet, von der Schule und den Lehrern nicht genutzt werden. Ihr Sohn oder Ihre Tochter kann vielleicht von einem YouTuber profitieren, der etwas besser erklärt als der Lehrer in der Schule. Das Netz ist nicht der Feind der Kultur. Wie immer kommt es darauf an, was man daraus macht, wie man es nutzt, und vor allem anderen aber: welche Vorbilder man hat.

Ich habe kürzlich zwei Geschäftspartner zum Flughafen gefahren, die auf der Rückbank saßen. Während ich mich mit ihnen unterhielt, haben beide die ganze Zeit auf ihre Smartphones geschaut. Natürlich habe ich an den Antworten gemerkt, dass sie mit ihren Gedanken nicht beim Gespräch, sondern ganz woanders waren. Schwierig, in so einem Zusammenhang, Kindern zu erklären, dass ein Leben ohne Smartphone nicht nur möglich, sondern auch zu bevorzugen ist. Sie werden darüber bestimmt in einem konstruktiven Austausch mit Ihren Kindern bleiben. Und wenn Ihr Nachwuchs plötzlich den Großeltern geduldig den Umgang mit dem Smartphone vermitteln kann, wo Ihnen Wissen und Geduld fehlen, werden Sie plötzlich ganz stolz sein. Vergessen Sie nicht, dass Kinder da wachsen, wo wir ihnen eigene Kompetenzen zugestehen.

Freunde – eine organische Verbindung

Freunde sind nach der Familie das Wichtigste im Leben. Eine banale Weisheit, die allerdings gelebt werden möchte. Da Freundschaften zum Glück selbst gewählt sind, dürfen und müssen sie auch eigenständig gepflegt werden. Wie Freundschaften funktionieren, erleben Kinder zuerst bei ihren Eltern. Häufig unterschätzt wird dennoch, dass viele Kinder Unterstützung brauchen, um zu lernen, wie man Freunde findet und wie man Freundschaften erhält. Das darf auf keinen Fall dazu führen, dass Sie die Freunde für Ihr Kind aussuchen. Aber wenn es einen ersten Kontakt gibt, darf dieser gerne durch Einladungen zum Kakao nach Hause begleitet werden. Die schwierigste Freundschaftskonstellation – nicht nur für Kinder – sind Dreierbeziehungen. Und damit meine ich nicht, dass sich Ihr Kind zunächst mit den Kindern Ihrer besten Freundin oder von Freunden anfreundet. Aber ein Schulfreund sucht vielleicht zunächst Kontakt zu einem anderen Kind. Da man nicht gleichzeitig zwei Menschen in die Augen schauen kann, bleibt man im Dreieck immer einem etwas schuldig. Klassischerweise führt das bei Kindern schnell dazu, dass sich immer einer ausgeschlossen fühlt. Da das im Grundsatz nicht zu ändern ist, ist die Pflege einer stabilen und intensiven Zweierfreundschaft unkomplizierter. Wenn Kinder sagen, »alle in meiner Klasse sind meine

Freunde«, dann stimmt meistens etwas nicht. Bleiben Sie da hellhörig. Entweder ist das Kind lediglich oberflächlich integriert, was nicht schlimm sein muss, oder es ist doch ein Außenseiter. Das möchte niemand, und solchen Kindern sollte unbedingt geholfen werden, sich besser in die Gruppe einzufinden. Manche Kinder sind sehr scheu und schüchtern. Sie brauchen etwas länger, um mit anderen warm zu werden. Diese Zeit muss man ihnen geben. Stärken Sie das Selbstbewusstsein Ihres Kindes, indem Sie ihm da auch vertrauen. Und drängen Sie es nicht mit Sätzen wie: »Jetzt frag halt das andere Kind, ob es mit dir spielt!« Damit bringen Sie es in eine unangenehme Situation, denn plötzlich nimmt es sich selbst als defizitär wahr. Oder als unbeholfen. Die Versuchung liegt nahe, Erfolgserlebnisse zu initiieren, indem man diese Kinder etwa einen Malkurs machen lässt, wenn sie gut malen können, oder sie in einem Sportverein anzumelden, wenn das ihr Ding ist. Aber man sollte wissen, dass solche Kinder eine extreme Exhibitionsangst haben – also auf keinen Fall zur Schau stellen würden, was sie Tolles geleistet haben. Schüchterne Kinder empfinden es als unangenehm, wenn andere – etwa die Eltern – das für sie tun. Behindert diese Eigenschaft das Kind wirklich, Freunde zu finden, wäre die Teilnahme an einer sozialen Kompetenzgruppe eine Möglichkeit. Hier üben scheue, ängstliche Kinder, aufeinander zuzugehen, rauszugehen, bestimmte Aufgaben zu erfüllen. Das bewirkt schon einiges. Am Ende wird man es an der Zufriedenheit des Kindes ablesen, wie viel Unterstützung es bei der Gründung und Pflege von Freundschaften braucht. Und vergessen Sie nicht, dass Freundschaft heute vielleicht anders aussieht als früher, auch einmal über – ja – das Handy ausagiert wird.

Trennung –
von Königswegen und Sackgassen

So überzeugt Paare auch am Anfang sind, dass die Liebe ewig halten wird, und so engagiert sie das Ziel verfolgen: Mit einer Scheidungsquote von knapp 40 Prozent sind Trennungen hierzulande trauriger Alltag. Und stets lautet die bange und durchaus berechtigte Frage: Wie werden es die Kinder verkraften, wenn die Familie auseinanderfällt? Manche sind so besorgt um die Folgen einer Trennung auf die kindliche Seele, dass sie beschließen, trotz aller Zerwürfnisse und aller Entfremdung – »wegen der Kinder« – trotzdem zusammenzubleiben. Ich halte das für keine gute Idee. Wenn Eltern so tun, als ob, und glauben, sie würden damit eine Beziehung vorleben, die nachahmenswert wäre für ihre Kinder, dann täuschen sie sich gewaltig. Kinder bekommen ohnehin mit, wenn Eltern sich auseinandergelebt haben, und es ist für sie dann fast schlimmer, so zu tun, als wäre alles in schönster Ordnung. Ich erlebe es auch häufig in meiner Praxis, dass Eltern mit Rücksicht auf Termine wie Weihnachten oder bestimmte Geburtstage oder Prüfungen wie dem Abitur noch warten wollen, bevor sie ihren Kindern die betrübliche Nachricht vermitteln. Ich sage dann immer: »Wenn Sie das tun, dann müssen Sie damit rechnen, dass Ihre Kinder sich hinterher betrogen fühlen.« Ebenso unfair: Wenn Eltern, die bereits getrennt sind, »für die Kinder« noch einmal unter dem Weihnachtsbaum zusammenkommen oder gemeinsam in Urlaub fahren. Das weckt falsche Hoffnungen. Kinder sind dann fast immer überzeugt, dass alles wieder gut wird zwischen ihren Eltern.

Deshalb ist mir Haltung so wichtig und Klarheit. Es

gibt auch bei Trennungen durchaus einen Königsweg. Einen, der den Kindern auch Loyalitätskonflikte erspart, und der heißt immer: auch dann als Eltern ein Team zu bleiben, wenn es als Paar nicht geklappt hat. Dazu gehört, dass man darauf verzichtet, schmutzige Wäsche zu waschen. Das ist sicher einfacher, wenn die Trennung auf Gegenseitigkeit beruht und keine einseitige ist. Zu empfehlen ist immer eine rechtzeitige Mediation und ein Anwalt für beide statt einen für jeden. Wer schon einmal die Schriftstücke gelesen hat, die Anwälte bei einer Scheidung aufsetzen, der weiß, dass die sich nicht selten wie Kriegserklärungen lesen und nur noch Öl auf ein ohnehin schon nicht mehr nur schwelendes Feuer gießen. Damit erzeugt man schnell eine Eigendynamik, die leicht in Unversöhnlichkeit endet. Eltern kommen zum Glück heute schon sehr früh und sagen: »Wir wollen uns trennen, wir wissen aber nicht, wie wir das unseren Kindern erzählen sollen.« Dann besprechen wir das.

Ich bin immer dafür, möglichst schnell möglichst offen zu sein. Man muss allerdings manchmal damit rechnen, dass Kinder das gar nicht hören. Man hat also diese berühmte Familiensitzung anberaumt – wie man es manchmal auch in Filmen sehen kann –, alle sitzen an einem Tisch. Die Eltern machen ein ernstes Gesicht und sagen: »Kinder, wir müssen euch jetzt etwas sagen, das euch sicher nicht gefallen wird. Wir trennen uns!« Sie sagen selbstverständlich, dass das nichts an ihrer Liebe zu den Kindern ändert, dass sie weiterhin Eltern und immer für sie da sein werden. Dann sagen sie noch: »Ihr könnt uns jetzt alles fragen ...« Die Kinder haben aber keine Fragen. Sie wollen auch nichts dazu sagen. Sie wollen einfach nur schnell raus aus der Situation. Eltern sind manchmal beunruhigt, weil so gar keine Reaktion kommt, und wollen, dass ich mir das Kind anschaue, überprüfe, was in ihm vorgeht. Es gibt natürlich Kinder, die sehr leiden. Aber es gibt durchaus auch Kinder, die erleichtert sind. In der Regel aber sprechen sie nicht gern darüber. Vor allem die Jungs wollen das nicht thematisieren. Das muss man respektieren.

Nach der Trennung kommt in der Regel eine neue Bindung. Vielleicht besteht sie schon, weil sie der Trennungsgrund war. Vor allem Männer können es dann nicht erwarten und fragen mich oft: »Wann kann ich die neue Partnerin meinen Kindern vorstellen und umgekehrt?« Ich sage immer: »Frühestens, wenn Sie wirklich sicher sind, dass diese Frau in Ihr Leben gehört. Und ich schätze, das dauert ein Jahr.« Manchmal finden die das nicht so gut, weil sie sich länger zurückhalten müssen und es ja auch ein organisatorisches Problem ist, die beiden Welten – hier die neue Beziehung, da die Zeit mit den Kindern – auseinanderhalten zu müssen. Aber ich finde, es gehört sich einfach nicht, seinen Kindern dauernd einen neuen Partner zu präsentieren. Das liegt komplett konträr zum Grundgedanken von Familie.

Wenn dann eine neue Partnerin oder ein neuer Partner gefunden ist, verstehen es vor allem die Väter oft nicht, dass ihre Kinder die neue Frau nicht einmal annähernd so toll finden wie sie selbst. Dass sie etwa im gemeinsamen Urlaub nur mit missmutigen Gesichtern die ganze Idylle zerstören, die sich die Väter schon so schön ausgemalt hatten. Für Kinder funktioniert aber die Gleichung nicht, die Männer gern aufstellen: »dasselbe Stück, bloß eine neue weibliche Hauptrolle«, und deshalb verweigern sie die Rolle, die ihr Vater für sie vorgesehen hat. Für sie ist es auch das Schlimmste, wenn die Stiefmütter versuchen, in Konkurrenz mit der leiblichen Mutter zu treten. Das geht immer nach hinten los. Fatal auch, wenn noch einmal Nachwuchs kommt – und sich Stiefgeschwister ankündigen. Kinder aus der ersten Beziehung sehen dann, dass in dieser Konstellation etwas möglich wird, was mit der anderen offenbar nicht ging. Sie fragen sich, was haben wir falsch gemacht, dass der Vater nicht geblieben ist, und fühlen sich betrogen. Auch für die neuen Frauen ist es natürlich schwer, weil da an der Seite ihres Mannes immer jemand ist, der schon früher da war und – hoffentlich – immer die erste Geige spielen wird. Denen sage ich immer: »Sie haben sich nicht in einen Mann verliebt, sondern in einen Vater! Das ist ein fundamentaler Unterschied, denn er bedeutet, dass Sie verzichten müssen. Sie können an diesen Mann nicht dieselben Ansprüche stellen wie an einen kinderlosen.«

Die Frage nach einer Trennung lautet: Wie regeln wir nun unsere Elternschaft? Gehen die Kinder am Wochenende zum Vater? Ziehen sie alle 14 Tage um? Leben sie fortan in zwei Haushalten? Dazu habe ich eine ganz eindeutige Haltung. Sosehr ich es begrüße, dass Väter sich mehr einbringen und ihr Interesse an einer innigen Beziehung zu ihren Kindern auch damit dokumentieren, dass sie möglichst viel Zeit und auch Alltag mit ihnen verbringen wollen, frage ich: »Mal ehrlich – wollen Sie Woche für Woche umziehen? Ständig hin- und herpendeln zwischen zwei Wohnungen?« Ich empfinde das als eine Zumutung für Kinder. Ich würde begrüßen, wenn es ein Zuhause gibt und der andere Elternteil – meist ja der Vater – die Kinder alle zwei Wochen am Wochenende sieht und etwas mit ihnen unternimmt. Dabei bin ich mir durchaus der Vor-

und Nachteile dieses Modells bewusst. Sie liegen unter anderem darin, dass Väter mit ihrem Kind nicht mehr den Alltag teilen. Das fehlt einerseits. Andererseits brauchen sie sich nicht mehr um die tausend Dinge zu kümmern, die manchmal an den Nerven zehren. Dingen wie Hausaufgaben machen, den täglichen Speiseplan zusammenstellen, noch mal rasch zum Kinderarzt fahren, um einen heftigen Husten abklären zu lassen. Sie können mit ihren Kindern entspannt Freizeit genießen, tolle Events veranstalten und sich so beliebt machen. Da erwarte ich von den Vätern, dass sie diese Gunst nicht ausnutzen, um die Mütter in den Schatten zu stellen, und sich auch an dem, was sie den Kindern in ihrer gemeinsamen Zeit bieten, finanziell anpassen an den Lebensstandard ihrer Ex-Frauen. Es darf hier keinesfalls darum gehen, sich als der bessere Entertainer hervorzutun, als Pausenclown der Kinder in Konkurrenz zu treten, sondern sich gewahr zu sein, als Eltern an einem Strang zu ziehen.

Mir ist bewusst, dass ich da eine schwierige Gratwanderung erwarte. Aber ich weiß eben auch, wie Kinder nach einer Trennung darunter leiden, wenn an ihnen gezerrt wird. Wenn Väter und Mütter mich darauf ansprechen, dass der jeweilige andere Elternteil das Kind zu seinen Gunsten manipuliere, dann erinnere ich an das Theaterstück »Der kaukasische Kreidekreis« von Bertolt Brecht. In dem Stück geht es um den Streit des Küchenmädchens Grusche und der Gouverneurswitwe Natella Abaschwili um den zweijährigen Michel. Die Gouverneurswitwe hatte bei der Flucht vor dem Krieg nur daran gedacht, ihre Kleider und ihren Schmuck zu retten, und das Kind einfach zurückgelassen. Um Michel kümmerte sich nun das Küchenmädchen Grusche, auch unter Lebensgefahr. Nach dem Krieg will Natella Abaschwili ihren Sohn zurück, damit sie Zugang zum Erbe ihres Mannes erhält. Als die beiden vor Gericht stehen, um ihre Ansprüche geltend zu machen, wendet der Richter Azdak die Kreidekreisprobe an: Er lässt einen Kreidekreis um Michel ziehen und sagt, die richtige Mutter werde das Kind aus dem Kreis ziehen. Statt nun auch an Michel zu zerren wie Natella, lässt Grusche Michels Hand sofort los. Sie will ihn nicht verletzen. Der Richter spricht daraufhin ihr – als der wahren Mutter – das Kind zu. Was ich damit sagen will: Wer zieht, hat verloren. Möglich, dass das schwer ist. Aber es würde mit Sicherheit die Loyalitätskonflikte des Kindes nur noch vergrößern, wenn der Ex-Partner – ob Vater oder Mutter – gegenhält und nun mit allen Mitteln versucht, das Kind auf seine Seite zu ziehen. Selbst wenn das für Sie eine manchmal auch längere Durststrecke bedeutet, in der Sie das Kind möglicherweise gar nicht sehen – eines Tages wird Ihr Kind honorieren, dass Sie Ruhe bewahrt haben.

In einer idealen Welt bleiben Sie auch nach einer schmerzhaften Trennung Eltern – Sie verständigen sich über alle Belange Ihrer Kinder friedlich und freundschaftlich. Sie treten auch einmal zu Ihren eigenen Ungunsten zurück und können geduldig darauf vertrauen, dass Sie mit Ihrer Elternschaft eine Bindung eingegangen sind, die viel stabiler ist, als es jede Liebesbeziehung sein kann, und auch länger währt. Nämlich garantiert lebenslang.

Familie 4.0

Auch wenn das sehr technisch klingt: Wir kommen nicht darum herum, uns auf die Welt 4.0 einzustellen. Bezogen auf die Familie, bedeutet 4.0 nicht die komplette Vernetzung und Automatisierung des familiären Lebens. Selbstverständlich wächst eine Generation heran, die mit vielen digitalen Automatisierungen leben wird. Trauen Sie Ihren Kindern zu, dass sie ihre Welt so verantwortungsvoll gestalten, wie sie es für angemessen halten. Die Grundlage dafür legen Sie in Ihrer Familie.

Familie 4.0 bedeutet einmal mehr, einen Raum zu schaffen, in dem sich Kinder wohl und geliebt fühlen und in ihrem Tempo wachsen können, Rückzug und Schutz erleben und sich gewappnet fühlen für die Welt da draußen. Das bedeutet, dass die moderne Familie sich den technischen Herausforderungen stellt und individuelle Anpassungsprozesse in Gang setzt, um die Kinder auszustatten mit allem, was notwendig ist. Waren das früher vielleicht körperliche, feinmotorische Fähigkeiten, so geht es heute um ein hohes Maß an Reflexionsfähigkeit, um vor allem mit der Informationsflut in der Welt 4.0 oder gar 5.0 zurechtzukommen.

Kinder brauchen viel Selbstwertgefühl und Vertrauen in sich, um sich im Dschungel der Unübersichtlichkeit und Vielfalt auszukennen. Die Familie hat dabei nicht ausgedient, um modernen Robotersystemen zu weichen, sondern sie bleibt der Hort, in dem Kinder emotionale Stabilität und verlässliche Bindung entwickeln können. Das Familienleben ist der Quell von allem – an dem es so lebendig zugeht, dass alle daraus Energie schöpfen können. Dazu gehört manchmal auch stilles Beieinandersein, gemeinsames Schweigen in der Gewissheit einer großen Verbundenheit. Unsere Kinder lieben uns, auch dann, wenn wir das manchmal nicht verdient haben. Es ist an uns Eltern, aus diesem Vertrauensvorschuss heraus eine Beziehung zu gestalten, die Kraft gibt und Zuversicht. Finden Sie ein Bild für sich und Ihre Familie: Sehen Sie ein Baumhaus? Ein Nest? Einen Stall? Ein Hochhaus? Ein Haus am See? Oder einfach nur eine moderne Wohnung? Was sind Ihre Strategien, um sich mit der Zukunft auseinanderzusetzen? Wie möchten Sie das Ihren Kindern vermitteln? Blicken Sie nach Möglichkeit optimistisch in die Zukunft – die Kinder haben erwachsenen Pessimismus nicht verdient. Sie sind jetzt mitten in Ihrem Familienleben angekommen. Gestalten Sie es gemeinsam. Man muss nicht über jeden Schritt nachdenken, lieber nicht. Aber das regelmäßige gemeinsame elterliche Gespräch über Familie 4.0 hilft.

THINK!

→ Der Familien(ess)tisch ist das zentrale Möbel in der Familie.

→ Gestalten Sie ihn so, dass sich alle wohlfühlen.

→ Essen bleibt Beziehung.

→ Widerstehen Sie Süßigkeitsverboten.

→ Trauen Sie Ihrem Kind ein breites Spektrum an Nahrungsmitteln zu.

→ Aufräumen ist Elternsache.

→ Familienidentität schafft Sicherheit und innere Struktur.

→ Identität ist Seelenfutter.

→ Gestalten Sie gemeinsam ein »Wir-Plakat« der Familie.

→ Bestimmen Sie Ihr Außenbild, bevor es Sie einholt.

→ Anpassung sichert die seelische Entwicklung.

→ Elterliche Sexualität findet ohne Kinder statt.

→ Eltern bleiben wachsam gegenüber sexuellem Missbrauch.

→ Leben Sie Ihre natürliche Sexualität vor, ohne etwas davon zu zeigen.

→ Unterschätzen Sie kindliche Sexualität nicht.

→ Kinder brauchen entwicklungsabhängig mehr und mehr körperlichen Abstand.

→ Aufklärung bleibt Elternsache.

→ Moralpredigten sind nutzlos.

→ Sport ist wichtig, Selbstbestimmung und Talentberücksichtigung auch.

→ Sportliche Kinder brauchen sportliche Eltern.

→ Widerwillig Sport treiben zu müssen, beendet schnell jede Motivation.

→ Autonomie ist lebenswichtig.

→ Übermäßig abhängige Kinder werden lebensunfähig.

→ Forciert autonome Kinder sind in der Regel überfordert.

→ Autonomie kann besser wachsen, wenn es auch Abhängigkeit geben darf.

→ Zelebrieren Sie zwischendurch regressive Phasen Ihrer Kinder.

→ Nur wer klein sein darf, kann auch groß werden.

→ Wandeln Sie Freizeit in Familienzeit.

→ Beenden Sie die Jagd nach der totalen Freizeit.

→ Urlaub ist Familienzeit par excellence.

→ Wer sich mit einem Kind in einen Machtkampf begibt, hat verloren.

→ Entschlossenes Durchsetzen ist zum Glück selten gefragt –, dann aber richtig.

→ Auch Eltern dürfen sich entschuldigen.

→ Frieden schaffen heißt verzichten.

→ Überhören Sie populistische Hinweise auf den Gehirntod durch digitale Medien.

→ Leben Sie vor, dass der Dialog wichtiger ist als das Handy.

→ Es ist verboten, Kinder mit Handynutzung beruhigen zu wollen.

→ Familiäres Leben braucht selbstverständliche handyfreie Zonen.

→ Handyverbote führen zu Handy(sehn)sucht.

→ PC-Spiele sind in der Regel Entwicklungsphasen.

→ Kinder brauchen Freunde und Freundschafts-Vorbilder.

→ Wenn Paare sich trennen, sollten sie dennoch Eltern bleiben.

→ Keine Vortäuschung von falschem Beziehungsglück. Das verunsichert Kinder.

→ Familie 4.0 ist keine Roboterfamilie.

→ Man muss nicht jeden familiären Schritt reflektieren.

→ Das regelmäßige elterliche Gespräch über die kleine Familie 4.0 hilft.

KAPITEL 9

Die Pubertät

Pubertät light

Vermutlich glauben Sie, dass Sie für dieses Kapitel das Outfit eines American-Football-Spielers brauchen: Möglichst gut gedämmt für die Schläge und Blessuren, die diese Entwicklungsphase ganz sicher der elterlichen Seele zufügen wird. Schließlich gehen immer noch alle davon aus, dass Pubertät nur echt ist, wenn es ordentlich kracht. Referenzwerte geben dabei Schilderungen wie die von Charlotte Roche ab, die einmal sagte, sie habe die »längste und schlimmste Pubertät der Welt« durchlebt. Sie sei förmlich »explodiert«, habe einfach aufgehört, sich zu waschen, ihre Eltern geschlagen, beschimpft, beklaut (*Tagesspiegel,* 24.02.2008). Das alles geschieht angeblich für einen guten Zweck. Schließlich wissen Sie als Eltern aus Ihrer eigenen Lebensgeschichte und dank guter Allgemeinbildung, dass genau das der Identitätsfindung und der Autonomieentwicklung dient. Kurz: Je heftiger der Jugendliche aufbegehrt, je häufiger er die Schule schwänzt, je konsequenter er sich vom freundlichen Kind in einen ungebärdigen Rebellen verwandelt, umso besser erreicht er das Klassenziel der Autonomie.

Dieser Mythos hallt schier unendlich nach. Was aber, wenn nun die Pubertät plötzlich leiser und unaufgeregter verläuft? Dann sind alle verunsichert. Verpasst das Kind einen wichtigen Entwicklungsschritt? Sind die Eltern zu soft oder das Kind zu ängstlich-gehemmt? Hat man vielleicht einen kleinen Duckmäuser herangezogen, der nur auf Anpassung bedacht ist?

Nein, keine Sorge, nichts von alledem. Sie sollten wissen: Die Pubertät hat sich in den letzten Jahren verändert. Längst geraten Jugendliche in dieser Entwicklungsphase nicht mehr so tief und heftig in innere Strudel wie vielleicht noch vor ein paar Jahren. Ganz einfach, weil Eltern heute verständnisvoller sind. Deshalb müssen Kinder nicht mehr so aufbegehren wie vielleicht noch in der Generation zuvor. Das ist eine gute Entwicklung und kein Anlass zur Sorge.

Bitte denken Sie also nicht, Sie hätten Ihre pädagogischen Hausaufgaben geschwänzt, wenn Wutausbrüche, wochenlanges Trotzen, leidenschaftliche Streitlust, der ganze Pubertäts-Funkenflug ausbleiben. Nehmen Sie es vielmehr als Kompliment: Sie haben alles richtig gemacht. Wenn die Pubertäts-Wogen dennoch bisweilen so hochschlagen, dass man am liebsten Rettungswesten verteilen würde, bedeutet das im Umkehrschluss nicht, dass Ihr Kind Ihnen damit ein lausiges Elternzeugnis ausstellt. Es kann zwischendurch immer auch mal zu Gewittern kommen. Wie oft sie auftreten und wie lange die währen, hat letztlich etwas mit der Persönlichkeit Ihres Kindes zu tun. Und ein wenig auch mit Ihrer eigenen Persönlichkeit, denn auch Eltern haben mal »schwache Tage«. Aber vor allem auch damit, wie Ihre Kinder Sie in den Jahren zuvor erlebt haben.

Das Verständnis von Eltern, das zu einer Abmilderung der Pubertät führt, der respektvolle Umgang mit Autonomiebestrebungen, begleitet Kinder ja idealerweise von Beginn an. Damit entsteht schon früh ein Identitätsgefühl, das langsam und kontinuierlich wächst. Es braucht also gar nicht diesen legendären Pubertäts-Vulkanausbruch, mit dem sich wie aus dem Nichts eine heiß brodelnde Emotions-Lavamasse über die Eltern ergießt, die alles niederbrennt, was einmal gut und schön war im Zusammenleben. Wenn ein Kind weiß, wer es ist, und wenn gleichzeitig ein tiefes gegenseitiges Liebesgefühl zu den Eltern besteht, dann entwickelt es sich nicht allein durch Abgrenzung weiter, sondern vor allem durch Vertrauen und Respekt.

Ganz verzichten aber kann man auf Ablösung nicht. Denn der Auftrag in dieser Lebensphase lautet ja, zu sich selbst zu finden, das eigene Ich, Entscheidungskompetenzen und Selbstständigkeit auszubauen. Und der erfüllt sich auch und vor allem eben dadurch, dass man sich von den Eltern unterscheiden will und ablöst. Dafür wird ein einfacher, sehr effektiver, aber manchmal eben auch verletzender Weg eingeschlagen: alles anders zu machen als die Erwachsenen. Infrage zu stellen, was bislang fraglos gelebt wurde – und auch einmal auf der Gegenfahrbahn unterwegs zu sein.

Das kann sich auf so ziemlich alle Lebensbereiche auswirken. Möglich also, dass Ihre bis dato noch so niedliche und stilbewusste Tochter plötzlich ein Faible für tiefschwarze Haare mit Under-Cut, für Piercings, zerrissene Jeans und Heavy-Metal entwickelt. Oder auch, dass der Sohn, bislang sehr einverstanden damit, einen akademischen Abschluss zu machen, jetzt sein Berufsziel mit »Umweltschützer« angibt und in ein Baumhaus ziehen will, um irgendwo einen Wald zu retten. All das sind Symptome eines klassischen Ablösungsprozesses. Klingt fast simpel. Ist aber für die Jugendlichen heute gar nicht so leicht wie etwa zu meiner Zeit. Als ich 13 oder 14 Jahre alt war, habe ich mir direkt bei der chinesischen Botschaft in Bonn die Mao-Bibel bestellt. Es gab zwar eine englische Version, aber die chinesische war natürlich viel cooler. Mit der brauchte ich nur vor den Augen meines Vaters herumzuwedeln, und schon ging sein Puls in schwindelerregende Höhen. Ein Effekt, der sich mit den Eltern heute nur schwer erzielen ließe, weil sie nicht mehr so leicht aus der Ruhe zu bringen sind und sehr viel mehr Interesse und Verständnis für ihre Kinder aufbringen. Das ist gut, denn obwohl ich damals mit wenig Aufwand sehr viel Wirkung erreichte, hätte ich mir gewünscht, mein Vater hätte sich etwa für meine Musikvorlieben interessiert, anstatt sie in Bausch und Bogen abzulehnen.

Umgekehrt ist es eben auch schwer, wenn Eltern so gar keine Reibungsfläche bieten. Wenn sie den Resonanzboden verweigern für die Bemühungen ihres Kindes, sich selbst zu finden im Anderssein. Im Extrem haben wir es dann mit »Marshmallow-Eltern« zu tun. Wie bei der »Schaumzuckerware« bleibt nämlich keine Delle, wenn man reinpikst. Alles geht einfach glatt durch, ohne spürbaren Widerstand. Das produziert dann ein anderes, ein ungutes Spannungsfeld, in dem sich die Jugendlichen verlieren. Denn wo keine Leitplanken sind, fehlt der Halt, droht der Absturz. Schwierig auch, wenn Eltern beste Freunde sein wollen. Wenn man manchmal nicht weiß, wer hier eigentlich der Jugendliche ist – Vater oder Sohn? Mutter oder Tochter? Nichts gegen Väter, die mit 50 noch Skateboard fahren, oder Mütter, die samstags »Um die Häuser ziehen!« in ihrem Terminkalender stehen haben. Aber tun Sie das bitte mit Ihrer eigenen Peer-Group. Jugend ist ein Privileg der Jugend, und es wird – zu Recht –

von den Kids auch als Amtsanmaßung empfunden, wenn Erwachsene in ihren Gefilden wildern. Das heißt nicht, dass Sie sich nicht für die Dinge interessieren dürfen, die Ihre Kinder beschäftigen: Musik, Filme, Snapchat, Klubs, Mode, YouTube. Und nichts gegen einen gemeinsamen Mountainbike-Ausflug oder eine Kanu-Tour. Aber sosehr ich den Impuls verstehe, dem Kind damit nahe bleiben zu wollen – man ist nicht der beste Freund, man ist Eltern. Und in der Pubertät auch wichtiger Gegenspieler. Beides ausgesprochen exklusive Positionen, die wirklich nur von zwei Menschen auf diesem Planeten ausgefüllt werden können: von Vater und Mutter. (Verstehen Sie mich nicht falsch, natürlich auch von der alleinerziehenden Mutter oder von Mutter und Mutter oder Vater und Vater.)

Früher oder später: Sex

Als Eltern können und sollten Sie auch durchaus sagen, wenn Ihnen etwas nicht gefällt und Sie Gesprächsbedarf sehen. Zum Beispiel, wenn Ihre Tochter anfängt, sich übermäßig sexy zu kleiden: bauchfrei und überhaupt sehr kurz und knapp. Das kann schon ein kleiner Schock sein. Ich verstehe, wenn Eltern fürchten, es könnten Signale gesendet werden, deren Wirkung die Jugendlichen noch nicht übersehen können. Aber bitte reagieren Sie nicht wie der Vater, der entdeckte, dass seine Zwölfjährige mit Stringtangas vom Shopping kam und die Einkaufsbeute mit dem Kommentar »Dafür bist du noch zu jung!« kurzerhand konfiszierte. Das ist übergriffig und trifft auch nicht den Kern der Sache. Der besteht vor allem aus der elterlichen Angst, dass es viel zu früh um Sex geht und ihre

Kinder noch gar nicht reif genug dafür sind. Dass es allgemein zu einer Enthemmung kommt und zu einem veränderten Sexualverhalten, wenn sich die Jugendlichen – jedenfalls in Elternaugen – eindeutig-zweideutiger Accessoires bedienen. Da kann ich einiges zur Beruhigung beitragen: Jugendliche haben heute nicht früher Sex als etwa vor zehn Jahren, nur weil sie sich vielleicht offenherziger kleiden. Und klar, es müssen sich auch die Mädchen ausprobieren in allem, was der Modetrend, was die Influencer gerade so propagieren.

Damit sind wir beim eigentlichen Problem: der Sexualisierung von Frauen in unserer Gesellschaft und in den Medien. Trotz sexueller Revolution und aller Aufklärung wird immer noch fast jede dritte Frau laut einer Studie heute in den Medien unter dem Aspekt der Sexualität dargestellt. »Sex sells« gilt also insofern immer noch, als die Botschaft lautet: »Wenn du als Frau Aufmerksamkeit willst, musst du sexy sein!«, und: »Erst Hotpants und enge Tops machen dich wirklich interessant!« Ich wundere mich immer wieder, wie wenig Widerstand sich da gesamtgesellschaftlich rührt. Wie leichtfertig wir unseren Töchtern dieses schlichte Frauenbild zumuten, in dem der Selbstwert an der »Sexyness« hochgerechnet wird. Ich würde mir wünschen, dass Mädchen da mehr gestärkt werden. Wenn sich schon die Gesellschaft davor drückt, ist es die Aufgabe der Mütter oder auch Tanten, mit den Mädchen darüber zu sprechen. Auch über Verhütung. Und natürlich sollte es kein Problem sein, wenn Ihr Kind seinen Partner bei sich übernachten lässt. Ja, auch schon mit 16 Jahren. Sonst verjagt man sein Kind. Wenn es umgekehrt längst nicht die gleiche Toleranz walten lässt, ärgern Sie sich nicht. Jugendliche sagen jetzt Sätze wie: »Du bist so peinlich!«, und finden, dass man zu laut redet, zu laut lacht, zu laut isst und – das Schlimmste überhaupt – sich als Eltern schon insofern nicht altersgemäß verhält, weil man sich küsst, obwohl man doch schon über 20 ist. So paradox das klingt: Das geschieht nur aus Liebe. Ihr Kind arbeitet sich ja vor allem deshalb so an dem vermeintlich Unerträglichen ab, das ihm an Ihnen auffällt, weil es sich Ihnen zu nahe fühlt.

Erinnern Sie sich: Der Auftrag dieser Entwicklungsphase lautet, sich von den bislang widerspruchslos geliebten Eltern zu lösen. Wie könnte das besser gehen, als dass man darauf achtet, was man nicht so gut findet am anderen? Dass es vor allem Körperliches ist, das die Jugendlichen nun so enorm stört, hat einen Grund: Es berührt die absolute – vor allem körperliche – Nähe-Erfahrung mit den Eltern, und die ist nun enorm schambesetzt. Etwas, das man möglichst komplett ausradieren möchte. Grämen Sie sich also nicht. Eltern, die sich davon verletzen lassen, haben den liebevollen Impuls dahinter nicht verstanden. Wenn man jemanden aus Liebe vor den Kopf stößt, um loskommen zu können, ist das etwas komplett anderes, als wenn ich jemanden zurückweise, den ich tatsächlich nicht mag.

Wegen Umbauarbeiten verschlossen

Wenn Sie Ihren Jugendlichen daheim verstehen wollen, sollten Sie wissen, was hirnphysiologisch in der Pubertät passiert. Stellen Sie sich vor, dass unser Gehirn mit seinen Milliarden Zellen nur gut funktioniert, wenn diese Zellen in unterschiedlichen Verbänden und Strukturen vernetzt sind. Diese Vernetzung zwischen unterschiedlichen Bereichen des Gehirns wird in der Pubertät umgebaut. War das Kind z. B. bei bestimmten Eigensteuerungsprozessen, also bei der Fähigkeit, sein Verhalten unter Kontrolle zu halten, immer auf Hilfe von außen angewiesen, so soll der Umbau dazu führen, dass der Jugendliche zu einem eigenverantwortlichen und selbstständigen Menschen wird.

Wie bei jedem Umbau gibt es auch hier Phasen, in denen die alten Strukturen noch nicht ganz verändert sind und die neuen noch nicht ausreichend stabil. Das führt dazu, dass pubertierende Mädchen und Jungen sich mal besser und mal schlechter steuern können. Deshalb die plötzlichen Stimmungsschwankungen und die für alle unvorhersehbaren Impulsdurchbrüche, die oft weniger bedrohlich als vielmehr hilflos wirken. Das ungelenke und unbeholfene Gefühls- und Verhaltenschaos der Jugendlichen verführt manchmal dazu, es nicht wirklich ernst zu nehmen oder sich sogar darüber lustig zu machen. Aber Vorsicht: Sich etwa mit Begriffen wie »Pubertier« über einen Zustand zu amüsieren, der die Betroffenen durchaus quält und in große Krisen stürzt, lässt genau den Respekt vermissen, der jetzt so wichtig ist. Und das wird mit Rückzug quittiert – wie ich finde, zu Recht. Halten Sie sich also lieber zurück. Mit Ironie ebenso wie mit Trost. Beides kann wie ein Brandbeschleuniger auf die ohnehin stets glimmende Pubertätsglut wirken. In dieser Entwicklungsphase sinkt die Schamgrenze nämlich bisweilen dramatisch. Alles, was auch nur im Entferntesten mit Emotionen zu tun hat, kann Ängste auslösen, von den im Inneren tosenden Gefühlen übermannt zu werden. Gerade weil das Triebleben nun so mit Macht erwacht, fürchten Jugendliche die Überwältigung und dass das, was sie so mühsam

zurückhalten, offenbar werden könnte. Mit zum Teil erstaunlichen Folgen. Sicher haben Sie schon einmal beobachtet, dass Teenager oft eine erstarrte Mimik haben. Hinter diesem übertriebenen Versuch der Selbstkontrolle steht
der Selbstverdacht, dass es unkontrollierbare Emotionen
im eigenen Seelenhaushalt gibt, die unvermutet ausbre-
chen, sollte man ihnen auch nur den winzigsten Anlass
bieten. Jedes Lächeln der Jugendlichen kann dabei ein Gefühl der völligen Entgleisung und Haltlosigkeit hervor-
rufen. Jede auch nur im Ansatz emotionale Äußerung –
wie etwa ein einfaches »Ich finde dich nett!«, lässt die
Furcht aufpoppen, am inneren Horizont könnte plötzlich
eine grellbunte und sicher noch vom All aus sichtbare Ne-
onschrift aufleuchten, mit Sätzen wie: »Zieh dich aus!«,
und: »Ich will Sex!« Sicher kennen Sie die therapeutische
Methode des Psychodramas. Mit Kindern ist das ganz
leicht. Da improvisiert man einfach ein Stegreifspiel oder
ein Märchen, und alle sind mit Eifer dabei. Jugendliche dagegen können sich nicht einmal vom Stuhl erheben, aus
Angst, damit schon viel zu viel von sich gezeigt zu haben.
Sie schaffen es einfach nicht. Darauf nehme ich natürlich
Rücksicht und arbeite mit anderen Techniken.

Je mehr Jugendliche erleben, dass sie auch in dieser
Entwicklungsphase freundlich liebevoll aus der Distanz
begleitet werden, desto eher können sie sich ohne Scham
wieder an uns wenden. Dazu muss man manchmal Situationen schaffen, die nicht konfrontativ sind, etwa eine gemeinsame Autofahrt oder Spazierengehen. Das mag banal
klingen, aber vielleicht können Sie nachvollziehen, dass
man sich besonders im Auto anders fühlt. Vielleicht läuft
dabei die Musik des Kindes – Entschuldigung: des Jugendlichen –, und plötzlich entsteht eine andere Atmosphäre,

ein anderes Gespräch. Versuchen Sie dabei, ein paar Regeln zu beherzigen, z. B. dass Sie keine Fragen stellen, sondern eher ein Thema aus eigener Betroffenheit heraus ansprechen. Und bitte keine detektivischen Ambitionen! Keine Verhöre! Versuchen Sie es lieber mit der Haltung des Baggers aus einem Kindergedicht, der mit den Worten einlädt: »Mit nichts in den Zähnen so lange gähnen, bis ein Vogel sich traut und sein Nest in mir baut …« Und noch etwas: Pubertät ist, frei nach Forrest Gump: »wie eine Pralinenschachtel. Man weiß nie, was man bekommt.« Auch und vor allem die Jugendlichen sind dem, was ihnen die Pubertät beschert, bisweilen genauso hilflos ausgeliefert wie die Eltern. Das sollte man wissen, um zu verstehen, wie absurd es ist, Kindern gerade jetzt Manipulationen und gewiefte strategische Manöver zu unterstellen, um sich so Vorteile zu verschaffen. Misstrauen ist Gift für jede Beziehung. Gerade jetzt brauchen Sie eine – stille und unaufgeregte – Vertrauensbasis zu Ihrem Kind, damit Sie beide gestärkt in eine neue Beziehungsqualität starten können und Ihr Kind diese Entwicklungsphase als selbstbewusster junger Erwachsener abschließt.

Aus Erfahrung gut

Und dann kommt der Punkt, an dem Sie möglicherweise denken: So geht es nicht weiter! Ich kann und darf mir nicht länger auf der Nase herumtanzen lassen. Mein Kind kennt ja gar keine Grenzen mehr! Wo soll das bloß hinführen? Zunächst einmal: Diese Gefühle und Gedanken sind verständlich. Leider dienen Konsequenzen – das feinere Wort für »Sanktionen« – in erster Linie demjenigen, der sie verhängt. Wir haben es tief in unserem Elternherz verankert, dass eine inkonsequente Erziehung zu verwöhnten, gar verwahrlosten Kindern führt. Und dass wir besonders in der Pubertät aufgefordert sind, Strenge walten zu lassen, damit die jungen Wilden – als das werden Pubertierende in diesem Zusammenhang ja nicht selten betrachtet – nicht völlig aus dem Ruder laufen. Grundsätzlich muss man dazu sagen, dass die vermeintliche Lösung das vermeintliche Problem nur verstärkt. Weil Sanktionen wie ein Wachstumshormon auf das negative Verhalten wirken, das damit doch eigentlich zukünftig verhindert werden soll. Im besten Fall führen Strafen dazu, dass der Betroffene aus Angst vor erneuter Strafe sein Verhalten unterlässt. Ohne eine Alternative zu haben, auf die er ausweichen kann. Es entsteht eine innerliche Fokussierung auf das Unerwünschte oder Verbotene, das dadurch immer verlockender wird. Will man das? Vermutlich doch nicht! Zumal diese »Konsequenz« die Beziehung zu Ihrem Kind nachhaltig trübt und das Familienleben in ein einziges Krisengebiet verwandelt.

Alle profitieren also davon, wenn das Positive verstärkt wird. Weil das die immer noch wirksamste Methode ist, Frieden zu schaffen ohne Waffen wie Verbote, Moralpredigten, Drohungen. Etwa zu sagen: »Das war ein schöner Abend mit dir heute«, oder: »Wir haben uns heute gar nicht gestritten – danke!«, oder: »Entschuldige, ich war in letzter Zeit wohl etwas zu gestresst.« Immer dann, wenn Sie diese Sätze authentisch und aus tiefstem Herzen aussprechen, werden Sie merken, wie ungemein hilfreich sie sind. Endlich kein Chaos in der Beziehung, kein endloses Diskutieren. Natürlich ist das kein Wundermittel. Aber positive Verstärkung – übrigens nicht nur während der

Pubertät! – ist die einzige Möglichkeit, mit der man etwas erreicht.

Und noch ein Aspekt ist sehr wichtig: Wussten Ihre Eltern in Ihrer Pubertät alles über Sie? Nein, natürlich nicht? Und warum soll das jetzt anders sein? Weil Sie viel verständnisvoller als die Großeltern sind? Weil Sie unter Trennungsschmerzen leiden? Das ist verständlich – gehört zu Ihnen und darf nicht am Kind abgehandelt werden. Väter, die morgens um vier Uhr hinter der Gardine stehen, um zu kontrollieren, ob das Töchterlein tatsächlich alleine aus einer Taxe steigt, sind nicht etwa fürsorglich. Sie pflegen vielmehr ihr Misstrauen und merken nicht, wie beziehungstoxisch das ist.

Natürlich kenne ich auch die endlosen Diskussionen um die Uhrzeit, zu der der Jugendliche heimkommen sollte. Sie kann meiner Erfahrung nach sehr gut mit einem einfachen Satz beendet werden: »Komm nach Hause, wenn der Spaß aufhört.« In der Regel führt das dazu, dass die Kids eine kurze Phase des exzessiven Ausprobierens durchlaufen. Dann aber sind sie oft erstaunlich früh wieder zurück. Entscheidend ist, dass Sie Ihren Kindern mit diesem Satz Ihr Vertrauen beweisen. Jetzt werden Sie sagen, dass da draußen jede Menge Gefahren und Unwägbarkeiten lauern, die gerade die Jugendlichen nicht einschätzen können. Das stimmt natürlich. Einerseits. Andererseits gibt es kein Leben ohne Risiko. Längst belegen Studien außerdem, dass wir uns zu viel und vor den falschen Dingen fürchten. Denn im Unterschied zu dem Eindruck, den man manchmal in der Berichterstattung besonders der Boulevardmedien gewinnt, zählt unser Land zu den sichersten der Welt. Mit einer Kriminalitätsstatistik, die zuletzt vor 25 Jahren so niedrig war wie heute.

Ohnehin können Sie Ihr Kind nicht dauerhaft in Watte packen. Sosehr ich diesen Impuls verstehe. Aber wenn Sie heute einen 15- oder 16-jährigen Jugendlichen haben, sind es sowieso nur noch drei bzw. zwei Jahre, bis Ihre Tochter oder Ihr Sohn alles alleine regeln kann und will. Das wird Ihr Kind auch – und zwar auf der Basis von Erfahrungen, die gerade in der Pubertät gemacht wurden, und am Ende eines Reifungsprozesses, der Ihren jungen Erwachsenen stärker, verantwortungsbewusster und selbstständiger gemacht hat.

Wenn Sie diese Phase nun durch Sanktionen, durch besonders »konsequentes« Vorgehen strukturieren, treiben Sie Ihre Kids nicht nur von sich weg. Sie beschneiden auch ihre Entwicklung. Nein, ich will Ihre Ängste und Sorgen in dieser Lebensphase nicht bagatellisieren. Aber es gibt nun mal keine totale Kontrolle, und sie ist auch alles andere als sinnvoll. Denn unsere Aufgabe besteht ja vor allem darin, unseren Kindern beizubringen und ihnen zuzutrauen, die Unwägbarkeiten des Lebens zu meistern. Und sowenig Sie die wichtigen Erfahrungen damals in Ihrer Jugend ungeprüft und quasi ohne Selbstbeteiligung von Ihren Eltern einfach so übernehmen wollten, nur weil die behaupteten, es besser zu wissen, so freigiebig sollten Sie auch Ihren Kindern die Chance geben, ihre eigenen zu machen.

Es ist immer gut, auf Selbsterfahrung zu setzen und zu vertrauen. Aber – auch das muss gesagt werden – es gibt durchaus Jugendliche, die aufgrund ihrer Persönlichkeit immer bis zum Limit und darüber hinausgehen müssen. Die ganze Nächte wegbleiben. Die es auch mit dem Alkoholkonsum und/oder mit dem Kiffen übertreiben. Wann dieser Punkt erreicht ist, das wissen Eltern meist intuitiv sehr gut. Wenn da etwas dauerhaft entgleist, sollten Sie im Gespräch darüber bleiben. Nicht moralisierend, nicht vorwurfsvoll, sondern mit klaren Ansagen: »Du zeigst mir gerade, dass du dein Leben nicht steuern kannst, und sorgst damit dafür, dass ich das machen muss.« Oder: »Du hast dich mit deinem Verhalten dafür entschieden, dass ich nun in dein Leben eingreife.« Scheuen Sie sich auch nicht davor, professionelle Hilfe in Anspruch zu nehmen und etwa einen Suchttherapeuten aufzusuchen. Ich mache das in meinen Therapien nicht anders. Wenn Jugendliche mir da sagen: »Ich nehme im Übrigen die und die Droge«, dann bestehe ich meistens darauf, dass eine Urinprobe Stoffe und Mengen mitteilt. Enthält die mehr fragwürdige Substanzen, als in Ordnung sind, dann reagiere ich nicht mit Verständnis, sondern ich mache sofort einen Termin bei der Drogenambulanz. Sicher ist es heute – anders als noch in meiner Jugend – kein Drama mehr, wenn ein Jugendlicher mal einen Joint raucht, und Eltern reagieren längst nicht mehr so panisch wie noch ihre eigenen, sollte ihr Kind auch regelmäßig kiffen. Das ist gut so. Cannabis ist – entgegen anderslautender und ungemein zählebiger Gerüchte – keine Einstiegsdroge. Was man allerdings bedenken sollte: Tetrahydrocannabinol – kurz THC –, die psychoaktive Substanz der Hanf-Pflanzen, ist hirntoxisch. Ist Gift fürs Hirn. Ich sage Jugendlichen, die viel davon konsumieren, deshalb immer: »Herzlichen Glückwunsch! Du hast dich gerade entschieden, dumm zu werden.« Damit erreicht man durchaus auch mal ein Umdenken. Ich meine übrigens, dass es bei diesem Thema viel zu wenig Austausch zwischen Lehrern und Eltern gibt. Ich habe den Eindruck, dass Lehrer da manchmal viel zu sehr mit Scheuklappen unterwegs sind und nicht sehen wollen, was praktisch direkt vor ihren Augen passiert. Stattdessen wird stoisch behauptet, es gäbe keinen Drogenkonsum an den Schulen. Mir kommt das eher wie ein Wegducken vor. Ich fände es wünschenswert, wenn man auch dort genauer hinschauen würde, um möglichst schnell und frühzeitig eingreifen zu können.

Aber wir sprechen hier von seltenen Spitzenwerten. Meist quälen sich Eltern mit ganz anderen pubertären Erscheinungsformen: mit Kindern, die ihr Zimmer in eine Höhle verwandeln, die man höchstens noch in Begleitung eines Raumsprays und eines Desinfektionsmittels betreten möchte; die Tage damit verbringen, im Netz anderen Jugendlichen zu »folgen«, die man schon wegen der stundenlangen Beschäftigung mit dem »perfekten Paar Augenbrauen« irgendwie nicht für die Idealbesetzung eines »Role-Models« für sein Kind hält; die ganze Wochenenden verschwunden und »auf Party« sind.

Wenn nun der innere Satz in Ihnen aufsteigt, der da heißt: »Jetzt reicht's aber!«, gehen Sie innerlich noch mal einen Schritt zurück, und überlegen Sie, wie Sie deeskalieren können. Vielleicht gibt es einen Weg, wie ein Kompromiss entstehen kann zwischen Ihrer Sorge und dem jugendlichen Expansionsdrang. Der könnte sich etwa so anhören: »Ich möchte dich nicht beschneiden in deiner Freiheit und der Notwendigkeit, dass du Dinge ausprobierst und Spaß hast. Sei nicht so streng mit mir, wenn ich aus Angst um dich überreagiere, ja?« Oder: »Du hast leider das Pech, eine überängstliche Mutter (einen überängstlichen Vater) zu haben. Können wir gemeinsam überlegen, wie wir das hinbekommen, ohne dass du dich zu sehr beschnitten fühlst, damit ich trotzdem ruhig schlafen kann?«

Das Dream-Team:
Vertrauen und Respekt

Pubertät ist, wenn Eltern merken, dass Kinder auch ohne sie sehr glücklich sein können. Diesen Merksatz habe ich im Internet gefunden. Er beschreibt gut das elterliche Dilemma: einerseits natürlich sehr stolz darauf zu sein, wenn Kinder nun ihre eigenen Wege gehen, immer selbstständiger werden. Andererseits spürt man auch diese kleinen, aber schmerzhaften Stiche im Herzen, wenn man erlebt, wie sich Jugendliche in ihre eigene Welt zurückziehen. Statt wie sonst sonntags mit den Eltern am Frühstückstisch zu sitzen, wird lieber im eigenen Zimmer »gechillt«, und es gibt Diskussionen darüber, ob es wirklich nötig ist, dass man beim »schnarchlangweiligen« Geburtstagskaffee der Großmutter herumhockt oder volle vierzehn Urlaubstage mit den Eltern im Schwarzwald verbringt. Eltern sagen dann gerne: »Aber es hat dir doch immer so viel Freude bereitet, mit uns wandern zu gehen.« Oder: »Du kommst gefälligst mit zu Oma. Das ist das wenigste, was du tun kannst für all die Geschenke, die sie dir gemacht hat!« Aber: Familienleben auf Zwang hat ganz wenig Sinn. Das gilt auch und vor allem für die Eltern, die die Gesellschaft eines missgestimmten Kindes ja auch erst mal ertragen müssen. Meiner Erfahrung nach ist allen mit einem Kompromiss am besten gedient. Stellen Sie sich bloß mal vor, wie es für einen 16-Jährigen ist, den ganzen Tag mit lauter schick gekleideten Senioren zu verbringen, die sich fast nur noch über ihre Krankheiten und Wehwehchen austauschen können. Überlegen Sie, welcher Teil der Veranstaltung der wichtigste für die Großmutter ist. Und dann können Sie immer noch den Vorschlag machen:

»Du kannst mit uns Mittag essen und dann nach Hause fahren und tun, was du magst.«

Ich habe die Beobachtung gemacht, dass Jugendliche und junge Erwachsene durchaus gern weiterhin am Familienleben teilnehmen, an gemeinsamen Ausflügen, an Essen und sogar an Urlauben, wenn es für sie attraktiv ist. Das ist es aber nur, wenn die Teilnahme erstens freiwillig bleibt und man sich zweitens vorab Gedanken darüber macht, wie alle auf ihre Kosten kommen. Das mag manchen Eltern schwerfallen. Besonders, wenn sie ihr Kind noch möglichst lange im kindlichen Zustand festhalten möchten, nicht loslassen mögen. Hören Sie sich selbst zu. Ertappen Sie sich dabei, typische Familiensituationen wie in Bernstein zu gießen: die Kinderweihnacht, bei der einst alle mit leuchtenden Augen um die Tanne standen und der Jugendliche noch nicht wie zuletzt ausgerechnet am Tisch über dem Gänsebraten eine Diskussion über das Elend der Massentierhaltung lostrat. Der Urlaub, in dem man gemeinsam Strandspaziergänge machte und mit Sandeimerchen Muscheln suchte anstatt nach einem Gratis-Wi-Fi, damit der Jugendliche seinen favorisierten YouTube-Kanal empfangen kann. Manchmal sieht man, wie Mütter versuchen, die Uhren zurückzudrehen, um das Kindsein noch einmal einzuholen. Dann nähert sich die mütterliche Hand dem Kopf der Jugendlichen, während die ihn genervt zurückziehen. Spätestens dann sollte man wissen, dass jetzt andere Zeiten angebrochen sind. Freuen Sie sich: dass die neuen Zeiten nicht schlechter sind, sondern dass sich hier nur auch eine Beziehung umstrukturiert und eine neue Qualität gewinnt. Vertrauen Sie darauf, dass Ihr Kind Ihnen auch und gerade dann nahe bleiben wird, wenn es eigene Wege geht, eigene Erfahrungen machen kann. Das ist schwer. Ich weiß das aus eigenem Erleben als Vater und meiner Arbeit mit Eltern. Und auch, wie verführerisch nahe es liegt, diese Jugend haltloser, schwieriger, aggressiver und süchtiger zu finden als jede zuvor.

Respekt in der Familienpackung

Das ist die große Herausforderung an die Dimension des Respekts: Lassen Sie sich nicht irritieren, sondern halten Sie fest an der gelebten Beziehung. Zum Glück sind die Stimmen, die einfordern, dass in erster Linie die Kinder gegenüber ihren Eltern oder älteren Menschen respektvoll zu sein haben, leiser geworden. Das ist dann kein Respekt, sondern Unterwerfung und im schlimmsten Fall Gehorsam. Respekt funktioniert nur gegenseitig!

Respekt bedeutet natürlich auch, dass man Forderungen stellen darf oder Hinweise auf schwierige Entwicklungen adressiert. Es wäre falsch verstandener Respekt, wenn man nichts mehr anspricht, was einem auffällt oder stört, weil man sich respektvoll zurückhalten möchte. Wenn man dem Liebespartner vorenthält, dass man in Sorge um ihn oder sie ist. Dass man Probleme nicht mehr anspricht, die die Liebesbeziehung beeinträchtigen, denn dann schlägt der Respekt in Respektlosigkeit um.

Sie sind nicht allein mit dem Wissen: Die Balance zwischen Ansprechen und Verschweigen bei pubertierenden Kindern zu halten, kann anstrengend werden und vor allem mit dem beständigen Gefühl verbunden sein, immer nur alles falsch machen zu können. Wenn der Impuls, etwas anzusprechen, wirklich mit authentischem Respekt verbunden ist, wird es wieder leichter. Das wird nicht in jeder Situation funktionieren und schon gar nicht, wenn die Kids gerade im Aufbruch sind oder mit Ihnen im Auto unterwegs zur nächsten Party. Nehmen Sie sich dafür etwas Zeit und versuchen Sie nicht, vorher, wie man so schön sagt – Kreide zu sich zu nehmen – also einen gespielt harmlosen Ton anzuschlagen, um den Affekt abzumildern. Vielleicht nutzen Sie lieber eine entspannte Situation oder verabreden sich extra zu einem kleinen Gesprächsdate. »Ich weiß, dass du denkst, ich übertreibe. Aber ich möchte, dass wir uns gegenseitig ernst nehmen. Ich bin in Sorge ...« Sagen Sie nicht: »Du machst etwas falsch!« Die Leitplanke muss immer der gegenseitige Respekt sein, wobei das Kind aufgrund der Ungleichverteilung an Lebenserfahrung nicht identisch dieselbe Menge aufbringen muss wie Sie. Gemein, oder? Nein, weil Sie einen erwachsenen Liebesvorschuss geben können – und müssen. Und weil kindliches Wachstum auch in der Pubertät darauf angewiesen ist, dass Erwachsene sich erwachsen verhalten und auch einmal verzichten.

Wir schaukeln die Pubertät

Mussten Sie als Eltern in der Kleinkindzeit die Gefühle Ihres Kindes angemessen übersetzen und zurückgeben, damit das Kind lernen konnte, was es fühlt, so gilt das in der Pubertät ungebrochen weiter. Allerdings mit einem entscheidenden Unterschied: Jetzt wird die Übersetzung niemals ausgesprochen, sondern für sich behalten. Eltern tun jetzt gut daran, die Jugendlichen mehr kommen zu lassen, die nächste Moralpredigt schnell wieder herunterzuschlucken und entspannt abzuwarten. Ja, das klingt leichter, als es oft ist. Aber die Jugendlichen schaukeln nun auch in ihrem Takt. Seien Sie kein Schiffschaukelbremser. Denn auch in Zeiten von Pubertät light müssen Eltern einiges aushalten. Zweifel wie: Wird mein Kind es schaffen, ein glücklicher Mensch zu sein? Wird sich der Lebenserfolg einstellen – auch wenn es nicht so aussieht, weil die schulischen Leistungen vielleicht sehr zu wünschen übrig lassen und der Jugendliche überhaupt ganz andere Interessen verfolgt, als ein fantastisches Abitur abzulegen. Der Satz »Wenn das so weitergeht …« füllt sich ja vor allem für Eltern leicht mit Horrorvisionen. Vergessen Sie nicht: Den elterlichen Zweifeln entspricht dabei die jugendliche Unsicherheit.

Wenn Sie sich das klarmachen, spüren Sie vielleicht eine Verbundenheit und Nähe, die Sie bisweilen so vermissen. Die Pubertät ist die Zeit, in der Angst zum ersten Mal kein einseitiges Phänomen ist, sondern zwischen Eltern und Kindern gut geteilt werden könnte. Warum sollte man Angst teilen? Ganz einfach: weil geteilte Angst zur halben Angst wird – geteilte Freude sich dagegen verdoppelt. Aber warum Angst? Wenn Sie auf Ihr pubertierendes Kind schauen, dann fällt Ihnen wahrscheinlich viel ein, nur nicht, dass es um Angst gehen könnte. So selbstgefällig, selbst überzeugt, durchaus größenwahnsinnig und Gefahren verleugnend, wie es sich gerade benimmt? Genau deshalb. Alles Überhöhen ist eine seelische Abwehrbewegung gegen das Unsichere und gegen die Angst. Angst vor den körperlichen Veränderungen, vor Sexualität, vor Trennung, vor der Zukunft, vor allem … Darum ist die Jugendzeit die Phase, in der neben einem zweiten Gipfel im höheren Alter Menschen suizidal werden. Goethes Werther mit dem heute noch nach ihm benannten Effekt der Ansteckung von

Suizidimpulsen ist ja keine Erfindung der Neuzeit. »Sturm und Drang« sind Kennzeichnungen der Wildheit und Unsicherheit und nicht der Windstille. Es ist ja auch eine Mammutaufgabe, aus dem kindlichen Schutzraum herauszutreten und die Klippen erwachsener Triebwelt zu erklimmen. Was, wenn die Angst plötzlich überwältigend wird, wenn Nichtigkeitsgefühle und große Verzweiflung aufkommen? Überall droht der totale Absturz. Alles das, was eben noch sicher und vertraut erschien, kann plötzlich wie ein Kartenhaus in sich zusammenfallen. Mutter und Vater, die größten Helden der kindlichen Entwicklungsgeschichte, können als peinliche Figuren in die Ferne rücken. Selbst die enge Nachbarschaft der Angst zur Allmacht gibt keine Sicherheit. Es ist einfach von allem viel zu viel da – so viel, dass es den Jugendlichen überwältigt. Die Angst ebenso wie die oft so überdosierte Zuversicht.

Aber nicht nur der Jugendliche ist in einer Achterbahn extremer Gefühle. Auch die Eltern. So groß die Freude über die Aussicht auf ein bald erwachsenes Kind ist, so sehr tauchen unvermittelt Fragen auf, die es allenfalls kurz nach der Geburt gegeben hat. Was wird aus meinem Kind? Wird es ein glücklicher Mensch? Wie wird es sich entwickeln? Darüber hinaus mobilisiert die kindliche Angst auch eine Angst, die aus der eigenen Pubertät der Eltern herrührt. Sie fragen sich nun: Wie bin ich eigentlich hineingekommen in die Erwachsenenwelt? Und was möchte ich meinem Kind unbedingt ersparen? Je weniger Sie Ihre eigene Angst verleugnen, desto geringer ist die Gefahr, sich mit dem eigenen Kind in der Pubertät zu verknoten. Lesen Sie einmal Ihr altes Tagebuch. Oder unterhalten sich mit Ihrer Mutter. Fürchten Sie sich nicht vor der Angst. Denken Sie daran: Es gibt kein Leben ohne, und das ist auch gut so. Angst schützt vor unbedachten Handlungen und Gedanken. Und sie besitzt die paradoxe Eigenschaft, dass sie größer wird oder sich andere, z. B. körperliche Ventile sucht, je mehr man sie verleugnet. Niemand wird von einem durchgehenden Pferd abspringen, sondern man wartet, bis es wieder langsamer wird. Und es gibt selbst in den finstereren Stunden einen zuverlässigen Silberstreif am Horizont: dass Sie Ihr Kind kennen, dass es ein rundum liebenswerter Mensch ist mit Ihren Genen und vielen Ihrer wunderbaren Eigenschaften.

Verabschieden Sie sich am besten gleich von dem Gedanken, dass ausgerechnet in der Pubertät eine ausgewogene Balance das Ziel ist. Wer sagt, dass nur darin die Lösung zu finden ist? Und angesichts der Pubertät, die in Gestalt Ihres Kindes vor Ihnen steht, erscheint diese Vorstellung besonders sinnlos. Gerade in der Pubertät kann es eine statische Balance nicht geben. Denken Sie wieder an eine Wippe, auf der beide Partner nie gleichzeitig oben sein können und bei der die Balance durch ein Auf und Ab entsteht. Der Spaß ist genau dadurch bedingt, dass sich die Schaukelpartner darauf verlassen können, dass jeder mal oben und mal unten sein wird. Auch körperlich nähert sich das Gewicht von Ihnen und Ihrem Kind an, sodass das Wippen erst richtig Fahrt aufnehmen kann. Wenn es uns gelänge, uns auch im erwachsenen Miteinander auf die Dynamik und absolut zuverlässige Gerechtigkeit der Wippe zu verlassen, könnte paradoxerweise mehr Balance entstehen. Die Abkehr von den herkömmlichen Anstrengungen auf dem täglichen Schwebebalken führt dann zu mehr Lebendigkeit und Spaß bei gleichzeitiger Beruhigung und dem Wissen, dass am Ende alles ausgeglichen ist. So bekommen Sie am Ende die Pubertät gemeinsam geschaukelt.

Liebe IV

Nach allem, was Sie bisher schon verstanden und umgesetzt haben, sind die Chancen groß, dass Sie gemeinsam mit Ihrem Kind unbeschädigt durch die Pubertät kommen und Erstaunliches feststellen: wie eine neue Liebe entsteht. Das mag komisch klingen. Schließlich ist es ja vorher schon selbstverständlich gewesen, dass Sie Ihr Kind über alles lieben. Dennoch entsteht durch das Erwachen der pubertären Sexualität etwas Neues. Die Liebe zum Kind kommt ja ursprünglich von größter körperlicher Nähe. Jetzt gilt es, Abstand zu halten, still die Entwicklung zu respektieren – auch die körperlichen Veränderungen. Damit gewinnt Ihre Beziehung eine neue Qualität. Möglich, dass Sie genau dieses Gefühl zwischendurch komplett verlieren und im Gegenteil den Eindruck gewinnen, es könnte alles, aber auch wirklich alles verloren sein. Greifen Sie in solchen Situationen zu den Babyfotos Ihres pubertierenden Kindes. Dann wissen Sie es wieder: Diese tiefe, so innige Bindung wird vielleicht anders, aber sie ist unkaputtbar und wird Sie ein Leben lang begleiten.

THINK!

→ Pubertät ist auch nicht mehr das, was sie einmal war.

→ Pubertät heute kommt ohne Aufbegehren aus.

→ Die Vorbereitungen für die Pubertät beginnen mit der Geburt.

→ Proaktives Abwarten ist hilfreicher als Moralpredigten.

→ Umbauprozesse im Gehirn führen zu Unwägbarkeiten.

→ Auch den Kindern ist der Vulkan unheimlich.

→ Treiben Sie Ihr jugendliches Kind nicht in den Trotz.

→ Angst verstärkt pubertäres Verhalten.

→ Verstärken Sie positiv!

→ Kontrolle ist beziehungstoxisch.

→ »Bleib so lange, wie es dir Spaß macht«, heißt der Satz, der viele Diskussionen beendet.

→ Respekt kann auch bedeuten, dass Schwieriges angesprochen werden muss.

→ Bekämpfen Sie eigene Angst nach Möglichkeit nicht in Ihrem Kind.

→ Balance und Pubertät passen nicht zusammen.

→ Speziell in der Pubertät kann ein lustvolles Nacheinander auf der Wippe guttun.

→ Pubertät ist eine Chance auf eine neue Liebe – am Ende.

→ Wenn nichts mehr geht, helfen Babyfotos.

Brief an ein Ki(n)d in der Pubertät

Liebes Ki(n)d,

diese Phase war jahrelang das ganz große Schreckgespenst der Zukunft. Was haben wir uns gefürchtet, was da angeblich auf uns – auf alle Eltern – zukommt. Wir dachten, in der Pubertät würde uns unser liebes, niedliches Kind weggenommen, und hatten Angst, im Austausch einen jungen und störrischen Wilden oder eine impertinente, rebellische Zicke zu bekommen, die uns fremd sein könnten. Jetzt bist du mitten in dieser konfliktreichen Zeit angekommen, und wir finden, dass doch eigentlich alles ganz anders ist. Klar, du forderst uns auch mal heraus und bringst uns – und ja, auch dich – immer wieder an Grenzen. Dann sind aber wir es eher, die sich nicht wiedererkennen, weil wir längst nicht so cool und entspannt und geduldig sind, wie wir dachten und im Stillen hofften. Manchmal sagen wir dann Sätze, die wir hier lieber nicht aufschreiben, weil sie uns wirklich peinlich sind. Aber wir merken auch, wie du dich selbst bisweilen nicht wiedererkennst. Im Unterschied zu uns kannst du allerdings mildernde Umstände geltend machen. All die Umbauarbeiten, die gerade in deinem Kopf und Körper stattfinden, sind ja ganz schön fordernd. Kein Wunder, wenn wir gemeinsam da manchmal den Überblick verlieren, weil so viel so schnell passiert. Wir verstehen, dass du nun sehr beschäftigt bist mit dir und deine Freunde jetzt so wichtig sind. Auch, weil sie gerade dasselbe erleben wie du. Dass wir nun nicht mehr alles von dir wissen und erfahren, ist natürlich eine Umstellung. Manchmal kränkt uns das ein wenig. Aber es macht uns auch glücklich, zu sehen, wie du immer selbstständiger wirst. Ich hoffe, du verzeihst uns, dass sich in dieses Glück immer auch ein wenig Wehmut mischt. Das sollst du aber nicht auf deine Schultern nehmen, das ist ein Gefühl, mit dem wir erwachsen umzugehen haben. Neulich hat uns jemand gefragt, wie denn unsere eigene Pubertät gewesen sei und ob unsere Eltern immer alles über uns gewusst hätten. »Natürlich nicht!«, haben wir geantwortet und sind dann doch ziemlich ins Grübeln gekommen. Wollten wir nicht mehr Verständnis, mehr Einfühlung, mehr Großmut für dich aufbringen als unsere Eltern? Irgendwie dachten wir wohl, dass es dann leichter wäre, wenn wir mal in dieser Situation sein würden. Aber es schmerzt ja trotzdem, wenn aus dem Kind ein Jugendlicher wird und der Erwachsene schon zu erkennen ist, der bald sein ganz eigenes Leben führen wird. Und manchmal ist es wirklich schwer, wenn wir als Eltern immer auch ein wenig vom Thron der Allmächtigen, der Alleswisser und Alleskönner gestoßen werden. Ja, das muss nun sein. Wir haben es schließlich genauso gemacht. Auch wir haben früher mal Zoff provoziert, um uns besser abgrenzen zu können. Und dann waren wir in der nächsten Minute wieder anlehnungsbedürftig und wollten schmusen oder einfach nur mal in den Arm genommen werden. Diese Achterbahn der Gefühle haben wir schon unseren Eltern zugemutet, und deshalb sollten wir eigentlich aus Erfahrung wissen, dass das alles nur gut gemeint und zum Besten aller Beteiligten ist. Auch, wenn es sich manchmal gar nicht so anfühlt. Wenn wir es recht bedenken, dann lernen wir gerade sehr viel von dir. Über dich natürlich, über unser Kind, aber genauso über uns und unsere eigene Kindheit. Wie sich so unsere Geschichten übereinanderlegen, ist schon faszinierend. Es ist viel Bekanntes dabei. Gleichzeitig bekommen unsere Beziehungen, unsere »Familienjahre« jetzt mit der Pubertät eine völlig neue Dimension. Du, liebes Ki(n)d, wirbelst und stürmst, fragst und rüttelst, bist groß und klein zugleich. Und wenn du deine Fragen ans Leben stellst, dann wissen wir, dass sie notwendig und richtig sind. Am Ende hast du uns überzeugt, dass wir dir zutrauen können, die Antworten selbst zu finden.

KAPITEL 10

Eltern allein zu Hause

Der Schmerz und
gemeinsame neue Wege

Diese Erfahrung gehört stets zum Lieferumfang von Elternschaft: Kinder bleiben nicht ewig Kinder, sie werden selbstständig, führen irgendwann ihr eigenes Leben, ziehen aus und gründen eine eigene Familie. Sie werden es nicht anders erlebt haben. Dennoch ist der Moment, in dem die Umzugskisten gepackt sind und das Jugendzimmer ausgeräumt ist, doch immer sehr plötzlich da. Und er ist schmerzlich. Auch weil man weiß: Dieser Prozess ist unumkehrbar, die »juvenile Ablösung«, wie wir ihn nennen, ist nicht wieder rückgängig zu machen. Eine Mutter erzählt stellvertretend für vermutlich die meisten, wie sich das anfühlt: »Als wir unsere Tochter in der neuen Wohnung abgeliefert hatten mit all ihren Sachen und nachdem wir dort noch gemeinsam Pizza gegessen hatten, fuhren mein Mann und ich zurück in unser Haus. Schon beim Aufschließen fühlte es sich an wie ich mich innerlich: total verlassen und leer. Wie oft hatte ich mich darüber aufgeregt, dass Mia viel zu laut Musik hörte und überall ihre Sachen herumliegen ließ. Jetzt wünschte ich mir genau dieses Chaos und diesen Lärm zurück und dass unsere Tochter doch bitte auch zu den Nesthockern gehören möge, die mit dreißig noch daheim an Mutters Schürzenzipfel hängen. Ich weiß, das ist unvernünftig. Und ich möchte natürlich unbedingt, dass Mia weiterhin zu einer selbstständigen jungen Frau heranwächst, in ihrer eigenen Wohnung, in ihrem eigenen Leben. Aber diese erste halbe Stunde nach dem Umzug unserer Tochter hätte ich am liebsten alles rückgängig gemacht. Es waren die härtesten dreißig Minuten meines Lebens.«

Es gibt durchaus Mütter, die in dieser Phase richtig depressiv werden, und es gibt vor allem auch Paare, denen man anmerkt, dass sie eigentlich gar keinen Plan haben für diesen Lebensabschnitt, dass sie gänzlich unvorbereitet von dem Auszug geradezu kalt erwischt werden. Das Kind ist weg, und vielleicht fragen auch Sie sich: Was machen wir jetzt? Natürlich ist das Kind immer noch Thema, aber es beschäftigt einen längst nicht mehr wie zu der Zeit, als man noch einen Alltag teilte. Unvermittelt vom Thron geschubst, so fühlt sich das an. Denn das hochgradig Befriedigende an Elternschaft ist ja auch, dass man dadurch das Zentralgestirn für sein Kind ist. Für diese Bedeutung muss man gar nicht viel tun, man muss keine Reden halten oder sonst etwas Bahnbrechendes tun. Und jetzt das: Von einem Moment auf den anderen ist man nicht mehr gefragt. Jedenfalls längst nicht so wie in den letzten 18 oder wie viel auch immer Jahren. Bei Frauen kommt oft noch hinzu, dass sie der Kinder wegen vielleicht Teilzeit gearbeitet haben oder ganz zu Hause geblieben sind. Anders als die Väter, die ihre Anerkennung noch über ihren Beruf bekommen, entsteht für die Mütter eine regelrechte emotionale Versorgungslücke. Kein Wunder also, wenn Sie besonders traurig und wehmütig sind. Stehen Sie zu diesem Schmerz. Verleugnungen sind immer ungesund für unsere Seele, weil die Gefahr besteht, dass der Schmerz an anderer Stelle hochkommt. Manche Eltern fangen plötzlich an, doch noch zu kontrollieren, weil grundsätzliche Zweifel an der Zukunftsfähigkeit ihres Kindes hochkochen. Nehmen Sie sich Zeit für Ihren Schmerz.

Warum man sich Zeit für so etwas Unangenehmes wie seelischen Schmerz nehmen sollte? Weil dieser kleiner wird, wenn man sich ihm angemessen widmet. Und teilt, am besten mit dem tollen Vater der großen Kinder.

Wie besonders und einmalig die Beziehung zwischen Eltern und Kindern ist, muss an dieser späten Stelle des Buches nicht mehr beschrieben werden. Das tiefe Gefühl der Vertrautheit und Intimität innerhalb der Familie hat biologische und emotionale Grundlagen und ist deshalb unzerstörbar. Gefühlt gibt es eigentlich keinen Grund, dieses tiefe Miteinander jemals zu verändern, geschweige denn aufzugeben. Nur mit Vernunft kann man sich erklären, dass das Kind einen nun verlässt. Das ist ziemlich abstrakt und schwer nachzufühlen. Außer, wenn Jugendliche so ätzend sind, dass Eltern sich die Trennung wünschen. Meist ist in solchen Fällen etwas schiefgelaufen. Möglicherweise reagieren Eltern auf den Auszug ihres Kindes dann mit dem, was wir mit der Pubertät schon gelernt haben: dass es sich leichter trennt, wenn man den Fokus auf Eigenschaften legt, die einen stören. Vielleicht drehen Vater und Mutter den Spieß also nur um – und suchen die Ablösung von einem weiterhin grenzenlos liebenswerten Kind mit derselben Reaktion zu erleichtern. Das ist nicht zu empfehlen.

Jetzt ist ein anderer Blick nötig, eine andere Haltung. Entwickeln Sie für sich eine Vorstellung von dem zukünftigen erwachsenen Menschen, zu dem sich Ihr Kind gerade entwickelt. Damit haben Sie eine Zukunftsvision, die ein neues Miteinander dreier erwachsener Menschen aufzeigt. Dieses Miteinander basiert paradoxerweise auf Trennung, aber doch auf einer besonderen Art der Verbundenheit. Denn eine tiefe und vertraute Vergangenheit, die durch nichts zerstört oder genommen werden kann, ist das Fundament. Ähnlich wie in der Pubertät geschieht die Entdeckung dieser Verbundenheit immer seltener mit einem Paukenschlag, sondern ganz sanft und »light«. Anders als zu meiner Zeit. Ich war kaum volljährig, da war ich schon weg. Natürlich habe ich meine Wohnung selbst ausgesucht und selbst eingerichtet.

Wenn junge Menschen heute gemeinsam mit ihren Eltern auf dem Mietmarkt unterwegs sind, wenn sie gemeinsam Möbel kaufen fahren, die neue Wohnung einrichten und – gegebenenfalls – auch die Mitbewohner kennenlernen. Wenn Sie über deren Liebeskummer genauso Bescheid wissen wie über das Thema der Magister-Arbeit – und diese Mitbewohner manchmal mit zum Essen kommen, dann ist das kein Symptom für eine von überbesorgten Eltern zementierte Unselbstständigkeit. Es ist einfach eine Ablösung mit verlängerter Laufzeit, weil es beiden Seiten schwerfällt, aufeinander zu verzichten. Darin sehe ich keinesfalls ein Problem, sondern vielmehr ein Gütesiegel dafür, dass die Eltern-Kind-Beziehungen heutzutage besser und entspannter sind und es den radikalen Schnitt nicht braucht. Man merkt das unter anderem auch daran, dass junge Erwachsene sogar mit Partnern noch häufig gemeinsam mit den Eltern lange Urlaube machen. Wenn Kinder heute gleich nach dem Abitur für ein ganzes Jahr auf Weltreise gehen und auch Töchter monatelang allein etwa durch Asien tingeln, ist das nur die andere Seite der Medaille – ein weiterer Ausdruck dafür, dass Kinder psychisch und seelisch so aufgehoben sind, dass sie sich das trauen. Nein, wir

haben es nicht mit einer »inkompetenten« oder gar »verwöhnten« Generation zu tun, wie so gern geunkt wird.
Vielmehr sind Jugendliche heute in ihren Beziehungen zu
ihren Eltern viel sicherer und haben deshalb auch eine größere Freiheit zwischen großer Nähe und Distanz zu swit-
chen. So ist es kein Widerspruch, wenn ein Kind nach einem
monatelangen »Work-and-Travel«-Trip durch Australien
ganz selbstverständlich mit den Eltern zwei Wochen die
Ferien im gerade noch geschmähten Schwarzwald verbringt und das auch genießt. Das ist vielleicht ein kleines
Trostpflaster für den Trennungsschmerz. Überhaupt: Trost
darf sein und ist oft notwendig.

Trösten kann am besten die Person, die das alles nach-
fühlen kann, was einen jetzt bewegt: der Partner. Dazu
gibt es ein Eheversprechen, das lautet, dass man zueinan-
dersteht in guten wie in schlechten Zeiten. Besonders
die Väter sind jetzt gefragt, den Müttern beizustehen. Der
biologische Unterschied des jeweiligen Beitrages der Ge-
schlechter zur Entstehung von Kindern wird im Moment
der jugendlichen Loslösung nämlich noch einmal besonders deutlich. Der Schmerz, ein Kind zur Welt gebracht
zu haben, ist längst durch mütterliches und elterliches
Glück abgelöst, und dennoch wird er jetzt noch einmal re-
aktiviert. Mütter, deren Kinder ausziehen, zeigen manchmal emotionale Zustände, die dem Babyblues der ersten
Wochen gleichen. Dann kommt wieder die Stunde der
Väter, die mit viel Verständnis und Geduld auf ihre Frau-
en zugehen, ihnen Erste Hilfe leisten und das eine oder
andere Trostpflaster auf ihr wundes Herz kleben. Denn
wenn sich erst mal alle in die neue Situation eingelebt
haben, wird der Blick frei für das, was dann kommt: Ein
Sohn/eine Tochter wird erwachsen und ermöglicht uns

einen Einblick in eine neue, eine eigene Welt. Dann entsteht neuer seelischer Reichtum.

(Alb-)Traum Berufswahl

In Deutschland gibt es mehr als 19 000 Studiengänge, davon 17 945 Bachelor- oder Masterstudiengänge, dazu 326 anerkannte Ausbildungsberufe. Das nur, um ein Phänomen etwas abzufedern, das nicht selten Besorgnis bei Eltern hervorruft: Das Kind weiß nicht, was es werden will. Oder es fängt etwas an und beginnt bald etwas Neues. Das hat nach meiner Beobachtung mit der unglaublichen Vielfalt der Optionen zu tun. Aber auch damit, dass in den Schulen wenig dafür getan wird, um den Jugendlichen ein Gefühl für das eigene Profil zu geben. Ich habe oft mit Abiturienten zu tun, und wenn ich frage: »Was kannst du eigentlich?«, bekomme ich nicht selten zur Antwort: »Eigentlich alles!« Das stimmt insofern, als sie im schulischen Fächerkanon darauf ausgerichtet sind, alles so ungefähr mit einer Note um die Zwei zu bewältigen. Oder noch besser. So erfährt man nicht, wo die eigenen Stärken, aber auch Schwächen liegen. Und wenn sie dann noch vielleicht bei ihren Eltern beobachten, dass man seinen Beruf mit dem Herzen machen sollte, dann hängt die Latte für die perfekte Berufswahl noch einmal höher. Je leidenschaftlicher wir Eltern an unserem Berufsleben hängen, desto konfuser kann sich die Suche für die Kinder darstellen, und der Bedarf nach Orientierung wächst. In diese Lücke stoßen im Moment private Berufsberatungen, die für einiges Geld und mit einer Menge Fragebögen nachtragen wollen, was in der Schule versäumt wurde. Ich bin skeptisch, was die Ergebnisse anbelangt. Genauso gilt aber: Eltern sind oft nicht besonders hilfreich dabei, ihren Kindern ein Gefühl für den Lebensentwurf zu vermitteln. Weil sie zu nahe dran sind. Da braucht es eher eine Patentante, einen Freund der Familie, jemanden, der einen besseren Blick hat durch seine Außenperspektive. Von Erwachsenen hört man dann manchmal, dass Jugendliche einfach die Anstrengung scheuen und dass es ein Problem sei, wenn sie dank des elterlichen Wohlstands jetzt schon einen Lebensstandard genießen, den sie vielleicht aus eigener Kraft nie selbst werden erreichen können. Denn wozu soll man sich noch anstrengen, wenn man schon alles hat: eine komfortable Unterkunft, ein eigenes Auto, schöne Urlaube und dann und wann eine ergiebige Shopping-Tour mit elterlichem Geld. Dazu kann ich sagen: Es geht nicht erst in dieser Lebensphase darum, Kinder neugierig zu machen, ihnen so viel Selbstbewusstsein mitzugeben, dass sie auch Freude daran haben, diese Neugier umzusetzen, in eine – wie ich es nenne – »Gestaltungslust« des eigenen Lebens, im wahrsten Sinne des Wortes, weil sie alle Bereiche einschließt: vom Ausräumen der Spülmaschine bis hin zu kreativen Großleistungen. Und ich meine Dinge, wie etwa ein Bild zu malen, eine Werbekampagne zu entwickeln oder ein Straßenfest zugunsten von Obdachlosen zu organisieren – ohne dass der Fokus gleich oder ausschließlich auf dem eigenen materiellen Ertrag liegt. Ich weiß, dass ich damit nicht im Trend der Zeit liege. Denn wir leben seit dem Zweiten Weltkrieg in einer Phase der totalen Materialisierung, einer alles durchdringenden Ökonomisierung – welche Zwänge sich daraus ergeben, habe ich in einem meiner früheren Bücher thematisiert: *Burnout-Kids*. Es ist nicht leicht, Kindern eine positiv gestimmte Neugier auf das Leben mitzugeben. Aber es ist möglich und der vielleicht wichtigste Reiseproviant für ihr Leben. Wenn Neugier zur Verfügung steht, dann klappt es sicher auch mit der Berufswahl. Vielleicht nicht gleich auf Anhieb. Aber letztlich sollte es ja auch bei der Berufswahl um eine Liebesbeziehung gehen – das betone ich immer in meinen Vorlesungen. Und wie in der Liebe irrt man sich eben auch beim Studienfach manchmal.

THINK!

→ Ablösung schmerzt.

→ Der Ablöseschmerz wird kleiner, wenn er angemessenen Raum bekommt.

→ Ablösung braucht eine neue Haltung.

→ Entwerfen Sie eine elterliche Zukunftsvision für zwei erwachsene Menschen.

→ Elterlicher Ablösungsschmerz bedarf des Trostes – nicht durch die Kinder.

→ Für die Bewältigung dieses späten Babyblues sind erneut Väter gefragt.

→ Nach der Abheilung der Ablösewunde entstehen neue und bereichernde Beziehungen.

→ Trennung ist unabwendbar.

→ Die Trennung muss kognitiv und emotional vollzogen werden.

→ Aus Eltern muss wieder ein Ehepaar werden.

→ Weltgeschichte zum Anfühlen: Die Kleinen sind groß.

→ Der Schritt in die Welt – vergleichbar einer zweiten Geburt.

→ Berufswahl ist Partnerwahl – nicht immer klappt es beim ersten Mal.

Brief an ein ganz großes Kind

Liebes Kind,

darf ich das überhaupt noch, dich Kind nennen? Es ist so eine alte Gewohnheit, weil du natürlich immer »mein Kind« bleiben wirst. Keine Angst: Ich behandele dich schon länger nicht mehr so, und auch als du ein echtes Kind warst, war mir mein Respekt vor dir immer sehr wichtig. Es ist ein sehr schönes Gefühl, ein großes, ein erwachsenes Kind zu haben. Ich bin sehr stolz. Stolz auf dich, auf deinen Weg, auf dein Da-Sein, dein So-Sein.

Natürlich war nicht immer alles leicht – weder für dich noch für uns. Aber eigentlich, wenn ich jetzt aus der Ferne darauf schaue, kommt es mir klein und unwichtig vor, was mich jemals verunsichert hat. Die Kinderbilder von dir rühren mich und machen mir deutlich, welchen Weg du gegangen bist, wir zusammen marschiert sind. Ein langer Weg, der jetzt doch so kurz war! Ein Weg, auf dem du mich bereichert hast. Ich habe viel von dir und durch dich gelernt.

Wenn man ein eigenes Kind bekommt, wird automatisch die Perspektive auf die eigene Endlichkeit eröffnet. Sie ist auf wundersame und einmalige Art verknüpft mit einem neuen Leben, das auf liebevolle Eltern angewiesen ist. Ich hoffe sehr, dass es für dich so war. Sicherlich habe ich viele Fehler gemacht, ich war schon immer auf deine Nachsicht ange-wiesen, die du mir auch immer geschenkt hast. Wenn es Dinge geben sollte, die du heute noch mit dir herumträgst, Erlebnisse, die nicht gut waren, so bitte ich dich aufrichtig um Verzeihung. Wenn man als Eltern in einem manchmal gehetzten Alltag feststeckt, dann übersieht man Dinge, dann wird man ungeduldig oder bekommt die Angst, dass nicht alles so gut laufen könnte. Das wird dann manchmal zu einer unguten Mischung, die Kinderseelen nicht guttut. Im Gegenteil, das muss als Misstrauen ankommen, obwohl es doch lediglich die eigene elterliche Angst ist. Zum Glück ist das alles längst vorbei, und ich schaue mir Bilder von dir und früher sehr gerne an, weil ich ja nun weiß, was aus dir geworden ist und weiter wird.

Ein sehr gutes Gefühl, dich in der Welt zu wissen. Du sollst sie so gestalten, wie du es für richtig hältst. Ich schaue gerne zu und freue mich, wenn ich ab und zu teilhaben darf. Selbstverständlich ohne jede Verpflichtung. Komm, wann und sooft du magst. Da deine Eltern ihr Leben jetzt auch neu gestalten, kann es natürlich sein, dass es nicht passt. Aber dann finden wir einen guten anderen Zeitpunkt der Begegnung.

Überhaupt: Begegnung. Das ist mir das Wichtigste mit dir, mein liebes, ganz großes erwachsenes Kind. Ich freue mich auf den Austausch, ich freue mich auf deine weitere Entwicklung und überhaupt auf dich. Bleib, wie du bist. Danke von ganzem Herzen. Danke für dich.

KAPITEL 11

Unsere Eltern, ihre Enkel und wir

Vor allem Kür, kaum noch Pflichten – das ist einer der großen Vorteile des Großeltern-Daseins. Man ist nicht mehr hauptverantwortlich für die Dinge des Täglichen, für die Erziehung. Man kann sich gnadenlos beliebt machen mit Nussnougat-Broten, mit Filmabenden, die weit über die reguläre Schlafenszeit hinausgehen, und mit pädagogisch vielleicht nicht ganz so wertvollem Spielzeug, weil jetzt andere das Große und Ganze im Auge behalten müssen. Man genießt das Zusammensein mit den süßesten Enkeln der Welt und kann sie doch nach ein paar Stunden wieder abgeben. Umgekehrt können Großeltern eine große Stütze sein. Wenn ein Kind mal schnell von der Kita abgeholt werden muss. Wenn man einen Babysitter braucht. Ich erlebe viele junge Eltern, die allein in einer Großstadt leben, fern von ihren eigenen Eltern, und die dieses Privileg nicht haben. Großeltern können ein Glück sein. Einerseits. Andererseits ist die Doppelrolle, in der sich Eltern nun befinden, oft recht schwierig. Man hat zwar nun selbst ein Kind, ist aber ja noch Kind seiner Eltern und wird nicht selten auch so behandelt. Großeltern können es oft nicht fassen, dass ihre Tochter, ihr Sohn nun schon die Verantwortung für ein Kind haben. Verständlich, wenn sie da gern mit Rat zur Seite stehen wollen. Und auch, dass es Eltern oft schwerfällt, die eigenen Eltern angemessen zurückzuweisen. Schnell verheddern sich da vor allem Mütter mit ihren eigenen Müttern/Schwiegermüttern über Sätzen aus einer fernen Erziehungsgalaxie wie: »Wenn du dauernd hinrennst, beim kleinsten Schreien, wird das Kind nie durchschlafen!« Aber auch über das nonchalante Ignorieren von Wünschen wie: »Bitte keine Schokoriegel!«, oder: »für unser Kind ausschließlich Bio-Baumwolle und ganz sicher kein Voll-Polyester-1.-FC-Bayern-Schlafanzug.« Wenn es schlecht läuft, fühlen die Kinder sich gemaßregelt und bevormundet, und Großeltern sind unglücklich über die Ablehnung ihrer »doch nur gut gemeinten« Unterstützung. Es ist eine große Kunst, sich als (ehemaliges) Kind mit inzwischen eigenen Kindern im Kontakt mit den eigenen Eltern nicht sofort und mit großer Macht wie damals und immer zu fühlen. Man kennt das ja: In dem Moment, in dem man die Tür zum Zuhause der Eltern öffnet, fällt man in alle alten Kindheitsmuster zurück oder wird dahin zurückgedrängt. So wie in dem Sketch von Dieter Nuhr. Darin sagt die Mutter über ihren längst erwachsenen Sohn: »Er verliert ja immer alles!« Er hätte 1965 beim Sandburgbauen auf Langeoog sein Kinderportemonnaie verloren, und nun, so der Sohn, »ruft sie mir jedes Mal, wenn ich zu Hause rausgehe, hinterher: Verlier nicht wieder dein Portemonnaie!«

Dasselbe passiert natürlich auch umgekehrt – dass Kinder ihre Eltern am liebsten in den schon bekannten Rollen sehen. Die leiden allerdings in der Regel nicht so sehr darunter, weil die alte Elternrolle so vertraut daherkommt und mit deutlich weniger Leidensdruck verknüpft ist.

So wie ich Eltern immer sage: »Sie sind die Experten für Ihr Kind«, so würde ich das auch Großeltern sagen und dass sie deshalb eigentlich sehr gut wissen, an welchen Stellen sie sich besser zurückhalten. Ich höre auf der anderen Seite aber manchmal von Großeltern Sätze wie: »Da

halte ich mich grundsätzlich raus!«, wenn es um die En-
kelkinder geht. Aus Furcht, etwas falsch zu machen, wird
erst gar kein Rat angeboten. Dabei wäre das doch nur natürlich, auch einmal zu formulieren, was einen stört. Da
sind sich Großeltern anscheinend manchmal ihrer eigenen
Er- und Beziehung zu ihrem Kind unsicher.

Ich halte auch nichts davon, die Beziehung zu den
Großeltern zu stark zu regulieren. Ich meine, Eltern sollten es zulassen, dass Kinder ihre eigene Beziehung gestalten. Und zwar in beide Richtungen. So wie Geschwister-
liebe gehört ja auch Großelternliebe nicht automatisch in
den »Lieferumfang« von Familienjahren, und es sollte
kein Druck entstehen, dass Enkel diese Liebe »abzuliefern« haben. Egal, wie sich Großeltern ihnen gegenüber
verhalten. Ich werde nie vergessen, was es in meiner Familie für ein Drama war, als meine jüngere Schwester bei
einem Besuch unserer Großmutter, kaum war sie durch
die Tür hereingekommen, ganz laut sagte: »Die Oma soll
wieder fahren!« Alle waren entsetzt, und die Oma war tief
getroffen. Immerhin war sie gerade auf einem Moped von
Kiel nach Hannover gefahren, um uns zu besuchen. Sie
war zwar eine coole, aber auch eine sehr harte Frau. Damals wurde Kindern noch nicht zugestanden, dass die
eigene Beziehung zu den Großeltern auch davon abhängt,
wie diese Großeltern zu dem Kind sind. Und ich wünsche
mir, dass wir das heute anders handhaben.

Das gilt so ähnlich auch für die Gestaltung des beinahe
höchsten aller Familienfeiertage: Weihnachten. Früher
war es keine Frage, dass man zu diesem Anlass das Kind
oder die Kinder einpackte und sich dann – ähnlich wie
weiland Maria und Josef – auf eine große Reise machte:
zu den eigenen Eltern, zu den Schwiegereltern und mög-

licherweise noch zu Tanten und Onkeln. Eine Konvention, die ausgerechnet in die stillste Zeit des Jahres größte Unruhe und Stress bringt. Ich würde aber immer sagen: Das erste Mal, an dem man als Kind das »Recht« hat, Weihnachten nicht zu den eigenen Eltern zu fahren, ist spätestens, wenn man eigene Kinder hat und »natürlich« die neue Familie dieses Fest alleine begehen darf. Großeltern sind dann abwechselnd an den Feiertagen danach dran. Weihnachten ist eine gute Metapher für das, was Familien geschieht: Trotz Erwachsenenstatus gelingt ein autonomer Schritt oft nur, wenn eigene Eltern nicht dabei sind, und erst mit einem eigenen Kind und eigener Familie erwirbt man das Recht auf Eigenständigkeit.

Nicht nur an Weihnachten, auch an Geburtstagen stellen Großeltern oft die Frage, womit sie ihren Enkelkindern eine Freude bereiten können. Schenken wird dabei – nicht zu Unrecht – als Beziehungspflege verstanden, und es wird deshalb gern nach der Devise verfahren, »viel bringt viel«. Ich kenne Kinder, die schon gar nicht mehr wissen, was sie sich wünschen sollen, und Großeltern, die dann einen Schein in einen Umschlag stecken. Immer auch ein wenig resigniert, weil sie ja ahnen: Am Ende schauen Kinder nicht auf ihr neues iPhone und sagen: »Das ist von Opa.« Sie sagen: »Das habe ich mir gekauft.« Mein Notausgang aus diesem Dilemma wäre immer die Wunschfrage: »Stell dir vor, eine Fee schenkt dir drei Wünsche!« Da bekommt man meist sehr wertvolle Tipps. Auch wenn auf Platz eins vielleicht ein Pferd steht oder ein Smartphone – sind die Plätze zwei und drei mit ziemlicher Sicherheit wertvolle Hinweise auf Wünsche, die das Kind so sonst nicht formuliert hätte. Ich finde auch, man kann – altersabhängig – mit Kindern sehr gut ins Gespräch darüber kommen, was sie gerade beschäftigt, und daraus nützliche Tipps ableiten. Das größte Geschenk aber sind die Großeltern selbst, weil sie noch einmal eine andere Note, andere Perspektiven, andere emotionale Qualitäten in die Familienjahre bringen. Und natürlich, weil niemand so gute Hühnersuppe kocht wie Oma und keiner so schöne Schaukeln bauen kann wie Opa.

KAPITEL 12

Ein Blick in die Mythenkiste

Im Laufe der einzelnen Kapitel ist es an vielen Stellen schon deutlich geworden: Ich möchte gerne dafür sorgen, dass wir uns endgültig von manchen Vorannahmen und Mythen über Kindheit und kindliche Entwicklung verabschieden. Hier noch einmal zusammengefasst alle Mythen über Kinder und Kindererziehung, die wir dringend aus unserem Fühlen, Denken und Handeln verbannen sollten:

- Wenn man Kindern den kleinen Finger reicht, wollen sie die ganze Hand.
- Eine inkonsequente Erziehung ist schädlich für Kinder.
- Man darf Kinder nicht verwöhnen.
- Zu viel Liebe schadet.
- Kinder muss man immer kontrollieren.
- Fehlverhalten von Kindern muss bestraft werden.
- Kinder sind von Natur aus faul.
- Manche Kinder wollen negative Aufmerksamkeit.
- Man sollte seine Kinder kurzhalten.
- Die Vorbereitung auf die Härten des Lebens gelingt nur durch Härte.
- Kinder müssen lernen, ihre Konflikte untereinander zu lösen.
- Geschwister müssen sich lieben.
- Säuglinge bekommen noch nicht viel mit von der Welt.
- Gegen Ende des ersten Lebensjahres fremdeln alle Kinder.

- Man kann nicht früh genug anfangen mit intensiver Förderung.
- Pubertät ist nur echt, wenn es richtig »kracht«.
- Kinder wollen nicht schlafen, deshalb müssen sie es lernen.
- Die Kinder werden immer schlimmer.
- Medienkonsum ist gefährlich für Kinder.
- Schreien kräftigt die Lungen.
- Das Elternbett ist tabu, Kinder müssen in ihrem eigenen Bett schlafen.
- Kinder müssen allein einschlafen können.
- Teller müssen leer gegessen werden.
- Kinder sollten zu Dankbarkeit erzogen werden.
- Eltern müssen ihre Kinder immer lieben – und umgekehrt.
- Helikopter-Eltern erzeugen unselbstständige Menschen.
- Süßes gehört kategorisch vom Ernährungsplan verdammt.
- Kinder müssen im Haushalt helfen, um lebenstüchtig zu werden.
- Man darf sich von seinen Kindern nicht auf der Nase herumtanzen lassen.
- Erziehung braucht Konsequenz – ohne Ausnahmen.
- Man darf nicht zum Sklaven seiner Kinder werden.
- Erwachsene Kinder, die immer noch mit ihren Eltern in den Urlaub fahren, haben sich nicht richtig abgenabelt.
- Intelligenz ist Übungssache.
- Den Grundstein für ein erfolgreiches, glückliches Leben legt allein das Abitur.
- Kindern darf man möglichst eine Trennung nicht zumuten. Besser, man bleibt auch unglücklich zusammen.

EPILOG

Kinder wachsen von alleine,

werden aber nicht von alleine groß

Zu meinen tiefsten Erfahrungen mit Kindern und Jugendlichen gehört es immer wieder, wenn ein vordergründig »schräges«, verdrehtes, auffälliges Kind sich nach anfänglicher Zurückhaltung oder Kontaktverweigerung am Ende etwas öffnet und erreichen lässt. Das ist so berührend und gleichzeitig befriedigend für mich, weil es mir immer wieder aufzeigt, dass jedes Kind von der Sehnsucht nach Verstehen und Liebe getragen ist. Dass es keine »schlechten« Kinder gibt.

Sicher gehören Sie auch zu den Pippi-Langstrumpf-Fans. Zu den Menschen, die das Mädchen für ihre Unabhängigkeit, ihren Mut, ihre Originalität und ihren Eigensinn bewundern. Aber vermutlich haben Sie auch immer schon gespürt, dass da hinter der ganzen bunten und lustigen Fassade dieser Superheldin der Kinderzimmer stets auch Traurigkeit und Einsamkeit zu erahnen waren in diesem Kontrastprogramm zu der behüteten Kindheit ihrer Freunde Annika und Tommi. Würde ich Pippi heute in meinem Behandlungszimmer treffen, dann würde es genau darum gehen. Vermutlich würde sich folgender Dialog entspinnen:

Pippi, ich bin ein Arzt für Kinder- und Jugendpsychiatrie, ein Arzt, der sich mit seelischen Problemen von Kindern beschäftigt. Was denkst du: Bist du richtig bei mir?
Woher soll ich das wissen? (grantig)
Ich weiß von dir, Pippi, dass du dich unter anderem wei-

gerst, zur Schule zu gehen. Ein kluges Mädchen, das dafür sorgt, dumm zu bleiben. Das hast du nicht verdient, Pippi! *Das ist mir doch egal! Außerdem bin ich nicht dumm. (noch grantiger)* Entschuldige, damit hast du natürlich völlig recht. Ich meinte damit, dass du trotz deiner Klugheit zu wenig lernst, wenn du nicht zur Schule gehst.

Na und? (trotzig) Und ich glaube, dass du es eigentlich nicht freiwillig machst. Ich glaube, dass dein Trotz aus Verzweiflung entstanden ist.

So ein Quatsch. Was denn für eine »Verzweiflung«? (genervt) Na ja, du bist schon lange auf dich gestellt. Du bist ein superstarkes Mädchen, aber du bist so oft allein. Ich glaube, dass du eigentlich einsam bist und dein Trotz dir hilft, deine Traurigkeit nicht zu spüren.

(Pippis Augen füllen sich mit Tränen.) So ein Quatsch. Psychogelabere! (etwas weicher) Ich weiß, dass sich hinter deiner starken Fassade viele Gedanken und Gefühle verbergen, die zeigen, wie verletzlich du bist. Und wie du sehnsüchtig darauf wartest, dass dich endlich jemand aus deinem selbst gebauten Gefängnis befreit und dir Zugang verschafft zu einem normalen und zufriedenen Leben. Und denke bitte nicht, dass das nur eine freundliche Umschreibung für »Gefängnis« oder »Zwang« ist. Du weißt am besten, wie unfrei du bist und wie schön es wäre, du könntest endlich aufhören, all die Erwartungen zu erfüllen, die an dich herangetragen werden: dass du gefälligst renitent zu sein hast, dass du vollkommen regellos lebst. Die wirkliche Wahl hast du erst, wenn du dich genauso gut dafür entscheiden kannst, zur Schule zu gehen, dir die Haare zu kämmen und jemanden

zu haben, dem es wichtig ist, dass du regelmäßig schläfst und isst. Wenn du dich wirklich frei entscheiden könntest, ob du zur Schule gehen möchtest oder nicht, und es kein innerer Zwang ist, auf keinen Fall hinzugehen, dann wäre ich der Erste, der dafür sorgen würde, dass du tatsächlich nicht gehen musst. Aber das glaube ich nicht ... (Normalerweise spreche ich nicht so viel am Stück ...)

Pippi schaut mich mit großen, tränenerfüllten Augen an. Damit hatte sie nicht gerechnet. Sie war wie immer darauf eingestellt, Vorwürfe zu hören, um sich dann mit dem Erwachsenen trefflich zu streiten. Jetzt wird sie weich und nachdenklich. Schließlich willigt sie in eine Behandlung ein. Na gut. Von mir aus. (weich mit einem Hauch Grantigkeit)

Warum jetzt plötzlich Pippi Langstrumpf zum Schluss? Ich möchte Ihnen als Eltern mit diesem Beispiel noch einmal ans Herz legen, immer auch hinter den Vorhang einer vermeintlichen Gewissheit zu schauen. Ich möchte Sie ermutigen, auf Ihre Gefühle zu vertrauen – auf die, die Ihnen eigentlich ja schon gesagt hatten, dass Pippi Langstrumpf gar nicht so frei und unabhängig ist und auch gar nicht so glücklich, wie sie so angestrengt den Anschein macht. Ich möchte Sie noch einmal dazu anregen, sich von Ihren Vor-Urteilen zu verabschieden, die bei Kindern Absicht unterstellen, wo doch manchmal nur Leid ist. Dazu gehört auch die Idee, dass Kinder dieses und jenes tun, um sich einen Vorteil zu verschaffen. Dass sie taktieren und man ihnen misstrauen muss. Ich hatte am Anfang geschrieben, dass dies kein Erziehungsbuch ist. Denn dies ist ein Haltungsbuch. Ich bin durch und durch respektvoll und authentisch mit Kindern, ich verstelle mich nicht und erlebe immer wieder, wie sich dadurch plötzlich seelische

Türen bei meinem jungen Gegenüber öffnen und sie mich vertrauensvoll hereinlassen. Diese Erfahrung wünsche ich Ihnen auch, und ich hoffe, dieses Buch hat dazu beigetragen, dass Liebe, Respekt, Freude, Geborgenheit, Vertrauen und Freiheit auch Ihre Familienjahre zu einem großen Glück machen. Sie alle haben es verdient. Und Ihre Kinder sowieso.

Danke fürs Lesen.

DANK

Wie immer: Dieses Buch ist nicht von alleine entstanden.

Mitgeholfen haben: Elisabeth Schulte-Markwort, Antonia Schulte-Markwort, Vinzenz Schulte-Markwort, Marcel Hartges, Caroline Draeger, Sina-Valeska Käsberger, viele Kolleginnen und Kollegen und die unermüdlich mit mir telefonierende Lektorin Constanze Kleis.

Und: Alle Kinder meines Lebens.

Danke schön.

REGISTER